教育部人文社会科学重点研究基地建设项目
西 北 大 学 “211工程” 重点学科建设项目

中国国有银行制度变迁：适应性效率与功能演进

郭梅亮◎著

ZHONGGUO GUOYOU YINHANG ZHIDU BIANQIAN:
SHIYINGXING XIAOLV YU GONGNENG YANJIN

中国经济出版社
CHINA ECONOMIC PUBLISHING HOUSE
北 京

图书在版编目（CIP）数据

中国国有银行制度变迁：适应性效率与功能演进/郭梅亮著.
北京：中国经济出版社，2015.1
ISBN 978－7－5136－3606－3

Ⅰ.①中… Ⅱ.①郭… Ⅲ.①国有银行—银行制度—经济体制改革—研究—中国
Ⅳ.①F832.3

中国版本图书馆 CIP 数据核字（2014）第 285774 号

责任编辑 姜 静
责任审读 霍宏涛
责任印制 马小宾
封面设计 华子设计

出版发行 中国经济出版社
印 刷 者 北京艾普海德印刷有限公司
经 销 者 各地新华书店
开　　本 710mm×1000mm 1/16
印　　张 15.25
字　　数 242 千字
版　　次 2015 年 1 月第 1 版
印　　次 2015 年 1 月第 1 次
定　　价 48.00 元
广告经营许可证 京西工商广字第 8179 号

中国经济出版社 **网址** www.economyph.com **社址** 北京市西城区百万庄北街 3 号 **邮编** 100037
本版图书如存在印装质量问题，请与本社发行中心联系调换（联系电话：010－68330607）

序

对于国有银行制度研究，国内已经有不少成果。本书的特色是从一个新的角度出发，对诺思提出的"适应性效率"概念做进一步拓展，构建了符合中国背景的银行适应性效率分析框架，即在"制度结构—银行功能演进—银行长期绩效"的框架下，从内生、长期和整体演进的视角研究国有银行制度变迁的内在逻辑。

基于本书的分析框架，国有银行制度变迁具有内生性，初始制度条件以及政府与市场因素都在其中扮演着重要角色；国有银行市场化改革，并不是简单的政府"一退了之"，而是取决于各种制衡力量特别是政府因素和市场力量相互协调与妥协的程度，因而国有银行市场化改革将是一个复杂的长期过程，对国有银行改革应当坚持整体渐进演变的思路。

本书进一步提出银行制度变迁核心在于功能演进与扩展，银行制度的适应性效率最终表现为银行功能适应性的命题。银行绩效高低不在于其以何种形式存在，而是取决于特定制度环境是否有利于银行功能的实现，因此，需要从金融功能角度去研究国有银行制度变迁及绩效表现。书中强调了在中国特有的经济制度背景下，国有银行具有财政替代功能和金融功能双重属性，这与其所处的制度环境存在密切联系。因此，对于国有银行这两种功能属性，不能先验地认为财政性替代功能下的绩效就一定劣于或者优于市场金融功能下的绩效，而要看其是否能促进经济长期发展。对此，书中提出，应考虑对中央与地方的财权和事权进行重新协调和划分。也就是说，国有银行市场化改革需要相应的财税体制改革相配套，应将两者纳入一个统一的框架中综合考虑。

依据银行适应性效率理论，本书认为衡量银行制度市场化是否实现，不能仅局限于资本市场化，更重要的是资产市场化。只有如此，其微观绩效改善才会具有社会资源配置效率整体增进的宏观意义。书中进一步提出，提升国有银行适应性能力，其要害在于外部的市场竞争约束，这又进一步取决于新市场金融因素的成长速度与竞争压力程度。保持银行制度的适应性效率，应当坚持银行制度的包容性与多样性。书中提倡内外开放均等性，不仅应当学习外资银行先进的经营理念和管理手段，更应当重视基于非国有经济部门的需求而成长起来的内生性金融力量或民间金融力量；对因有关试错性试验而导致各种可能失败的现象应持包容态度。长期而言，政府与市场力量的耦合度与协调性、银行制度多样性以及银行企业家成长共同决定了国有银行制度变迁中适应性效率的增进。

纵观全书，作者力求用一个统一的框架来解释中国国有银行制度变迁的"故事"，逻辑清晰，观点鲜明，内容翔实。可以看出，在本书写作过程中作者还是花了不少心思、下了一定工夫，体现出其扎实的理论功底。作者在学校求学及本书写作期间，曾反复与我交流过本书的写作框架与思路，作为其导师，很高兴看到作者能在工作之余，对原有的毕业论文继续修订完善。当然，书中也还有一些问题值得今后在工作中做更深入思考和研究。虽然作者在毕业之际，由于种种原因，最终选择从事具体金融实务工作，但我还是希望其在工作中继续保持这种学习和探索的态度，将已学的理论知识与工作实践相结合，为中国金融事业发展添砖加瓦。

是为序。

张　杰

2014 年 9 月 9 日

中国人民大学明德主楼

前　言

对于国有银行制度研究，国内已经积累了不少文献，已有的研究成果为本书研究提供了坚实基础。但相关研究仍显得过于零散，缺乏相应的理论框架体系。一些研究结论也使得我们急于寻求短期见效方案，而忽视了国有银行的长期制度性建设。本书尝试着提出银行适应性效率的初步分析框架，即在制度结构—银行功能演进—银行长期绩效的框架下，坚持从内生、长期和整体演进的视角对充满“中国故事”的国有银行制度变迁予以刻画和分析，以期能更加全面深刻地了解中国国有银行制度变迁的内在逻辑。

本书认为银行制度变迁的核心在于功能演进与扩展，银行制度的适应性效率最终表现为银行功能适应性。银行绩效高低不在于其以何种形式存在，而是取决于特定制度环境是否有利于银行功能的实现，故应从金融功能角度去研究国有银行制度变迁及绩效表现。特别是与西方银行制度不同，中国国有银行具有财政替代功能和金融功能双重属性，其功能演变与所处的制度环境存在着不可割舍的“血肉联系”。对于国有银行这两种功能属性，不能先验地认为财政性替代功能下的绩效就一定劣于或者优于市场金融功能下的绩效，而要看其是否能促进经济长期发展。这两种功能的强弱与转换取决于其所依赖的制度结构，即政府与市场力量的反复博弈、协调甚至是妥协程度。制度结构中政府与市场力量之间的耦合度和协调性将是解释国有银行制度演变的关键。

在国有银行改革中，曾经“盛极一时”的市场竞争与产权结构之争，实际上是经济体制上增量改革与存量调整之间的争论在金融制度改革中的延续。这两种观点在适应性效率框架中具有一致性，应该统一而不是割裂地看待两者，产权结构安排应与市场竞争动态地相互适应。更为重要的是，无论是市场竞争说还是产权结构论，对国有银行制度变迁的解释都不同程度地忽视了国有银行财政替代功能的特殊性。本书认为，对国有银行改革的讨论应当注重初始制度条件的重要性，它与政府因素在国有银行制度演进中都扮演着重要角色。国有银行市场化改革并不是简单的私有化、自由化或政府“一退了之”，而是取决于各种制衡力量特别是政府因素和市场力量相互协调与妥协，国有银行改革应当坚持整体渐进演变的思路。

在“二重结构”的初始制度条件下，国家能力扩展模型与传统意识形态巧妙结合，构成了我国金融制度变迁选择强制性变迁路径的充要条件。传统“大政府小社会”的社会格局、意识形态熏陶与“弱财政强金融”的经济格局，是国有银行财政替代功能得以实现的基础。正式规则与非正式规则保持内在一致，使得以财政替代功能为主导的国有银行成为当时一种有效的金融制度安排。尽管这种功能从“标准”意义上的市场经济角度看是外生的，但却内生于其所依赖的制度结构，而且正是这种看似“落后”的制度安排与其所处的制度环境相适应，表现出适应性效率，为中国经济高速增长做出了不可替代的贡献。

然而随着渐进式改革推进，国有银行原先的制度功能对其所处的新制度环境越来越表现出非适应性。本书从影响国有银行制度变迁的制度结构（政府和市场力量两个维度，六个方面）入手，刻画了国有银行功能调整的必要性与紧迫性。这两种力量对比的变化构成国有银行功能由财政性替代功能向金融服务功能转变的内在逻辑。但是与前期财政替代功能下的被动扩张相比，国有银行规模收缩更具有主动性，反映出“金融因素”正逐渐取代“财政因素”，这种调整是国有银行适应性能力的一种体现。

经过“一番手术”后，国有银行“焕然一新”，本书从纵向和横向两个方面说明资本市场化改革对国有银行短期微观绩效提高效果显著。但在其业绩爆发的外表下，本书研究表明，具有双重理性的国有银行不仅通过资产负债表中存差的形式将金融风险与国家信誉牢牢拴住，而且其债权结构也日益“失衡”，更加与实体经济相脱节。如此宏观格局的出现，表明资本市场化改革及上市不能作为国有银行制度市场化改革成功的衡量依据。特别是在当下，一方面国有银行掌握着规模庞大的金融资源，另一方面非国有经济部门特别是中小企业却又是“嗷嗷待哺”。这种冲突反映出资本市场化改革后的国有银行微观绩效提高既不等同于社会资源配置效率的整体增进，也不意味着整个国有银行制度就具备了适应性效率。

从银行适应性效率视角出发，本书认为银行制度市场化是否成功，更取决于资产市场化。因为资产的角度本质上是基于金融功能观的视角，它更能反映国有银行的真实行为，更具有增量上的意义，更能体现长期和动态因素，更能刻画国有银行制度市场化的本质内涵。只有对国有银行资产进行市场化改革，其微观绩效改善才会具有宏观上整体增进社会资源配置效率的意义。对于资产市场化改革方式，本书认为，强制国有银行与非国有经济部门建立起联系，只能是一种良好的诉求与愿望；对国有银行简单地拆分或重组，也未必就能形成有效的竞争格局。依据银行适应性效率分析中提到的分散化决策和试错性试验，未来对于国有银行资产市场化改革的重点在于金融体系中新的市场力量顺利进入，通过异质性银行竞争逐渐压缩国有银行无法支配的过剩金融资源。

异质性银行的成长，将改变国有银行的基础制度结构，并且竞争与学习效应有助于形成竞争性互补的格局，这对提高国有银行绩效具有正面作用。从这个意义上说，国有银行形成适应性效率的要害在于外部市场竞争约束，取决于新的市场金融因素的成长速度与竞争压力程度。在异质性竞争方面，本书认为应当特别重视基于非国有经济部门的需求而成长起来的内生性金融或民间金融力量，对其试错性试验导致的各种可能失败应具有包容态度。

未来国有银行的市场化改革需要相应的财税体制改革相配套，并应将两者纳入统一的框架中综合考虑，特别是基于经济转型的需要，应当切实改变目前以 GDP 为主要目标的地方政绩考核形式。从长远来看，一个明智的政府应敢于进一步调整国有经济布局，促进民间经济力量成长，为国有银行资产市场化改革创造良好的微观经济基础。若忽视了这些配套条件，一些具有良好意愿的政策反而可能导致国有银行市场化改革目标变得更为遥远。

总而言之，银行适应性效率作为制度效率的一种衡量方式，更加注重银行的整体制度效率增进。一种银行制度是否有效，不在于其制度有多“先进”，单个组织微观绩效有多“好”，关键在于该制度整体上能否与所处的实体经济发展阶段相适应。制度变迁不是一项孤立的事情，而是一连串的制度组合，一项制度变迁内生于其所依赖的制度结构，这也决定了通过异质性竞争调整国有银行制度将是一个长期演进的过程。在未来国有银行制度变迁中，政府与市场力量的耦合度与协调性、银行制度多样性以及银行企业家成长共同决定着国有银行适应性效率的形成。

目录 CONTENTS

图目录 FIGURE INDEX

表目录 TABLE INDEX

第1章　导论

1.1 研究的背景及意义

改革开放30多年来,中国经济以惊人的速度持续高速增长,纵然增长的背后有种种问题、非议或不足,但仅就其所创造的人类史上最大人口规模国家"增长奇迹"现象而言,就值得我们去认真地总结与思考。毫无疑问,这是来自各方面努力的结果,中国特有的金融制度安排无疑在其中扮演了重要角色,尤其是以国有银行为主导的中国银行体系,一直是中国金融格局中的中坚力量。尽管近年来中国股权融资和债券融资发展较快,但银行信贷仍是企业外部融资的主要来源。2011年《中国货币政策执行报告》的资料显示,截止到2010年底,国内非金融机构的融资总量超过11万亿元,其中通过银行部门贷款量就高达8万多亿元,占比75.2%,而同期股票融资占比仅为5.5%。可见,只有保证中国银行业的稳定,才能保证金融业的稳定,金融业的稳步发展才能为经济进一步发展提供强大的金融支持。

与此同时,从全球范围看,随着金融业的竞争日趋激烈,银行的业务范围与功能也在逐渐发生变化,从原先的分业经营向混业经营转型,由表内业务延伸到表外业务,传统的支付结算功能转向财富管理等现代服务功能,这些变化实质上是银行制度的变迁。但这种变迁或者创新又给世界经济的发展带来了不稳定因素,1997年与2008年在经济发展阶段不同的地区爆发的金融危机充分说明,保持银行业平稳发展对经济发展的重要意义。能够避免这两次金融危机,中国的银行业尤其是国有银行究竟是"幸运"还是另有原因;为何中国国有银行体系从20世纪90年代末被众口一词地指责为早已"技术破产"的"破旧"制度安排,10年间峰回路转,如今又成为"众星捧月"的对象;原先的国有银行制度真的如此之“差”,而如今经过一番改造后又真的如此“健康”了吗?对这些复杂的现象,我们需要进行冷静理智的分析。世界各国发展历程早已表明,现代国家经济崛起必然需要金融业的崛起,而在中国特殊的条件下,金融业的崛起又一定需要以国有银行为代表的银行业崛起,对中国国有银行制度变迁予以研究具有重要的现实意义。

当前国内外的许多学者对中国经济制度转型表现出了极大的兴趣与热情,从不同方面丰富了我们对中国经济制度的理解。对于中国金融制度尤其是银行制度,虽有一些学者进行理论研究,但似乎仍属于“非主流”,这与其重要性相比明显不匹配。对于国有银行绩效,国内绝大部分研究更是局限在短期、静态分析,忽视对影响银行绩效背后更为重要的制度因素的关注,这使得一些研究所得出的结论仅有短期或当下意义,这也会使得我们急于寻求“短期见效”方案而忽视对国有银行的长期制度性建设。诺思(2004)曾经提到:“我观察到当人们看到一个国家持续了10年的增长就会很兴奋,他们认为‘这个国家正处于通向发展的道路上’,或者‘我们最后会克服拉美式的不稳定,我们最终会成功实现经济的转轨’。但这对于经济史学家而言,的确是一种谬见。我认为要是在50年或100年内,那么我会考虑你们是否已经发展成这样的社会:有抵挡冲击的能力,有战胜频繁出现问题的能力,而与10年或20年的连续增长有很大的不同。”追求短期绩效的改革政策未必就能保证在制度上的长期良性发展,中国经济的长期增长需要一个保持适应性效率的国有银行制度安排以应对经济的动荡与变迁,显然我们需要从长期演进的视角来重新审视国有银行的绩效及其制度变迁。

目前国内学者使用不同方法、不同模型,从不同角度对中国国有银行绩效及其影响因素进行了比较深入的研究,这些都构成了本书进一步研究的重要文献基础。不可否认,这些研究对于推动中国商业银行改革起到了重要的理论支撑作用。但遗憾的是,国内的许多研究仍是基于新古典金融学的分析框架,多为短期和静态的分析,并且由于在模型选择、变量选取方面都难以统一,致使结果极为不一致。研究者们总是想办法先得出偏向于自己“预期”结论后,再去选择“合适”的变量以“证明”预想的正确性,如此经过“精确”测算的结论让人困惑不解,甚至是怀疑。因为中国国有银行正在进行制度性的变革,但各种政策和制度因素却难以在这些模型中得以显现,因此这样的结论解释能力不足。尽管一些学者如谭政勋(2009)等已考虑了中国银行业效率结构与制度的关系,但其研究仍属初步分析,且对银行动态适应性效率考虑不足。因此相对而言,目前国内学者对中国银行业尤其是国有银行绩效的宏观性、制度性以及动态性研究仍显薄弱。即使就国有银行制度研究而言,目前理论界对于中国现有国有银行制度以及其未来变迁仍存有不少争议,这也反映了理论界对国有银行制度变迁的内在逻辑仍没有充分认识,这都需要我们在已有研究的基础上进一步进行理论梳理与分析。

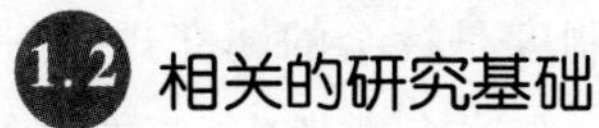

1.2 相关的研究基础

1.2.1 制度、制度变迁与制度变迁方式

主流的新古典经济学是在完全竞争、完全信息和没有交易费用的前提下研究资源的配置问题,即在既定的制度前提下研究稀缺资源最优配置问题。但诺思在1993年获得诺贝尔经济学奖时指出,“在进行时间历程中经济绩效的分析时,新古典理论有两个错误的假设:一是制度并不重要,二是时间并不重要”。经典的新古典经济理论学过于追求精密化与“科学化”,忽视了历史与制度的重要性;对时间因素的忽视也使得这种分析方式更多是静态的,无法直接分析经济的成长。这种理论离实际生活如此遥远,极大地损害了其对现实的解释力。

新古典经济对现实世界有意或无意的“过度抽象”受到了一些学者的质疑,其中最引人注目的莫过于制度学派的观点。事实上,新制度经济学的开创人物科斯早在1937年就敏锐地通过交易费用理论修正了新古典经济学假说,认识到只有在没有交易费用的情况下新古典经济学的结论才能成立。此后一大批才华横溢的经济学家沿着科斯等人的分析思路,证明了在现实生活中由于信息不完全与交易费用等因素存在,制度是重要的,应将制度视为经济发展中的一个重要内生变量。[①] 诺思(1981)进一步认为经济增长的

① 新制度经济学的发展,除了科斯,阿尔钦、诺思、德姆塞茨、舒尔茨、张五常、林毅夫等其他学者也做出了突出的贡献。这方面的成果汇总,详见科斯、阿尔钦、诺思等著:《财产权利与制度变迁——产权学派与新制度学派译文集》,上海三联书店/上海人民出版社。

关键在于形成一个有效的经济组织，而有效的经济组织需要相应的制度安排才能产生。制度的功效就在于通过一系列的规则安排来减少交易过程中的不确定性并减少交易费用，使得个人收益率与社会收益率相等或接近，从而降低寻租性激励，增加生产性活动，促使交易活动中的潜在收益得以实现。在诺思看来，制度是理解政治与经济之间的关系以及这种相互关系对经济成长、停滞或衰退影响的关键（诺思，1990）。

对于制度，不同学者有不同定义。早期的制度学者如康芒斯（1934）等把制度理解为一种组织。诺思（1990）认为制度是由一系列正式规则、社会认可的非正式规则及其实施特征所构成，因此制度是社会的博弈规则，是人所创造的用以限制人们相互交往行为的框架。在这个框架中，正式规则尽管非常重要，但只是对人们交往中很小一部分的约束，在人们交往中，包括价值观、道德习俗、意识形态等非正式约束作为正式制度的补充，对正式规则进行修改和扩展。而青木昌彦（2001）则把制度定义为关于博弈重复进行的共有信念的自我维持系统，因而制度是内生的，其实质是博弈均衡的发展路径和固定特征的概要表征，这种表征被相关的政治域、组织域、交易域等的所有参与人感知，并作为其策略选择的基本约束。

对于制度变迁，诺思（1990）把其理解为对形成制度框架的规则、规范以及实施的复杂结构进行边际调整组成。制度变迁的发生取决于变迁后的制度净收益和维持原有制度净成本的比较，当预期收益大于预期成本时，一项制度安排就会被创新，最终实现制度变迁，因而相对价格的根本性变化是制度变迁的最重要来源。制度变迁存在不连续变迁与渐进式变迁两种方式。[①] 不连续变迁即正式规则发生剧烈变动，这通常是经过激烈冲突或暴力革命方式完成。而渐进式变迁则是交换双方通过重新建立合同来获取一些潜在的收益，正如诺思（1990）所言，这种变迁的关键因素是存在一个能使交换双方的新一轮谈判与妥协成为可能的制度环境。不连续变迁是一种"断点性均衡"，它往往需要意识形态的支持，但是这种方式通常难以持续，因为建立在意识形态承诺的激励系统上的新的正式规则会随着时间因素逐渐毁坏，而那些更适宜的非正式约束将会重新恢复；非正式

① 林毅夫（1989）还区分了诱致性制度变迁和强制性制度变迁，前者是由个人或一群（个）人在相应获利时自发倡导、组织和实行，后者则由政府命令和法律引入与实行。

规则与新的正式规则之间一种持续的紧张关系将使得非正式约束逐渐演化成原先正式规则的延伸,导致新的正式规则(政治上)的长期不稳定。显然,存在于根深蒂固的文化传统等意识形态基础上的非正式约束对于制度变迁具有深远影响。

根据以上经典文献,我们可以把制度变迁理解为规则改变以及执行规则的组织变迁,在制度变迁中,应当注意保持正式规则与非正式规则的一致性,因为两者的持续激励冲突将会使得正式规则只是“合法”,但并不十分“有效”。非正式规则对于制度变迁及路径依赖更具有深远影响,因而正式规则应尊重非经济因素,如社会传统习俗、意识形态等因素,也就是说渐进式制度变迁更具有持续性①。

1.2.2 银行制度变迁研究

随着制度经济学被引入中国,从20世纪90年代开始,国内学术界开始重视制度以及制度变迁方面的研究,尤其在经济制度与转型经济方面取得了一系列成果。如杨瑞龙(1998)提出“中间扩散型制度变迁方式”的理论假说;黄少安(1999)进一步提出制度变迁主体角色转换假说;周业安(2000)以哈耶克的社会秩序二元观为理论基础,提出一个分析中国制度变迁的初步演进论框架等②。毫无疑问,这些理论为我们深入理解30多年来中国经济制度变迁提供了很好的理论注解。

对于金融方面,国内外比较一致的看法是受政府控制的金融体系为中国经济改革提供了强大的支持。Gerschenkron(1962)从市场信息的角度认为私营银行不能克服信息和契约履行的低效率问题,而政府在这些方面却具有优势。钱颖一(1995)认为在分权化和市场化改革过程中,国家对金融部门的强大控制能力保证了金融部门能按照政府意愿向国有部门提供资金,从而保证了渐进改革的成功。世界银行(1997)也认为中国的国家控制力与政府信誉对刺激和动员国民储蓄起到了关键性作用。张杰(1998)以中

① 当然,这更意味着历史是重要的,不了解社会经济制度变迁的过去,我们将无法准确理解现在的选择以及将来的制度变迁路径。

② 此外,如周其仁、张维迎等强调了产权理论在中国改革实践的成功应用;张军、周黎安等强调了财政分权与地方政府竞争的重要性;林毅夫等则从资源禀赋、比较优势的角度对中国经济改革的成功进行了解释。

国经济史的二重结构为切入点，认为在1979年以前，国家控制金融主要是为了推行“赶超战略”，而1979年之后，对金融的继续控制则是渐进性改革的需要。相对于前半段而言，渐进性改革的控制获得了成功。王曙光（2003）进一步提出“制度变迁成本分担假说”，指出了中国经济体制改革中金融部门与其他部门制度变迁不平衡的内在根源，强大的国家控制力是中国能够选择这种渐进式的不平衡经济改革路径的支撑力量。

然而，虽然在国有银行制度安排下国家有足够的激励把社会上的金融资源集中起来，但这却是以金融资源配置的扭曲为代价的。实施对国有银行的控制，抑制国家能力下降，效果只是短期的，就长期而言却可能会极大地损害国家能力（官兵，2006）。Cull 和 Xu（2003）发现，20世纪70年代后期开始的银行业改革使得国有银行在资金配置上拥有了一定的自主权，提高了资金配置效率；但在政府介入下，到了20世纪90年代，“救助”国企成为银行的重要职责，导致国有银行的资金配置效率低下。至1998年底，四大国有银行不良贷款率高达35%，2001年和2002年末也仍高达25.37%、26.12%（施华强、彭兴韵，2003）。因此，如何提高国有银行资金配置效率成为研究者关注的焦点。

可以说，政府对银行业的控制为中国经济改革和发展提供了重要的金融支持，但是这种过度介入似乎又造成了中国银行业自身的困境。政府放松对银行业控制已经成为理论界共识，但是在政府退出的时机、退出的路径选择以及国有银行改革路径等方面，理论界却存在着广泛的争议。罗金生（2003）从利益集团的角度分析了不同利益主体对金融资源控制权的争夺。罗得志（2004）认为，在金融效率与金融控制权之间，政府只会做有限度的替代，政府为了控制权可以牺牲效率，但却不会为效率而放弃控制权。运用新制度经济学研究方法，杜询诚（2004）分析我国近代金融史上市场自发形成的诱致性金融制度变迁和政府主导下的强制性金融制度变迁，指出了强制性制度变迁造成的金融抑制导致诱致性变迁的困难性。官兵（2006）则认为政府对金融由控制到退出的过程实际上是一个产权重新配置并不断逼近生产可能性边界的过程。

对于国有银行如何进行改革，理论界展开了激烈争论[①]。一些学者运用

① 本书将在第2章进一步介绍这些争论。

SCP分析方法，认为中国银行业市场高度集中造成了国有银行的垄断低效率（于良春、鞠源，1999）。但刘伟和黄桂田（2004）等对SCP框架在我国的适用性质疑，认为中国银行业的主要问题是国有银行产权结构，改革重点应在于产权结构单一及其相关的制度。一些学者运用不同实证方法对股权改制与国有银行绩效关系进行了研究（姚树洁、冯根福，2004、2011；徐传谌、齐天树，2007；甘小丰，2007；吴军、白云霞，2009）。当然学者们还就国有银行改革过程中是否应该注资以及改制的方式等问题有过争议（张杰，1998、2003、2004；陆磊、李世宏，2004；李稻葵，2001；易纲、郭凯，2001；吴敬琏，2002；厉以宁，2002）。

尽管从目前数据上看，国有银行股权结构改革取得了初步成功，但是一些学者对此提出了质疑。陆磊、李世宏（2004）认为国有银行改革应当注意初始条件的重要性，忽视这一条件的分析貌似合理，却未必正确，国有银行在不同利益主体博弈条件下有其存在的合理性，对于不同国有银行应采取不同的改革模式。而且单一的产权改革实际上是在求证一个无解的方程，并会影响金融体系的稳定（张杰，2003、2004）。张杰（2004）认为国有银行的绩效最终由与经济的微观结构紧密相关的资产结构决定，在微观经济基础没有得到有效调整的情况下，单方面改变银行资本结构效果并不明显。李华民（2004）也认为中国国有银行绩效差的根源不在于其资本结构即产权问题，而在于其特殊服务对象所形成的资产结构，当银行功能被异化时，产权的变革无助于组织绩效改善。因此，国有银行绩效低下与其所有制性质并无直接联系（广东金融学院课题组，2006）。

对于中国银行业的开放性，徐滇庆（2001），易纲、郭凯（2002），杨晓光、卢授永（2003）等强调了民营银行进入对中国银行结构改造的重要性，但田国强、王一江等（2004）则强调引入外资战略投资者对国有银行改革的重要意义。基于比较优势理论（林毅夫等，1994、1999），林毅夫等（2004、2006、2009）进一步提出最优银行结构对经济发展的重要性，认为经济结构决定各种金融制度安排在经济中的相对规模，要素禀赋结构的差异又进一步决定着经济结构的不同。因此当要素禀赋结构变化时，经济结构将不断变化，银行业结构也必然发生相应的变化，以适应不同经济结构下的产业和企业的金融需求。

那么到底是什么决定了一国银行制度的选择，已有的研究从不同侧面回答这个问题。这些研究中，张杰(1998)提倡的理论分析逻辑应与金融制度变迁逻辑相一致，这一主张为我们提供了较好的分析思路，即从中西方社会结构差异入手，在二重结构下对中国金融制度演进的逻辑进行刻画，并且将主流经济学中长期忽视的政府因素重新纳入金融制度研究的分析框架。张杰(1998、2003、2004、2005、2008)的一系列研究认为，从长远看，一国银行制度更重要的在于经过长期积淀而成的社会合作路径以及制度有效组合集的状况。片面追求技术指标的短期改进将使得国有银行陷入市场化与金融控制的两难困境，国有银行市场化改革的要害在于市场化条件的重建，通过有效制度替换减弱银行行为的外部性。在这一研究思路启发下，国内学者开始逐渐关注对银行制度变迁的研究(罗金生,2003;江曙霞、罗杰,2004;张羽,2007;武艳杰,2009)。

1.2.3 国有银行效率测算的既有研究①

目前大多数研究表明商业银行存在规模效率，但对于实现规模效率的最佳规模尚无一致的看法(Humphey,1990;Berger & Humphrey,1991;Berger & Mester,1997)。然而有关我国商业银行研究的大多数结论是国有商业银行存在明显的规模不经济现象，相对而言股份制银行更具有规模效率(秦宛顺、欧阳俊,2001;徐传谌,2002)。对于范围效率，国外研究中仍存在较大的争议(Berger 等,1993; Teng,1999;Bernardo,2003)。国内研究虽然表明我国商业银行存在范围经济现象，但对于国有商业银行和股份制银行的范围效率仍存异议(杜莉、王锋,2002;王聪、邹朋飞,2003)。

20 世纪 80 年代末以来的国外研究表明，规模效率和范围效率在银行业中并不显著，银行内部经营管理能力的 X 效率才是决定银行效率至关重要的因素。Berger 和 Humphrey(1994)的经验研究表明，规模或范围不经济导致的无效率不超过总成本的 5%，但由于 X 无效率导致的效率损失却在总成本中约占 20%，这意味着 X 效率因素正在成为更为重要的解释变量。Berger 和 Mester(1997)对美国银行业效率和 Carbo 等(2003)对欧洲储蓄银行业的实证研究也都发现了这一现象。虽然相关研究对 X 低效率的存在已基本达

① 关于目前对我国银行效率的研究，我们将在第 2 章进一步梳理。

成共识，但关于X效率的定义[①]，研究方法以及投入产出变量的选择上仍存在很大差异，这也造成了目前X效率测算结论的不一致；相对而言，使用非参数法测算的X效率值一般低于参数法（Berger & Humpry，1997），国内对银行效率测量值相对排序结论的差异更为明显（石晓军、喻姗，2007；谭政勋，2009）。

1.3 思路与主要内容

1.3.1 简要评述与思路

如前所述，新古典的经济学理论中，在经济理性人、完全竞争、没有交易费用、不存在信息不对称的完美假定下，制度是不重要的，时间因素也是不重要的，只需要市场机制资源配置就可实现理论上的帕累托最优。然而真实的世界中经济人却是选择性理性或有限理性，交易费用也不可能为零，而且市场中总是充满着信息不对称与不确定性，对于银行业而言更是如此。经典理论假设与现实生活是如此遥远，中国国有银行发展历程中微宏观效率的背离也凸显出中国银行业的特殊性，而且中国国有银行的功能与经典理论有着显著差异，这些都意味着制度是重要的。对于目前正在进行大规模制度变迁的国有银行而言，对于其制度演进的认识就更为重要。不应简单把工业化国家商业银行模型随意套用在发展中国家尤其是转型国家中（Brock & Rojas，2000；Dietrich et al，2010），而应注重制度条件的重要性。因为与西方国家银行的产生与发展逻辑不同，中国银行体系特别是国有银行从其产生到演变都离不开政府的作用，是一种典型的国家主导下强制性变迁路径，银行绩效与政府对市场效率或产权效率的认识和判断密切相关，或者说是在于政府与市场之间的协调博弈与相互适应性。正如青木昌彦（1997）所强调的那样，“揭示清楚政府的利益因素，并分析它对政府与民

① 有的学者将X效率定义为成本效率（Cost Efficiency）、标准利润效率（Standard Profit Efficiency）和替代利润效率（Alternative Profit Efficiency）（Mester，1997；Maudos，Pastor，2003）。而Frei、Harker和Hunter（2000）则将银行业X效率定义为“除规模和范围之外的所有技术和配置效率的总和，是对整合技术、人力资源及其他资源生产特定产出的管理水平的测度，衡量的是控制成本和使产出最大化的企业管理能力的差异”。

间部门之间相互关系的影响，这对于理解东亚经济具有十分重要的意义”。

中国是一个发展中国家，成熟的市场经济制度尚未最终确立。在国有银行制度转型的背景下，对其绩效的考察，除了必要的微观数据分析外，更应注重对这些数据背后的制度变迁予以真实刻画和解读。特别是对于国有银行所具有的财政替代和金融服务双重功能属性，更应结合中国经济转型中的特殊功能及宏观效应予以分析。2008 年的“次贷危机”所引发的金融危机说明，西方市场经济制度固然有其先进或是好的一面，但仍具有内在的不稳定性。若发展中国家仍只是将国外的那一套体系生搬硬套地使用而不深入了解其实质，那么它就基本上不会起作用（伯索尔、福山，2011）。全球 70 多亿人口，没有理由一直以西方世界尤其是美国作为政策创新思维的唯一来源，制度应当是多样化的。绕开制度因素，一味地套用发达国家的经验模式对国有银行绩效进行分析，很容易造成偏颇甚至是误解，无助于真正了解国有银行绩效及其制度变迁的内在逻辑①。

关于中国经济制度转型在理论上已经有了充分的讨论，但对于中国金融制度转型的研究目前仍未受到应有的重视。西方国家的金融制度较好地支撑了其几百年的经济发展，但这并不意味着这种金融模式移植到中国也能获得成功，金融发展路径的形成受到一个国家文化经济基础和所处历史阶段的限制，因此不存在唯一的最优金融发展模式，各国应该选择最适合自己国情的市场形成模式和金融发展模式（张杰，2008）。显然，制度的形成应当是一个过程的结果，而不是前提。

虽然国内一些学者对中国的银行制度尤其是国有银行制度进行了精彩分析，得出了许多富有启发的结论，这些也是本书对银行制度变迁研究的坚实基础，但仍表现为零散性研究，缺乏相应的理论框架体系。对此，本书将在既有研究的基础上，尝试性地提出银行适应性效率的初步分析框架，以期能够更加深刻地了解中国国有银行制度变迁的内在逻辑。正如诺思（1993）所言，从长期来看，经济长期增长的关键是一种长期动态的适应性效率。本书研究框架坚持的正是长期、动态与整体演进的视角。

本书首先对国有银行制度变迁的轨迹予以简要描述，并对这一历史进

① 黄达教授就曾指出，中国未来经济体制和发展道路有两点应是明确的：一是不可能离开带有世界普遍规律性的发展方向；二是不可能脱离中国国情而完全西方化，它应该是“中国式”的。转引自王广谦：《经济发展中金融的贡献与效率》，第 236 页，中国人民大学出版社，1997 年版。

程中的改革思路之争、效率观点上的歧义进行梳理,指出已有研究的不足,提出本书所要回答的问题和研究视角(金融功能视角)。

为了解释国有银行制度变迁尤其是功能演进的内在逻辑,本书进一步拓展了诺思适应性效率理论,并提出符合"中国故事"的银行适应性效率理论分析框架,在这一框架下对国有银行功能演进的内在逻辑进行初步分析。

在构建理论框架后,本书分三章对国有银行功能财政化逻辑及其表现,财政替代功能向金融功能转变逻辑及功能调整过程,国有银行资本市场化改革绩效、问题及其解决思路进行更为翔实的刻画与分析。

通过对国有银行制度变迁中出现的种种现象及内在的理论逻辑予以深刻阐述后,本书得出基本结论及尚需进一步研究的问题。

1.3.2 主要内容

在上述研究思路下,本书将以中国国有银行制度变迁的历史脉络作为理解国有银行制度变迁的出发点,并在银行适应性效率理论框架下,坚持内生、长期和整体演进的视角,对国有银行制度变迁的内在逻辑予以刻画和分析,力求保持历史逻辑与理论逻辑相一致。全书有五部分共七章,第一部分是导论(第 1 章);第二部分是文献梳理与问题提出(第 2 章);第三部分是理论框架构建(第 3 章);第四部分在提出的理论框架下对国有银行制度变迁展开分析(第 4 章、第 5 章、第 6 章);第五部分是本书基本结论与研究展望(第7 章)。具体内容如下:

第 1 章主要是介绍研究背景及选题意义、研究思路与立意、基本框架、研究方法,以及创新与不足,重点是对已有关于制度、制度变迁与制度变迁方式、银行制度变迁以及银行绩效研究视角的文献进行梳理,据此提出本书的研究思路,我们认为,从银行适应性效率框架下的银行功能演进视角研究银行制度变迁更具有意义,得出的结论也更为深刻。

第 2 章是问题的提出。首先对国有银行制度变迁的历史脉络予以简要刻画,这是本书研究的出发点。本书对该制度变迁历程中关于国有银行改革思路及其绩效表现的争论进行了系统梳理。指出市场竞争与产权结构之争实际上是经济体制增量改革与存量调整之争在金融制度改革中的延续,特别是对于国有银行绩效测算所得出的充满争议性结论,更容易使我们陷入"金融机构论"式的争论中,而忽视了国有银行制度性质及演变的内在逻辑等更深层次因素。

基于中国背景，第 2 章提出应从金融功能角度去分析国有银行绩效。衡量银行绩效的关键在于它特定的制度环境下是否有利于银行功能实现，而不在于其以何种形式存在。更重要的是，中国国有银行与西方国家银行制度在产生和发展逻辑及功能属性上存在明显差异，因而我们需要有一个新的理论框架能够对国有银行制度及其功能演进的特殊逻辑予以合理解释。我们认为应当坚持内生、长期和整体演进的视角，在这样的基础上再考察国有银行的真实效率表现。

第 3 章是中国国有银行制度变迁研究理论框架的构建。既然国有银行绩效表现与其承担的功能密切关联，那就应对国有银行功能结构及其演进内在逻辑予以分析。本书主张从银行适应性效率角度去分析国有银行功能演进的过程及内在逻辑。本章对经济学中各种效率概念进行梳理后，重点放在诺思提出的适应性效率上，并对该概念进行相应的拓展与分析。

在此基础上，第 3 章对银行适应性效率概念进行界定后，提出符合中国背景的银行适应性效率初步理论分析框架，在制度结构—银行功能演进—银行长期绩效的框架下，指出国有银行制度变迁的核心在于其功能演进与扩展。国有银行功能结构包括财政替代功能与金融功能，这两种功能的强弱、转换、替代或互补最终取决于其所依赖的制度结构，即政府与市场力量的博弈、协调甚至是妥协程度。以此为基础，本章对市场竞争和产权结构论之间的关系进行了重新思考，指出了这两种思路的局限性，强调改革初始制度条件和政府在国有银行制度变迁中均扮演着极为重要的角色。因而，银行制度市场化改革中并不是政府“一退了之”，而是取决于各种制衡力量特别是政府因素和市场力量的协调性与妥协性，这意味着对国有银行改革应当坚持整体渐进演变的思路。

第 3 章提到初始制度条件和政府因素是我们理解国有银行制度变迁的逻辑起点，第 4 章首先以中国社会特有的“二重结构”现象为切入点，运用诺思的国家理论和意识形态理论，探究国有银行制度变迁选择强制性变迁路径的深层次逻辑。第 4 章认为，在“二重结构”的初始制度条件下，国家能力的扩展模型与传统意识形态的巧妙结合构成了我国金融制度变迁中选择强制性变迁路径的充要条件，并进一步分析了中国长期存在的货币财政化现象，这为国有银行财政性替代功能的制度安排提供了传统的“法理依据”，降低了该制度的推行成本。传统的“大政府小社会”社会格局、意识形态熏陶与“弱财政强金融”经济格局,是国有银行财政替代功能实现的基础。

在对“弱财政强金融”格局进行刻画后,第4章从货币发行收入、国有银行税收贡献、国有银行金融支持以及利差租金四个方面分析了国有银行财政替代性功能的具体表现,并就这种表现的绩效进行相应的实证分析。研究表明,尽管当时国有银行缺乏西方银行制度中所谓的“现代”金融功能属性,但这种看似“落后”的制度安排却与其所处的制度环境相适应,表现出了一种适应性效率,为中国经济高速增长做出了不可替代的贡献。

第5章从适应性效率视角分析国有银行功能的演进。第5章的逻辑是随着渐进式改革推进,国有银行原先的制度功能与其所处的新制度环境越来越表现出非适应性。本章从影响国有银行制度变迁的制度结构,即政府和市场力量两个维度分析了国有银行功能转型的必要性与紧迫性。

就政府力量而言,从国家效用函数出发,金融控制成本上升、各种机会主义导致的金融风险,以及国家财政能力的恢复(各级政府之间的博弈)等因素促使国家效用函数发生变化。就市场力量而言,第5章从国有银行负债结构(国有银行资金的提供者)、经济结构(国有银行资金的需求者)以及银行结构和金融结构(国有银行信贷的竞争者)三个角度刻画了市场力量的成长。这两种力量共同构成国有银行功能由财政性替代功能向金融服务功能演变的内在逻辑。第5章还就国有银行的组织规模调整进行了说明,与前期被动性扩张相比,组织规模主动收缩反映出国有银行的“金融因素”正逐渐取代“财政因素”,这种调整的本身就是国有银行适应性能力的一种体现。

第6章首先从纵向和横向两个维度对国有银行资本市场化改革的短期微观绩效进行了衡量。其次从国有银行存差现象、债权结构失衡等方面指出国有银行微观绩效增进并不具备宏观整体效应。资本市场化改革后的国有银行微观个体绩效提高,并不意味着整个国有银行制度就具备了适应性效率。

从银行功能角度出发,第6章提出,银行制度市场化是否成功,更重要的因素是资产市场化。因为从资产的角度本质上是基于金融功能的视角,更具有长期和动态性,更能刻画出银行制度市场化的本质内涵,这样国有银行微观绩效改善才具有宏观上社会资源配置效率整体增进的意义。并依据第3章提出的银行适应性效率理论,对国有银行资产市场化改革的三种方式进行分析，指出提升国有银行适应性能力将有赖于新的市场金融力量进入，因为异质性银行竞争可改变基础的制度结构，一方面可加速信息总量获取和信念转变，另一方面竞争和学习激励，对国有银行绩效提高具有正面效应，本章实证研究证明了该论点。

因而本书提出国有银行适应性能力提升，要害在于外部的市场竞争约束，取决于新的市场金融因素成长速度与压力程度。在异质性竞争约束方面，应特别重视基于非国有经济部门的需求而成长起来的内生性金融需求力量。在银行适应性效率看来，银行制度是否有效，不在于单个机构微观绩效有多好，关键在于该制度整体上能否与不同阶段的实体经济相适应，并满足实体经济发展的需要。在未来国有银行制度变迁中，政府与市场力量的耦合度与协调性、银行制度多样性以及银行企业家成长共同决定着国有银行适应性效率的形成。

第 7 章是本书的基本结论、政策含义及尚需进一步研究的问题。

1.4 研究方法

(1)理论逻辑和历史逻辑相结合

本书坚持从长期历史的视角对中国国有银行制度变迁予以解读，从理论上分析这种历史变迁的过程实质上是国有银行功能演进，即由财政替代功能向金融服务功能演进的过程，并通过演绎和归纳分析从而达到逻辑上的自洽。

(2)规范分析与实证分析相结合

规范分析是实证分析的理论起点与最终归宿，但同时又需要实证经验研究作为支持。本书将两者相结合，在借鉴相关理论模型和方法的基础上，分析国有银行制度变迁是什么样的图景，这是实证中需要回答的问题，那么为什么会是这样的景象，其内在逻辑是什么，这需要在规范分析中予以解答。

(3)归纳分析与演绎分析相结合

归纳是对经济现象的抽象，并从中找出一般性的规律，而演绎分析则是在既定的假定前提下，进行严密的逻辑推演进而得出结论。在理论研究中这两种方法密切关联，研究的过程也就是两种分析的统一。本书通过对国有银行制度变迁中的功能演进内在逻辑侧重于演绎逻辑分析，而对国有银行制度变迁的历史进程分析则主要使用归纳分析方法。

 创新与不足

创新主要体现在以下四方面：

一是在研究视角上，与大部分文献基于机构论视角对国有银行绩效测算不同，本书认为国有银行绩效是由银行功能决定，是银行功能实现的外在形式，而不是由银行的组织形式所决定，所以应从金融功能角度去分析国有银行绩效。并且就金融功能观而言，与西方新古典意义上的商业银行不同，中国国有银行具有财政替代功能和金融功能双重功能属性，故应将决定国有银行绩效的功能属性同时纳入到其相应的初始制度条件中加以分析和判断，这样得出的结论更符合现实。本书坚持从内生、长期和整体演进的视角对国有银行制度变迁及其功能演进的内在逻辑进行解读。

二是本书对诺思提出的“适应性效率”概念进行了扩展分析。在这基础上构建了符合中国背景的银行适应性效率初步理论分析框架，即在制度结构—银行功能演进—银行长期绩效的框架下，对国有银行制度变迁的进程与逻辑予以解释和分析，指出银行制度变迁核心在于功能演进与扩展。国有银行具有财政替代与金融服务双重功能属性，这两种功能的强弱、转换、替代或互补最终取决于其所存在的制度结构。不能先验地认为国有银行财政性替代功能下的绩效就一定劣于或者优于市场金融功能下的绩效，而要看其是否能促进经济的长期发展。制度结构中的政府与市场力量对比变化构成国有银行功能由财政替代功能向金融服务功能转变的内在演进逻辑。

三是拓展了国家能力的模型，即包括自身所具有的实力、行为在技术上的可行性、获利程度及外在压力条件等与传统意识形态的巧妙结合构成了我国金融制度变迁中选择强制性变迁路径的充要条件。传统“大政府小社会”社会格局、意识形态熏陶与“弱财政强金融”经济格局是国有银行财政替代功能得以实现的基础。正式规则与非正式规则保持内在一致性使得以财政替代功能为主导的国有银行成为当时一种有效的金融制度安排，满足了当时的制度需求，支持了中国的渐进式改革。

四是在论点上，银行适应性效率作为制度效率的一种衡量方式，更加注

重整体制度效率增进。一种银行制度是否有效,不在于其制度本身有多“先进”,单个组织微观绩效有多“好”,而在于该制度整体上能否满足所处的实体经济发展需求。资本市场化改革下的国有银行微观绩效改善并不等同于其宏观整体配置效率增进或者说国有银行制度就已具备适应性效率。提升国有银行适应性能力,将取决于新市场金融因素的成长速度与竞争压力程度以及银行制度的包容性与多样性。在制度结构中,政府与市场力量的演变、博弈与协调过程决定了国有银行功能演进将是一个长期复杂的过程,这意味着对于国有银行市场化改革,不应急于求成,对国有银行制度调整应坚持长期整体渐进演变的思路。

不足主要表现在以下三方面:

一是意识形态、信念以及知识协调与整合等非正式规则是银行适应性效率分析框架中的重要组成部分。书中虽在解释国有银行制度变迁中也有所涉及,但应当承认本书对此分析仍属于初步,有些地方做了简单化处理。传统文化观念、习俗道德等是制度变迁中极为重要而又复杂的因素,本书的分析框架应还有进一步的扩展空间。

二是货币财政化现象作为初始制度条件对于国有银行乃至整个银行制度演变都有着深远意义,书中只是将其作为既定事实加以表述。但该问题实际上是中国金融发展史上的一个重大理论问题,市场金融因素能否真正成长起来也与此密切关联,书中对其产生的原因与内在逻辑的分析方面仍较为薄弱。

三是银行适应性效率作为银行制度效率的一种衡量方式,关注的是整体制度效率的长期增进。本书对此分析更多的是基于逻辑上的推理和演绎,相比较而言对其量化处理仍显不足,有必要在此基础上构建相应的指标体系,进行更为充分的定量分析与实证检验。

第2章 中国国有银行制度变迁：进程与争论

2.1 国有银行制度变迁：一个历史进程描述[①]

中国的银行改革是在计划经济条件下“大一统”国家银行体制模式的基础上逐步展开的。“大一统”国家银行体制模式与运行机制，不仅决定与制约着银行业市场化改革的逻辑起点，而且与此随后的银行制度变迁都有着深刻的渊源。

在新中国成立初期，为了实现赶超型战略发展目标，国家采取了计划经济体制。在这一经济制度下，为保证有限的资金能够满足优先工业的发展，国家加强了对金融的控制，并且依据经典马克思主义对金融制度设计的理念，在我国逐步建立起了统一的国家银行体制。从1955年开始，全国公私合营银行相继并入当地的人民银行储蓄部，最终形成了“大一统”的银行体系，即全国就一家银行——中国人民银行（李志辉，2008）。中国人民银行集现金中心、信贷中心、结算中心等于一体，尽管其从表面上兼具中央银行和商业银行的双重属性，但实质上其本应具有的金融功能早已被“剥夺”，成为财

① 应当说对于中国银行业变迁历史脉络研究的文献较多，不同学者对于其演变阶段的划分不尽相同，并没有统一标准。如易纲、赵先信（2001）把1984年、1997年作为重要时间点，唐双宁（2005）则把1984年、1994年和2003年作为重要时间窗口等，其他学者如宋士云（2008）等也有不同的标准。在本书中我们主要依据一些重要事件发生特别是从银行功能属性上国有银行由财政替代功能向金融功能演变的整体方向进行划分。另外，需要提醒的是除了个别章节做特别说明外，本书中所提到的国有专业银行、国有商业银行或国有股份制商业银行等称谓均指工、农、中、建四大国有银行，这也是本书的主要研究对象。

政的附属。在当时“计委请客，财政点菜，银行买单”的流程下更加凸显出银行的被动性与从属性，特别是1969年国务院对所属各部、委、行、局进行精简合并，于7月将中国人民银行总行与财政部合署办公，事实上使其成为财政部下属的一个二级单位，成为典型的“司库银行”，这种现象一直持续到1978年。

可见在改革开放之前，我国实行的是一种高度集中统一、以行政管理为主、单一的国家银行体系模式，即“大一统”的国家银行模式（宋士云，2008）。应当说这种垄断格局是由当时高度集中统一的计划经济体制和财政信贷管理体制所决定的。在当时的计划经济体制下，我国社会结构呈现出典型的“大政府小社会”的社会结构形态，与此相对应的是在国家财政完全主导下的单一银行制度，即所谓的“大财政小金融”的格局。在这样的银行制度中，突出表现出以下特点：首先，人民银行作为全国唯一的银行，即作为国家金融管理机构，又全面经营着商业银行的业务，也就是说集管理者与经营者于一身；其次，人民银行作为国家财政的“司库”，从属于财政部，是国家财政部门和计划部门制定的各种投资任务的配合者和执行者。因而在当时的时代背景下，并不存在真正意义上的中央银行和商业银行。

2.1.1 国有专业银行恢复与企业化改革：1978—1992年

(1)国有专业银行逐步复建

改革开放初期，中央政府逐渐意识到了金融体系尤其是银行对支持经济发展的重要性。特别是在1979年邓小平同志提出“要把银行办成真正的银行”后，在政府推动下，原本“大一统”的金融格局逐渐被打破，我国金融体系开始了恢复与重构之路。在这一阶段，首先从1978—1984年，按照经济发展需要和行业分工相继成立了农业银行、中国银行、建设银行、工商银行四大国有专业银行，初步建立起一个专业银行体系，银行机构由原先一元化开始向多元化方向发展，逐渐打破原先的“大一统”国家银行模式，二级银行制度框架基本建立。

首先是1979年1月，国务院发出《关于恢复中国农业银行的通知》，于1979年3月13日恢复中国农业银行①。其主要任务是统一管理涉农资

① 中国农业银行曾于1955年、1963年两度成立，但又因种种原因，在1957年和1965年又两次并入中国人民银行。

金、农村信贷，并领导农信社，支持农村金融事业发展；其次于1979年3月成立中国银行[①]，其主要职能是作为国家指定的外汇专业银行，统一经营和集中管理全国的外汇业务；在1979年8月成立中国人民建设银行[②]，成立的初衷是按照国家计划，受财政部委托代理行使基本建设财务管理的财政职能，管理基本建设的支出预算，并办理基本建设的拨款、信贷和结算等工作。1983年9月，国务院颁发《中国人民银行专门行使中央银行职能的决定》，于1984年从中国人民银行分离出工商银行，由其承担原先人民银行办理的储蓄和工商信贷业务。工商银行作为以城市金融业务为主的国家专业银行，支持工业生产发展和商品流通，支持集体、个体商业和服务行业的发展。工商银行的成立，也就意味着以中央银行为金融监管主体，以工、农、中、建四大国有专业银行为金融经营主体的二级银行组织体系基本形成。

从四大国有专业银行成立过程及其所属职能可知，它们并不是基于市场经济主体发展的内生性需要，因而也没有遵循西方经典意义上商业银行的发展轨迹，而是带有很强的政府干预与政府意愿色彩，依照计划经济的行业管理思路而设立，即分别为工商企业流动资金、农村、外汇和基本建设四大领域服务。这种按照地域、行业范围的行政划分，只能说明其仅是具有商业银行的基本外貌框架，并不意味着其就一定具有真正意义上商业银行的功能属性。

(2)国有专业银行企业化改革

四大专业银行的设立，只是金融管理体制上的一次“纵向分权”，这种政府指令式的专业分工仍与国民经济发展需求相去甚远，随着经济体制改革的深入，如何对国有专业银行进行企业化改革成为关注的焦点。在当时背景下，既然要发展商品经济，那么在商品经济条件下，银行应与工商企业一样，其性质应当属于企业；与此同时，中国金融体制缺乏活力，其根本原因在于专业银行“大锅饭”分配格局，造成对银行经营缺乏积极性。对于国家专业银行企业化改革主要集中在两个方面：首先是专业银行管理方式方面，由

---

① 其前身最早可追溯到1905年的户部银行，1908年改为大清银行，辛亥革命后于1912年改为中国银行，该称号一直沿用至今。

② 最早成立于1954年，主要是为了国家基本建设的需要，1958年对内改为财政部基本建设财务司，1962年归财政部领导，1996年将中国人民建设银行改称为中国建设银行。

原先的机关式管理向企业化管理方式转变，在各种内外部条件基本不变的前提下，推行权、责、利相结合的企业化管理改革，从而打破分配上的“大锅饭”制度，并调动基层的积极性，进而提高了金融体系的活力；其次是打破资金分配的“大锅饭”制度，强化对银行的资金约束，进一步打破银行间的业务限制，使专业银行逐步向企业化方向转变（谢平、焦瑾璞，2003；孙天琦，2004）。

另外，进一步改变原先的信贷资金管理体制。由1980年实行的“统一计划、分级管理、存贷挂钩、差额控制”管理体制，转变为“统一计划、划分资金、实贷实存、相互融通”信贷体制。并且中国人民银行出台专业银行业务可以适当交叉的政策措施，鼓励四家专业银行开展适度竞争，这样四大专业银行的业务界限逐渐被打破，各专业银行的业务开始有所交叉，即出现了“农行进城、工行下乡、中行上岸、建行破墙”[①]等新的竞争格局。业务交叉、相互竞争，使得国家专业银行的“专业”性质逐渐淡化。同年9月，在党代会上通过“七五”计划，首次明确提出“专业银行应坚持企业化改革方向”。也就是说，银行作为独立的法人金融企业，应实行商业化经营，通过自主经营、自负盈亏、自担风险、自我发展以实现利润最大化。

总体而言，1985—1992年国有银行企业化改革主要是从简政放权、利润留成、实行各种形式的经济责任制、业务交叉和开拓新业务等方面着手，并试行资产负债比例管理，完善贷款管理制约机制，目的在于促使国家专业银行实行企业化经营（宋士云，2008）。国家专业银行企业化改革为此后确立专业银行向商业银行转变的改革目标打下了基础。尽管这一阶段改革打破了国有银行的专业垄断，但此次国有银行改革的目的也只是为国有企业改革服务，国有专业银行仍承担着沉重的支持国有经济发展的政策性任务，就其功能而言只是对政府财政支出的一种替代，对其原先的财政功能进行分割，并没有做到真正分离[②]。在中国银行业发展过程中，这种财政替代功能成为国有银行产生的逻辑起点，一直伴随其整个制度演变的历程，而如何解决国有银行财政替代功能与金融服务功能之间“分而不离”的格局又成为此

---

① 农业银行发展城市业务，工商银行发展农村业务，中国银行经营境内人民币业务，建设银行发展短期流动资金贷款业务。

② 如1989年的政府工作报告中仍然提出“各专业银行也承担宏观调控的责任，绝不能因为实行企业化管理而影响和削弱这方面的职能”。

后国有银行改革过程中必须面对的核心问题。

2.1.2 国有银行商业化改革:1993—2001 年

为了适应经济发展需要,1993 年国务院颁布《关于金融体制改革的决定》,提出“要建立政策性金融与商业性金融分离,以国有商业银行为主体、多种金融机构并存的金融组织体系,把国家专业银行办成真正的国有商业银行”。这是我国银行业改革中第一次提出国有商业银行概念,开始了国有银行向商业化的改革路程。大致围绕以下几个方面展开:

首先是成立三家政策性银行,将国有商业银行中的商业性业务与政策性业务进行分离。1994 年,国务院相继组建国家开发银行、中国农业发展银行和中国进出口银行①。三家政策性银行的成立,为解决原先国有专业银行的大量政策性资金倒逼供给问题打下了制度基础,为把国有专业银行转变为真正意义上的商业银行创造了条件。

其次是从法律制度上确立了国有银行的商业地位。1995 年 3 月颁布《中国人民银行法》,首次以国家立法的方式确定中国人民银行作为中央银行的地位。同年 5 月又通过《商业银行法》,正式确立了四大国家专业银行的法律地位及其商业银行性质。其作为一种正式制度安排,详细规定了国有银行的功能及商业银行与政府、企业、中央银行等之间的法律关系,还对商业银行经营原则、经营方针等做出了相应规定,为此后的一系列银行业改革提供了正式制度基础。

最后是成立四大资产管理公司,将原来的支持性不良贷款进行剥离,以降低国有银行金融风险。1997 年爆发的亚洲金融危机使国有商业银行的风险问题受到了极大关注,同年 11 月中央政府召开银行业改革以来第一次全国金融工作会议,要求重点解决国有银行所隐藏的金融风险,加快对其原先的不良贷款进行剥离。在这基础上,1999 年相继成立信贷资产管理公司、东方资产管理公司、长城资产管理公司和华融资产管理公司,专门负责接收并

---

① 其中,国家开发银行主要负责基础设施、基础产业和支柱产业的大中型基本建设、技术改造等政策性项目及其配套工程融资;中国农业发展银行主要负责筹集农业政策性信贷资金,承担国家规定的农村政策性金融业务,代理财政支农资金的拨付,为农业和农村经济发展服务;中国进出口银行负责为出口企业提供信贷和金融服务,以促进中国进出口贸易的发展。

处置四大国有银行的不良资产[①]。这一举措使得四大国有银行不良贷款余额和占比在2000年首次出现“双降”，四大银行金融风险的降低，为此后进一步股份制改革提供了有利条件。

与此同时，从1998年开始，中国人民银行取消对国有银行贷款额度的控制，并将对四大银行贷款增加量的指令性计划管理改为指导性计划管理，并且在逐步推行资产负债比例管理和风险管理的基础上，实行“计划指导、自求平衡、比例管理、间接调控”的新管理体制。为与国际银行业标准接轨，财政部增发2700亿元特别国债，补充资本金，以满足巴塞尔协议中8%的资本充足率要求[②]。

这一阶段明确了国有银行金融服务功能的改革方向，即政府意识到对国有银行改革应分离对其原有的财政替代功能，而且在正式制度上（如成立政策性银行、以法律形式禁止国家财政向中央银行借款[③]、设立资产管理公司承接政策性不良资产等）确实做到了对国有银行财政替代功能与金融功能予以分离。并且这一阶段开始努力恢复银行原本具有的金融微观功能，特别强调资本金、银行内部风险控制等对国有银行向金融功能转变的重要性，政府干预开始考虑有步骤的退出等都为下一个阶段国有银行深化市场化改革做好了铺垫。

2.1.3 国有商业银行股份制改革：2002年至今

随着2001年中国加入WTO，在西方商业银行进入中国的竞争压力下，国有商业银行市场化改革任务显得更为紧迫，这段时间主要围绕着注资和股份制改革而展开，以使其具有真正意义上的商业化性质。为此，2002年2

---

① 信达资产管理公司主要针对建设银行的不良资产，东方资产管理公司主要负责中国银行的不良资产，长城资产管理公司主要负责农业银行的不良资产，而华融资产管理公司则主要负责工商银行的不良资产。应当说原先的这种救助性制度安排却在中国金融业中出现了出乎意料的变化，时至如今，四大资产管理公司的历史使命基本完成，但对其究竟如何改革和转型也成为目前所需应对的棘手问题。

② 当然，为了与国际银行业相一致，还将原先以期限为标准的贷款质量四级分类法（即正常贷款和“一逾两呆”贷款）改为以风险为标准的五级分类法（即正常、关注、次级、可疑和损失），以全面、动态地衡量贷款质量，进而做到更好地防范和化解金融风险。

③ 1994年3月22日第八届全国人民代表大会第二次会议通过主席令，第21号公布了《中华人民共和国预算法》，第一次禁止政府从中央银行借款，这项规定加强了中央银行的独立性。

月全国第二次金融工作会议召开，明确提出“把银行办成现代金融企业，推进国有独资商业银行的综合改革是整个金融改革的重点”。此次会议强调通过国有商业银行产权多元化、重组、改制和上市等方式，形成“产权清晰、权责明确、管理科学”的真正意义上的商业银行，明确了国有商业银行进一步的改革方向。

在改革过程中，对国有商业银行股份制改革实施“三步走”战略：一是消化历史包袱、重组财务；二是成立股份有限公司，进行法人治理结构改革；三是上市，接受市场检验。为解决产权虚置问题，2003 年 12 月中央政府成立中央汇金投资有限公司，代表国家行使金融企业所有者的权利与义务，以保证国家注资的安全和获得合理的投资回报①。2004 年 1 月汇金公司动用 450 亿美元外汇储备注资中国银行和中国建设银行，为两家股份制试点改造银行补充其所需的资本金。在财务重组方面，两家试点银行运用自身原有资本金核销损失类贷款 1993 亿元，将 2787 亿元可疑类贷款向四家资产管理公司拍卖，并且两家试点银行分别发行 260 亿和 233 亿次级债，用以补充附属资本，提高资本充足率。在股权多元化的改革中有选择地引进国外战略投资者，以完善公司法人治理结构，推动国有银行全面改制上市。2005 年 4 月汇金公司又向工商银行注资 150 亿美元，以补充其资本金，同年将工行整体改制为股份有限公司，由汇金公司和财政部共同持股。2007 年 1 月在第三次全国金融工作会议上确立了农业银行“面向‘三农’、整体改制、商业运作、择机上市”的基本改革目标。2008 年 11 月汇金公司以 1300 亿元人民币等值美元注资农业银行，并启动财务重组，将农业银行由原先的国有独资银行变为股权多元化的股份公司，由汇金公司和财政部共同持股，并于 2009 年 1 月正式改制为股份公司。从 2005 年 10 月开始至 2010 年 7 月，中国建设银行、中国银行、中国工商银行和中国农业银行相继在香港或内地上市②，四大国有银行基本完成股份制改造目标。

在“一行一策”的原则下，这一阶段国有商业银行股份制改革基本过程

---

① 汇金公司，其形式为国有独资公司，股东单位为财政部、中国人民银行和国家外汇管理局，这些单位派员组成公司董事会、监事会。该公司成立标志着我国政府采用投资公司形式建立国有金融资本出资人。

② 其中，2005 年 10 月 27 日，建设银行首先在香港上市；2006 年 6 月和 7 月，中国银行先后在香港和内地上市；2006 年 10 月，工商银行在香港和内地同步上市；2010 年 7 月，农业银行相继在内地和香港上市。

可概括为“先内部改革重组，后改制上市；先试点，后推广；先法人持股，后社会公众持股”，这一阶段改革更多的是希望通过市场力量来推动国有银行实现其金融服务功能。至此，按照中央政府确定的“财务重组—股份制改造—引进战略投资者—公开上市”的改革思路基本完成，从产权和公司治理的角度而言，按照现代意义上的商业银行框架已经基本构建；在机制设计上，国有银行实现金融服务功能所需的现代银行制度框架在理论逻辑上也已经基本实现，这也意味着中国银行业进入新的发展时期。

在整个国有银行改革和转型过程中，可以看到从打破“大一统”银行完全垄断体系，逐步引入市场竞争机制开始，其改革基本上沿着恢复和分设国家专业银行—国家专业银行企业化改革—国家专业银行商业化改革—国有商业银行股份制改革这样的路径而展开。市场化取向改革一直是国有银行制度变迁的方向，国有银行制度变迁的过程实际上是金融功能演进的过程，制度变迁的核心在于由国有银行的财政替代功能向金融服务功能转变。在这个过程中，银行体制的计划控制因素渐渐消逝，市场竞争因素渐长，即国有银行体制逐渐从计划金融控制向市场金融制度的轨道发展。

2.2 国有银行改革思路之争：市场竞争还是产权结构①

尽管前文中指出在国有银行制度变迁的大方向是从原先的计划金融制度逐步向市场金融制度转变，但这一转变的进程却艰辛而又曲折。在国有银行改革甚至是在整个中国银行业改革过程中，学者们在诸多方面都表现出了极大的热情和兴趣，特别是20世纪90年代以来从不同视角对国有银行进一步改革的思路进行了广泛而富有建设性的争论。

2.2.1 市场竞争理论

自20世纪60年代以来，许多经济学家运用产业组织理论方法研究银行业市场结构与其绩效之间的关系。其中使用广泛的是来自哈佛学派的

① 当然在中国国有银行改革中出现过种种争论，除了本书重点介绍的市场竞争与产权结构之间的争论外，学者们还在注资与改制方式等方面都曾有过争议（张杰，1998、2003、2004；陆磊、李世宏，2004；李稻葵，2001；易纲、郭凯，2001；吴敬琏，2002；厉以宁，2002）。

SCP(Structure – Conduct – Performance)范式,即“结构—行为—绩效”。继20世纪三四十年代梅森、克拉克对产业组织进行深入研究后,贝恩(1959)首次完整提出了“SCP”分析框架,认为产业的市场结构决定厂商的市场行为,进而决定产业在价格、产量、质量、成本、利润等各个方面达到的状态,即市场绩效。银行市场结构是银行经营行为和经营绩效的主要决定因素,市场集中度越高,银行之间存在共谋的可能性就越大,因此主张政府施加干预,这也成为政府实施反垄断政策的理论依据。代表性的实证研究是Kunt和Harry(1999)利用80个国家的相关数据对银行业集中度与市场绩效进行分析,证实了SCP假说的合理性,即银行业集中度与行业绩效之间存在较为明显的正相关关系。但这一观点遭到了20世纪60年代后期如斯蒂格勒、德姆塞茨等芝加哥学派的质疑,他们认为只要是自由市场竞争,资源自然会得到有效配置,产业高度集中现象与其说是资源浪费,不如说是生产效率提高的表现,不是市场结构决定绩效,而是市场行为或绩效决定市场结构。因此芝加哥学派秉承其一贯传统,反对政府干预,认为在市场力量下资源能够得到优化配置。

我国学者也对中国银行业市场结构问题进行了广泛研究,强调竞争的重要性。特别是于良春等(1999)首次运用哈佛学派的SCP分析范式对中国银行业的行业结构进行研究,认为中国银行业存在高度集中和垄断低效率问题,放松行业进入管制是解决问题的条件。该项研究也引起此后我国学者在此方面的广泛争论。随后的徐滇庆(2000)等的研究也强调了放开国内管制,设立民营银行对中国银行体制改革的重要性,对加速国有银行改革也具有重要意义。林毅夫等(1994、1999、2001、2005)基于比较优势理论提出了一个较为系统的银行结构理论框架,认为在不同经济发展阶段,由经济结构所决定的各种金融制度安排在经济中的相对规模,即最优金融结构是不同的,建立以中小银行为主体的金融体系应是中国金融改革的方向。郭竞成、姚先国(2004)实证研究得出的结论也主张中国银行业改革重点应放在市场结构上。与前面强调引入新的竞争性主体不同,李华民(2005)则强调了在银行内引入竞争,即应是在位寡头银行之间的竞争,而非制造更多的银行机构与在位寡头银行之间进行竞争,因为寡头竞争均衡在维持金融稳定方面具有比较优势。

2.2.2 产权结构理论

对于市场竞争理论具有挑战性的批判来自产权结构理论。传统的产权理论认为,私有企业的产权所有者享有剩余利润所有权,这样会产生很强的激励动力去提高企业效益,所以私有企业会比传统的国有企业效率高。产权结构理论派认为对银行经营效率产生重要影响不在于市场结构,而是产权结构,银行产权私有化有助于加强激励约束机制,进而提升银行绩效,即"产权结构—行为—绩效"。O'hara(1981)等认为私营商业银行相对于国有的合作银行效率更高,主要原因在于资本市场的强大监督作用,即股东直接参与银行公司治理、资本市场的信息监控功能和资本市场对银行所有权的争夺机制等作用。在2005年关于银行私有化的专题论文中,George R. G. Clarke等(2005)对发展中国家特别是中东欧国家国有银行产权改革效率变化案例研究中归纳出产权改革方式与效率关系的命题认为:向战略投资者出售股权(股权仍然相对集中)要比向私人公开发售(股权分散)对银行效率改进更为明显;外资银行参与会提高银行效率;在竞争环境下银行的非国有化更容易实现,会进一步促进更具有竞争性的银行体系形成①。

在国内也有相当一部分学者的研究支持该观点。易纲和赵先信(2001)认为没有多元化的股权结构和以产权明晰为基础的现代公司治理结构,那么国有银行的"创新"只能停留在模仿阶段,以投资收益为目的的竞争无法真正实现。特别是刘伟、黄桂田(2002、2003)对于良春(1999)提出的SCP分析范式进行了全面的回应与批判,他们认为在行业垄断力量和经济上的低绩效或无绩效问题上,SCP框架并没有提供答案,而且在国际上自20世纪60年代后期起,一些著名学者如J. Stigler、WilliamsonO. E.、H. Demsetz、Y. Mcgee等也都对这种正统的结构主义分析框架进行了激烈抨击,认为SCP分析框架存在着理论和政策含义上的缺陷②。因此其对SCP框架是否具有一般性的解释意义提出了质疑,认为以中国银行业的结构作为切入点,将行

---

① Special Issue on Bank Privation, edited by George R. G. Clarke, Robert Cull, and William Megginson, Journal of Banking and Finance, Vol 29, 8/9(2005).

② 具体而言,该框架主要运用的是经验统计和回归分析方法,所用的样本不具有一般性,且缺乏理论逻辑的一致性;其政策含义不够准确,反垄断的政策不应以是否影响竞争为目标而应以是否影响效率为标准,因为竞争程度与效率之间不存在简单的正相关关系。

业结构问题视为中国银行业存在的主要问题并没有抓住问题的根本。中国银行业主要问题是国有银行的产权结构问题，而不是行业集中问题，故应在行业结构发生重大变化之前的有限时间内，集中解决产权问题及其相关的制度问题。国内其他代表性人物也都持有类似观点，如吴敬琏(2002)也强调了产权改革的重要性，认为国有银行应实行整体上市，并在股权多元化的基础上完善公司治理结构；谢平、焦瑾璞(2002)认为中国银行业的垄断格局实际上是国家所有制的垄断，这使得国家实际上承担着无限责任，使得商业银行本身外部竞争压力和内在发展动力不足，因而股份制改造国有银行是现实而且是必然选择。

2.2.3 对产权理论的挑战

尽管产权论在理论上具有一定的完美性，在发达国家银行私有化的研究中也部分支持了私有化可以提高银行效率的观点，但通过经验分析得出国有银行产权并不意味着低效率的相反结论的文献同样是汗牛充栋。Fama和Jensen(1983)等研究支持了公共产权对其经营者有更加强大惩罚措施的观点；Tulkens(1993)对英国的公共银行与私有银行的分支机构对比分析后，发现公共产权分支行比私有银行效率更高，Bishop、Kay和Mayer(1994)的研究也得出了类似结论。Altubas等(2001)对德国银行体系1989—1996年的研究中没有发现私人所有的银行经营效率就一定会高于公共银行，两者没有必然关联。

在对发展中国家的研究中，Bhattacharyya等(1997)对印度1986—1991年的70家银行早期自由化经营中分析同样发现国有银行的经营效率最高，而私人银行效率最差。Jayati Sarkar、Subrata Sarkar和Sumon K. Bhaumik(1998)认为产权学派假设公司控制权与私有企业效率存在强相关的假设在发展中国家没有满足，以前的结论都是以发达国家为样本的，他们对印度银行分析后发现在一个资本市场不够完善的情况下，私有银行与国有银行效率区分不大。因此他们主张发展中国家进行私有化改造之前，首先应该建立能够对私有企业产生激励动机的比较完善的市场与制度。Black等(2000)对东欧一些国家银行私有化的研究也发现，若国有产权被相对集中的内部管理权和产权结构所取代，那么非国有化所带来的效率改进仍将十分有限。事实上，许多发展中国家银行私有化改革并没有取得令人满意的效果，Boubakri

等(2005)对22个发展中国家1986—1998年81家经过私有化改革的银行效率研究后也没有发现私有化与银行效率有必然联系，并认为私有化应当在具有高效的银行监管体系之后进行，否则将可能会适得其反。John P. Bonin、Iftekhar Hasan和Paul Wachtel(2005)对11个转轨国家225家银行在1996—2002年为样本的研究中也再次发现私有化本身并不能提高效率，这些国家的国有银行与私营银行效率差异不大。

更为全面的研究来自澳大利亚经济学家Tittenbrun(1996)在对85篇关于产权和经济效益相关分析的文献进行系统梳理后认为，企业效益主要取决于市场竞争程度，市场竞争越充分，企业就越有动力提高效益。香港中文大学教授郎咸平等(2003)在对全球958家银行(包含国有控股、家族控股和国外金融机构控股银行)进行的调查分析结果更是表明银行绩效与产权无关。认为国有银行改革与产权无关，在法制和经济实体不健全的情况下，急于改革产权，是一个误区，他们强调中国银行应该坚持国有，建议国有银行改革可以采取增量改革以促进存量变革方式进行。

2.3 国有银行效率：既有的研究与矛盾

在国有银行制度变迁过程中，除了前文提起的对于国有银行改革思路上存在着市场竞争与产权结构之间的争论外，在对国有银行效率的认识方面学者们也有着不少的争议。在经济学中关于效率的定义众说纷纭①，但仅就研究对象而言，可区分为微观效率和宏观效率。微观效率是指该企业在成本一定的条件下是否达到了产出最大或者是在产出一定时是否实现了成本最小化。与此相对应，宏观效率则是指企业在追求微观效率过程中对整个社会经济发展的推动作用，也可以理解为该行业对经济发展的贡献度。下文中将从微观和宏观两个层面对学者们关于国有银行效率的讨论进行梳理，并将在此基础上对国有银行效率不一致现象予以进一步阐述与分析。

2.3.1 微观层面计算

对于银行效率评估越来越成为大家关注的焦点。国内绝大部分学者都

① 对于效率问题我们将在第3章做进一步分析。

从微观层面使用不同的计量手段对银行效率进行测算,尤其是进入 2000 年以来,随着各种计量工具的出现,国内越来越多的学者对银行效率展开实证研究,在这其中主要围绕 DEA、SFA 等方法而展开。

学者们对于用 DEA 方法得出不同类型银行效率并没有取得一致性结论。魏煜、王丽早在 2000 年就用 DEA 方法对 1997 年四大国有银行和 8 家股份制银行(包括投资银行)的技术效率、纯技术效率和规模效率进行过分析,认为其他银行的平均技术效率远高于四大国有银行的平均水平。张健华(2003)对中国商业银行 1997—2001 年的效率状况进行分析后,认为中国银行业除规模效率和范围效率外,还可能存在着 X 效率,并且随着内部经营水平的提高,国有商业银行将在规模扩大的同时不断提升资源配置效率。胡援成等(2006)对四大银行 1994—2004 年数据分析的结论是我国国有商业银行改革所取得的成效主要得益于政府的政策推动和扶持,但平均效率水平仍然偏低,存在着资源利用效率不高现象。汪洋、刘林林(2008)对 2001—2006 年 14 家主要商业银行的数据分析也认为国有银行与股份制银行的效率都有所上升,但股份制银行效率上升更为明显。周逢民等(2010)基于 Kao 和 Hwang(2008)、Yao(2009)提出的规模可变下的两阶段关联 DEA 模型,用两阶段关联 DEA 模型对我国 15 家商业银行 2003—2007 年的技术效率测算后,发现所选的银行都处于技术无效的状态而且国有商业银行的技术效率普遍低于股份制商业银行。

然而方春阳等(2004)用 DEA 方法对 14 家主要商业银行 1996—2001 年数据分析后却表明,尽管 1998 年以前国有商业银行综合效率明显低于股份制银行,但到了 2001 年,两者差异水平明显缩小,甚至国有银行和股份制银行效率水平已基本相当。同样郑录用、曹廷求(2005)对国有、全国股份制和地方商业银行的 25 个银行效率及其影响因素进行研究,结果表明国有银行、全国性股份制商业银行和城市商业银行在效率方面并不存在明显的差异,他们认为集中型的股权结构与公司治理机制是影响商业银行效率的重要原因。周星(2009)利用 2007 年 11 家上市银行的数据,分析结果更是表明经股改而上市的国有控股商业银行已开始发挥其规模经济的优势,技术效率也显著提高,并且其整体效率要高于原有的股份制商业银行。

在 SFA 方法上,国内学者们也展开了讨论,同样也无一致性结论。姚树洁等(2004)利用SFA方法,以1995—2001年22家商业银行数据为样本,研究了所有制结构与硬预算约束对银行效率的影响程度。他们的结果表明,在这期间非国有银行效率要比国有银行高11% ~18%,因而所有制改革和预算约束的变化能有效地提高商业银行竞争水平与效率。姚树洁等(2011)再次用同样的方法对1995—2008年国有银行、股份制银行和城市商业银行的成本效率和利润效率进行测算,却发现国有银行的成本效率最高,但其利润效率最低,不过至2008年已经基本与其他类型银行持平。王聪、邹鹏飞(2006)研究发现,资本结构和风险对银行X效率的测度有着重大影响,不考虑它们往往会导致低估银行的X效率水平,并显著影响各银行排序,如2001—2003年的X效率平均值为62.75%,不仅低于谢朝华、段军山(2005)采用DEA方法测得我国银行在同期的效率水平(74%),也低于张健华(2003)采用DEA方法测得的结果,这除了方法上的差异外,也与是否考虑银行资本结构和风险的影响有密切关系。王聪、谭政勋(2007)再次基于SFA方法测算了1990—2003年我国商业银行的利润效率、规模效率、范围效率及其动态变化后发现,股份制商业银行有着更好的技术和人力资源整合能力、成本控制能力与风险控制能力,且股份制商业银行的范围效率远大于国有商业银行,但国有商业银行的规模效率却要好于股份制银行。他们认为产权制度是造成这种差异的关键因素,市场竞争程度对商业银行效率也有非常重要的影响,两者对商业银行效率的影响是一种互补关系而不是替代关系。

使用同样方法,徐传谌、齐树天(2007)对14家主要商业银行1996—2003年的成本、利润效率状况研究后,发现股份制银行的成本效率和利润效率均高于国有商业银行,其中成本效率的差距在不断缩小,但利润效率水平却存在差距不断拉大的趋势。齐树天(2008)用同样的方法对1994—2006年银行数据的分析再次得出这一结论。张健华、王鹏(2009)根据1999—2008年中国192家国有银行、股份制银行和城市商业银行的数据和产出定位的距离函数,遵循Sturm和Williams(2004)、Yao和Jiang(2007)定义两类不同的投入—产出模型,从盈利能力和业务扩张能力两方面,采用随机前沿方法对中国银行业的技术效率及其影响因素进行了系统研究。他们的研究发现在中国银行业技术效率提高中,金融体制变革发挥着重要的促进作用,2004年以前,四大国有商业银行和城市商业银行的技术效率(盈利方面)提升明显,对四大国有商业银行而言，在2006年以后制度变革的影响逐步体现。

然而基于FDH方法，邱兆祥、张爱武（2009）研究中国商业银行1999—2003年间14家银行的X效率时却发现，效率FDH的估计值一般高于DEA和SFA估计值，并且无论哪一个效率指标，中国商业银行的平均效率在2000年略有下降后呈现出逐年上升趋势。更为重要的是，与基于DEA和SFA方法得出的国有商业银行的效率低于股份制商业银行结果不同，国有商业银行效率在整个样本期平均值总是高于非国有商业银行，这种差异表明生产技术凸性假设对商业银行效率的评价结果具有显著影响。表2-1显示了国内对银行业微观效率研究的部分代表性论文。

表2-1 国内对银行业微观效率研究的部分代表论文

代表论文	投入与产出变量	方法和样本	基本结论
奚君羊、曾振宇（2003）	投入变量：可贷资金、营业费用 产出变量：贷款总额、非利息收入	非相关回归参数 4家国有银行和6家股份制银行 1996—2000年	四大国有银行效率低于股份制银行。四大国有银行不存在规模经济，而新兴股份制商业银行则存在规模经济
朱南等（2004）	投入变量：存款总额、员工人数 产出变量：贷款与贷款呆账准备金之差的“净贷款”和税前利润	DEA超效率模型 14家银行 2000—2001年	国有商业银行平均效率为0.3386；股份制银行为0.7542，四大国有银行整体效率远低于十大股份制商业银行
方春阳等（2004）	投入变量：劳动力、固定资产净值和可贷资金 产出变量：利息收入和非利息收入	DEA方法 14家银行 1996—2001年	1998年以前国有商业银行综合效率明显低于股份制银行，但到了2001年，两者差异水平缩小，甚至国有银行和股份制银行效率水平已相当
姚树洁等（2004）	投入变量：固定资产、存款和权益、权益/资产 产出变量：税前利润、贷款量	SFA方法 22家银行 1995—2001年	非国有银行比国有银行效率高11%～18%，面临硬预算约束的银行的绩效比国家和地方政府投入大量资本的银行好

续表

代表论文	投入与产出变量	方法和样本	基本结论
郑录用、曹廷求(2005)	投入变量：固定资产净值、运营费用 产出变量：存款、贷款和利税	DEA 方法 25 个银行样本	国有银行、股份制商业银行和城市商业银行在效率方面并不存在显著的差异
王聪、邹鹏飞(2006)	投入变量：资产费用率、存款价格、实物资本价格 产出变量：可变成本、贷款、投资价格、贷款价格、投资	正态—半正态的SFA 模型和最大似然估计技术 15 家银行 1996—2003 年	资本结构和风险对银行 X 效率的测度存在重大影响，其中对国有银行的影响最大。不考虑它们会导致低估银行的 X 效率水平，并显著影响各银行排序
徐传谌、齐树天(2007)	投入变量：人力价格、资本价格、存款价格 产出变量：贷款、存款和投资	SFA 方法 主要 14 家银行 1996—2003 年	股份制商业银行的成本和利润效率水平均要普遍高出四大国有制商业银行
王聪、谭政勋(2007)	投入变量：职工人数、固定资产净值和存款 产出变量：贷款总额、投资和营业收入	SFA 方法 14 家商业银行 1990—2003 年	股份制银行效率高于国有银行，但国有银行规模效率优势明显
汪洋、刘林林(2008)	投入变量：总资产、员工数、营业支出 产出变量：利息收入与非利息收入	DEA 方法 14 家主要商业银行 2001—2006 年	股份制银行的平均成本效率要明显高于国有银行
周星(2009)	投入变量：员工人数、固定资产净值、管理费用、存款总额 产出变量：投资、贷款总额、净利润	DEA 方法 11 家上市银行 2007 年	股改上市后国有控股商业银行已开始发挥其规模经济的优势，技术效率也显著提高；其整体效率高于原有的股份制商业银行
邱兆祥、张爱武(2009)	投入变量：人力资本、实物资本和借入资本 产出变量：贷款总额、活期存款	FDH 方法 14 家银行 1999—2003 年	效率 FDH 的估计值一般高于 DEA 和 SFA 估计值；国有商业银行效率的整个样本期平均值总是高于非国有商业银行，与 DEA 和 SFA 方法不一致

续表

代表论文	投入与产出变量	方法和样本	基本结论
张健华、王鹏(2009)	利润模型中投入包括利息支出、非利息支出;产出包括净利息收入、非利息收入;数量模型中投入包括利息支出、非利息支出和固定资产净值;产出为总贷款、总存款、其他收益资产、非利息收入	SFA 方法 192 家银行 1999—2008 年	金融体制变革对中国银行业技术效率的提高起着重要的促进作用;股份制银行在盈利方面和业务扩张方面的效率在所有类型银行中都最高。四大国有商业银行在业务扩展方面优于城商行
周逢民等(2010)	投入变量:员工数、固定资产净额、营业费用 产出变量:净利息收入和非利息收入	两阶段关联 DEA 模型 15 家商业银行 2003—2007 年	所选样本银行都处于技术无效的状态,而且国有商业银行的技术效率普遍低于股份制商业银行
姚树洁等(2011)	投入变量:资金成本、劳力成本和权益 产出变量:总贷款、存款和其他盈利资产	SFA 方法 国有、股份和城商三类银行 428 个观测值 1995—2008 年	利润效率更能反映中国银行业绩效,股份制银行和城商行利润效率高于国有银行;外资银行参股对银行利润效率具有负面影响

注:根据上述作者论文资料整理。

2.3.2 宏观效率分析

可以说上述已有的大部分研究实际上仅是研究银行的微观效率,即把银行作为一般企业,从企业层面对银行效率进行研究,反映的是投入产出关系。但是除了微观效率外,还应考虑银行业的特殊性,尤其是在政府主导的基本制度背景下中国银行业作为一种金融中介,其对整体经济的贡献能力。贝恩(Bain)早在 1981 年就曾将金融效率划分为微观效率和宏观效率。提出除了关注微观效率外,还应该注意储蓄和投资水平、市场稳定性(储蓄、投资、资产价格和利率的稳定性)、结构稳定性以及对宏观经济稳定性的贡献(利率稳定、平滑经济周期)等宏观效率。我国学者王广谦(1997)认为,金融宏观效率是金融机构经营发展效率和金融市场效率对整体国民经济综合影响所体现出来的综合效率。鉴于金融与经济的特殊关系，金融宏观效率对经济发展有着更大的影响，如果金融市场发展只着眼于自身而与经济发展相脱节，那么就失去了金融发展的实质意义。

虽然早期少部分学者认为以银行为代表的金融业只是经济的"面纱"，对经济增长并没有促进作用，但更多的学者认识到金融发展对于经济增长的重要性(Schumpeter,1911;Patrick,1966;Hicks,1969 et al)，尤其是近期，越来越多的研究表明金融发展对经济增长具有重要作用(Levine,1992;Pagano,1993;King & Levine,1993,1997;Rajan & Zingales,1998,1999 et al)。在国内，早期的一些学者也对银行发展与经济增长关系展开了分析，如谈儒勇等(1999)从实证角度发现银行发展与经济增长之间存在因果关系；夏斌(2003)对我国银行信贷与经济增长关系进行研究后认为，银行信贷增长比货币供应增长对经济增长的解释能力更为明显，并肯定了银行信贷对经济增长的促进作用。

近年来，一些学者对传统的银行效率估计方法也提出了质疑，因为传统文献中没有考虑到宏观环境等外部因素对银行效率的影响，正如 Berger 和 Humphrey(1997)所说的那样，即使一些研究者使用了一致的研究方法，但由于各国银行业在经营业务、税收、会计制度以及监管制度等方面的差异，也容易造成这种效率没有可比性。甘小丰(2007)基于 Fried 等(1999)的四步法控制变量和 Tone(2001)的松弛变量的度量方法(Slacks - based Measure,SBM)，对 1995—2005 年 16 家银行效率分析后就发现在控制宏观和所有权因素前后有很大的差异：控制之前，银行效率在 2005 年的估算值明显低于 1995 年，但控制后却发现 2005 年的值则显著高于前者。这表明经济周期与产权制度等宏观因素对银行效率的影响十分显著，如果不考虑这些因素，对银行效率进行简单判断可能会得出错误的结论。

正是如此，黄宪(2008)认为不同类型银行处于不同的管制条件和市场状况下进行经营，而且所承担的社会责任也不同，考虑到目前所具有的制度惯性优势容易导致国有和股份制两类银行在效率测算的过程中许多数据不具有同质可比性，所以应将两类银行作为不同样本进行测度。他们在对我国 13 家商业银行 1998—2005 年的效率研究后发现，相比于纯技术效率，国有银行和其他股份制商业银行的配置效率上升得更快些，而且四大国有商业银行平均效率的提高幅度要大于9家股份制商业银行的平均效率提高幅度。

为了进一步弥补对银行效率仅从微观角度研究的不足，一些学者开始从宏观角度对银行效率进行研究，田贤亮（2006）沿用Riccardo（2001）分析思路，利用1998—2004年14家银行数据，先从地区单个银行的微观效率入手构建一个银行体系的效率指标，再对该指标和经济增长关系进行分析，实证结果表明银行体系的信贷配置效率对地区的经济增长率具有显著的正效应，我国的银行体系在经济增长中不仅具有资本积累效应，而且具有信贷配置效应。王平（2009）等认为银行宏观效率在于银行作为一种金融中介对国民经济的整体影响上，基于内生经济增长模型，对1999—2008年的中国银行业数据分析后发现，虽然中国银行业的宏观效率改进缓慢，但其均值为1.17，仍具有一定的宏观效率，银行在吸收闲散资金、实现资金融通和促进社会经济发展方面起到了重要作用。事实上商业银行在追求效率的同时更有可能会诱发社会利益冲突并导致其他的社会成本，因此对于商业银行效率判断，杨金荣、康瑾娟（2008）认为应从三个层次进行衡量：第一是投入产出效率的标准，即追求微观效率；第二是可持续发展效率标准，即商业银行的发展与其所处经济环境是否协调；第三是社会功能效率标准，即商业银行在追逐微观效率提高的同时对社会经济体发展的作用。

2.3.3 微观与宏观效率的不一致性

从前文的分析可知，目前已有的文献对中国国有银行乃至整个银行业效率测算上有着很大的差异性。从微观上而言，基于DEA、SFA、FDH等方法大部分学者得出中国银行业整体效率较低，尤其是国有商业银行效率更是低于其他商业银行，然而当对这些样本选择、投入产出变量以及时间变量进行调整时，不论是在总体上还是对单个银行的具体排名的测算结论上却发生了很大的变化（石晓军、喻珊，2007）①。经典的经济学理论中，在不存在交易费用、经济外部性等假定条件下，微观效率与宏观效率具有一致性，但

① 如对建设银行排名中，最高排名为第2名，最低为第13名，相差11位；中国银行排名中最高为第7名，最低为第14名，相差7位。对其他股份制银行的排名中也都存在着很大差异（石晓军、喻珊，2007）。

在现实的世界中，我们却常常发现微观有效加总之后并不总等于宏观有效，个体理性导致集体非理性的现象到处存在。尤其对于银行业而言更是如此，银行业从本质上而言是调剂资金、调整期限结构和对风险进行跨期配置的行业，具有很强的外部性。银行业作为一个特殊的行业，若仅从微观角度通过一些数学模型就简单地得出结论，认为其有效或无效，这对于正处于制度转型时期的银行业特别是国有银行而言，可能过于片面，这样的结论也值得我们去做进一步的推敲。表2－2 显示出近期部分学者对银行效率研究的差异性。

表2－2　部分学者对各大行效率测算的具体数值比较

银行名称	王聪(2006)	徐传谌(2007)	黄宪(2008)	周星(2009)
中国银行	0.555	0.9296	0.912	1.000
建设银行	0.471	0.9187	0.873	1.000
工商银行	0.705	0.6546	0.828	1.000
农业银行	0.691	0.9290	0.822	—
交通银行	0.567	0.9334	0.938	0.782
民生银行	0.740	0.9483	0.873	0.56
浦发银行	0.728	0.9755	0.842	0.529
华夏银行	0.656	0.9650	0.841	0.435
光大银行	0.643	0.9362	0.836	—
兴业银行	0.643	0.8251	0.833	0.569
招商银行	0.737	0.9838	0.820	0.672
深圳发展银行	0.701	0.9694	0.781	0.421
广东发展银行	0.674	0.9872	0.756	—
中信银行	0.682	0.9704	—	0.593

注：王聪(2006)、徐传谌(2007)和黄宪(2008)为其研究的样本期间均值；周星(2009)为2007年的数值。

就银行对经济增长的效率而言，已有的许多实证结论已表明以国有银行为代表的中国银行业对经济发展起着重要的金融支持作用。正如张杰(1998)所言，从某种意义上可以说，中国的金融中介尤其是国有银行是富有效率的，或从制度变迁的角度而言其至少是暂时有效或具有效率增进的性质。其在后来的研究中，秉承了一贯的研究视角，从理论上对中国金融中介演进的内在逻辑进行刻画，发现这种“外生性”的金融中介出现显著的增进私人贷方的福利，由所形成的金融支持对制度变迁中的经济增长有着特殊贡献（张杰，2001）。随后的事实也证明，以国有银行为主体的银行制度安排对转轨时期的中国经济增长做出了巨大贡献（如图2－1所示）。

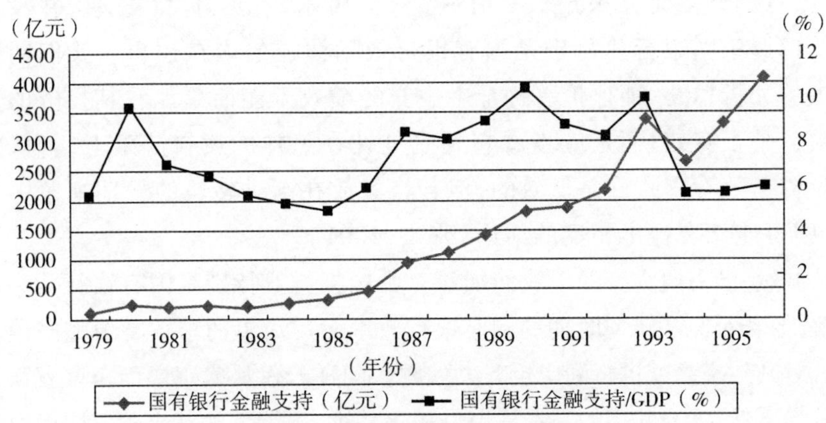

图2－1　国有银行的金融支持

资料来源：根据张杰：《中国金融制度的结构与变迁》（1998），第359页附录Ⅱ表C绘制。

从图2－1可以看出，从1979年到1996年国有银行对经济的贡献度每年基本维持在GDP的5%以上，这已是一个相当大的数字。毫无疑问，若没有巨额的金融支持，那么中国就难以保持体制内平稳发展，渐进式改革也将失去必要的支持条件。即使是大家所诟病的不良债权实际上是由相关利益各方之间的冲突和妥协所导致的一种行为均衡，正是这种均衡在体制转轨期间推动了经济快速增长。国有银行所形成的巨额不良债权实际上是金融制度经济贡献在转轨时期中的实质体现（马德伦、张显球，2000）。

正如李健（2003）所强调的那样，国有银行投资者目标的双重性决定了对国有银行绩效评价也应具有双重性，既要重视微观企业绩效，也得兼顾宏观公共性绩效，只有两者结合，才能准确评价国有银行的绩效。特别是2008年发生的金融危机更表明，金融危机的爆发和放大不仅仅是因为单家银行过度承担风险和管理不慎的结果，更重要的是宏观层面的失衡以及金融机构之间各种形式风险传递的结果，单家银行稳定只是银行体系稳定的必要条件而不是充分条件（王兆星，2010）。特别是就一国经济增长和经济转型而言，初期阶段的银行融资效率等宏观层面对经济的支持会显得更为重要。如何全面真实地认识中国国有银行的效率，已有的许多研究视角似乎有些“只见树木，不见森林”之感，并没有完全把握中国银行业特别是国有银行效率演进的内在逻辑。我们同意张杰的分析思路，即评价一种金融中介的绩效不能简单地看其投资的具体项目是否有效，而是应当看它到底是处在怎样的逻辑链条上，若从短期投资绩效看它或许是低效的，但若将其放在渐进转轨的长期视角中观察，则可能又会得出相反的结论（张杰，2001）。

诚然，已有研究有助于我们加深对中国银行业特别是国有银行效率的理解，但若对经济转型时期的国有银行效率采用简单的求数学模型极值方法就对其效率高低进行断定也有失偏颇。同样若仅从宏观层面角度就认为其效率不低，这与我们的基本认识也相去甚远，不能反映其全貌。因而对于国有银行效率的正确把握，不论是在微观还是在宏观层面上，我们都不应满足于简单的实证分析就了事，人为“割裂”与其有着密切关联的制度演进背景，而是应当从金融基础理论出发，从长期动态演进的视角去分析，进行更深层次的探讨。只有这样，才能深刻理解中国国有银行效率不一致表面现象下的真实内涵，将中国银行业特别是国有银行的效率内在的演进过程纳入相应的制度环境中加以分析和判断，这样得出的结论更为可靠，也更具有启发意义。

2.4 国有银行效率差异与银行功能结构

2.4.1 银行的存在：金融功能观的解释

长期以来，在阿罗—德布鲁的主流分析范式中，经济发展中的金融因素往往被忽视，金融体系长期被看作“黑匣子”而没有成为学者们研究的理论焦点。但伴随着经济和金融体系的发展，金融业在经济中的地位日益显著，而且金融结构变化与经济发展之间的互动关系特别是每次金融危机对经济的破坏程度更是引起了理论与实业界的普遍关注(如表2－3所示)[①]。因此一些学者逐渐对以银行为代表的金融中介的出现从不同角度进行理论阐释。主流的经济学家如Gerley和Shaw(1960)认为规模效应是金融中介存在的主要原因,此后更多的学者认为金融中介出现的理由在于信息处理上的优势以及交易费用的节约上(Benston George,1976;Leland & Pyle,1977;Diamond,1984 et al),而Allen和Santomero(1998)则从风险转移和参与成本节约的角度对金融中介及其结构变迁进行了解释。

表2－3　金融危机对经济的影响

指标分类	危机次数	危机平均长度(年)	平均累计产出损失(占GDP)
全部	43	3.7	26.9
其中:单个银行危机	23	3.3	5.6
银行与货币危机	20	4.2	29.9
发达国家	13	4.6	23.8
发展中国家	30	3.3	13.9

资料来源:Allen, Gale,"Competition and Financial Stability", Journal of Money, Credit and Banking, June, 2004.

但遗憾的是,此后更多的学者却陷入了金融体系到底应是银行主导还是市场主导、孰优孰劣的争论中,他们在风险配置和管理、公司治理以及信息处理和传递以及经济创新等方面展开了激烈的争论(Diamond & Dybvig, 1983;Boyd Prescott, 1986;Hellwig, 1991;Diamond, 1996;Freixas & Rochet, 1997;Allen & Gale,2000 et al)。依据Levine(1993)、Allen和Gale(2000)等的划分方法,学者们普遍将英美的金融体制称为"市场主导型",而将德国、日本等划为"银行主导型"。然而这些歧义并没有就此消失,双方的争论也远未解决,现实中金融业的发展并没有呈现出单一化的趋势,相反金融中介与金融市场之间的边界正在变得越来越模糊。Levine(2002)全面考察了两种金融系统对经济的影响,发现金融结构差异并不能有效地解释不同国家之间的经济发展差异,但是金融系统的整体性发展却对经济增长有着显著

① 关于金融发展与经济增长关系,学界长期以来存在着不同看法,尽管相当大部分学者基本肯定了金融发展对经济增长的促进作用,但如新古典宏观学派代表人物卢卡斯(Lucas,1988)仍倾向认为人们过分地强调了金融系统的作用。关于这方面的争论国内已有大量的综述,这里不再涉及。

的促进作用。事实上，主张银行主导或市场主导的观点，迫使理论界花费了大量的精力去讨论现实中应以何种模式为主导，引起了巨大的争议，但却忽视了金融体系演变的内在逻辑。正如LLSV(2000)指出，把金融体系区分为银行和市场中心的模式"既不符合实际，也缺乏成效"，越来越多的学者对这种传统的金融机构论式的观点予以批评①。

针对金融机构观的缺陷，Merton和Bodie(1993、1995)进一步提出了一种新的分析视角，即功能主义金融观(Functional Perspective)。他们认为与金融机构论相比，金融功能观具有以下两个显著特点：①金融功能比金融机构表现得更加稳定，随着时间的推移和空间的转换，金融功能的变化要小于金融机构的变化；②金融功能优于金融组织机构，相对于金融机构而言，金融功能更为重要，因为竞争将导致金融机构形式发生变迁，但却推动着金融功能实现，并向更有效运行的金融体系演进。金融制度的演进在于适应外部环境对其功能要求的变化，因而从金融功能角度研究金融体系比金融机构的观点更加全面与准确。其核心思想可概括为金融功能具有时空上的相对稳定性，金融基本功能的发挥决定了金融机构的演变，金融市场的创新在客观上促进了金融功能的效率提升。因此金融机构的变化是由金融功能所决定，金融机构之间的竞争与创新最终将使得金融功能更有效率。

由此可见，若从功能观的角度分析，那么金融体系作为一种独特的制度安排，其基本功能是在不确定性条件下，实现资金在盈余主体与赤字主体之间的跨时间和跨空间的优化配置(Merton & Bodie，1995)。在此基础上，他们进一步将金融基本功能细分为六个方面：①为商品和劳务交易提供支付清算服务；②为不可分割的大型投资项目提供资源积累和所有权分散机制；③为经济资源在不同时间、空间以及主体之间的转移提供便利；④提供风险管理的工具和手段；⑤为经济中不同部门的决策及其协调提供价格信息；⑥提供因信息不完全而导致的激励问题或者委托代理问题的解决办法。Merton和Bodie(2000)认为金融系统功能的发挥将有助于资本形成和经济的长期增长，在金融结构与经济发展之间的关系中最重要的问题是金融中介体和金融市场能否提供高水平的金融服务，而不在于金融体系是市场导

① Allen和Gale(2000)对不同国家金融系统的比较研究，强调仅把金融市场作为资源配置方式的标准经济模型是一种误导。

向型还是银行导向型。

应当说这种分析思路大大拓展了金融中介理论的发展，将金融中介理论也推向了一个新的研究水平。此后的学者沿着这一思路进行了卓有成效的研究，特别是从功能观的角度研究金融发展与经济增长之间的关系，其中Levine(1997,2002)提出了著名的“金融服务观”。他从一般意义上对金融功能进行了总结，强调了金融服务的职能，将金融系统功能进一步划分为5个基本的子功能：①动员储蓄；②配置资源；③监督管理者，改善公司治理；④交换、规避、分散和聚集风险；⑤便利商品、服务和金融合约的交换。

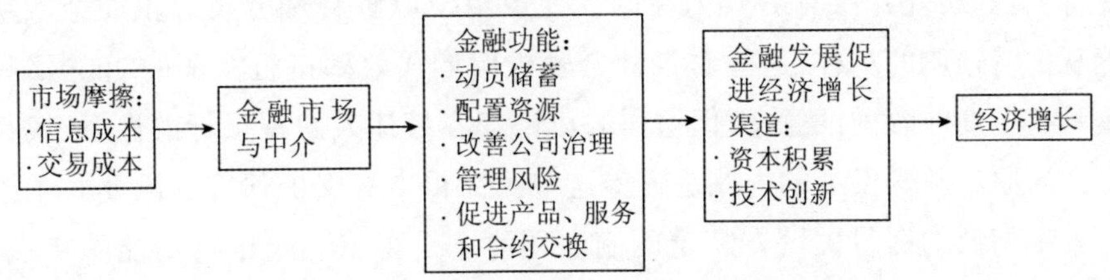

图2-2 金融系统功能及影响经济增长渠道

在国内学者中，白钦先(1989、1998、2006)也比较早地关注了金融功能观问题，并在后来的研究中将金融功能上升到金融资源的高度。其研究中将金融功能分成基础功能、核心功能、扩展功能和衍生功能四个层次，在金融功能观中，金融发展就是金融功能显现并逐步扩展和提升的演进过程，或者说金融功能的扩展与提升即是金融发展的过程(白钦先、谭庆华,2006)，如图2-3所示。

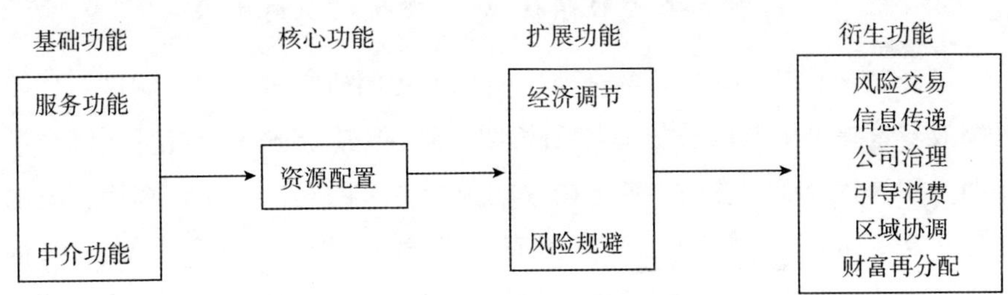

图2-3 金融功能层次扩展

因而在金融功能观看来，在现实世界中首先要问经济发展过程中需要金融体系行使哪些金融功能，然后才去寻找相应的金融组织安排有效地实现这种功能要求。由此可见早期的金融机构观点是“就机构而论机构”，简单地从市场主导还是银行主导角度而去推断哪种金融体系安排更有效，这种分析思路并没有把握金融体系演变的内在逻辑，这些细枝末节的长期争论不休反而忽视了金融为什么发展的本质要义。

从金融功能观中，可以发现银行作为一种金融中介安排，其效率的高低并不取决于以哪种形式存在，动辄以银行的组织形式、所有权形式等为标准简单地对银行效率评判并没有真正抓住问题的本质。尽管前文中对银行效率的各种测算以及由此得出的各具迥异的结论有助于我们对银行现象的了解，但这些研究并没有对其内在的演变逻辑予以解释和分析。正如金融功能观中所强调的那样，这些对各种金融机构形式效率进行实证的“证据”只是具有短期或眼前的意义，但这样的讨论却容易让人忽视银行的性质、银行存在的原由及其发展的内在逻辑等这些更为根本意义的研究。因此对于银行效率高低的衡量关键在特定的制度环境下是否有利于银行功能的实现，而不在于其以何种形式存在，在得出国有银行效率高低的同时得问问它所承担的是什么样的金融功能。说到底银行绩效是由银行功能所决定，是银行功能的外在表现，而不是由银行的组织形式决定。在经济发展不同阶段中，会对银行发挥的功能产生不同的需求，而在不同的金融功能结构下，又将进一步决定银行自身的效率高低。显然，与单纯的对国有银行效率测算评价相比，从金融功能的角度对中国国有银行制度演进以及效率变迁进行分析更具有长期意义和根本内涵。

2.4.2 中国国有银行的存在：功能财政化与内生性

尽管 Merton 和 Bodie 等的金融功能观为我们研究国有银行制度变迁及其绩效衡量提供了新的分析思路和长期视角，但其论述下的银行制度是基于西方社会背景而存在的。西方国家的银行更多的是内生于市场而自发的产生和发展而来，虽然政府也在其形成和演进的过程中发挥着重要作用，但并没有代替市场中的交易者去刻意“创造”出一种新的制度安排出来，市场在其中发挥着基础性作用。因而从理论上讲，经典意义上的金融中介是作为一种节约交易费用与提高资源配置效率而存在的制度安排。但是与西方国家不同，中国银行业特别是国有银行是政府直接创设的一种制度安排，其产生和演变过程中处处充满了政府的“烙印”。在中国特有的二重结构中[①]，金融中介首先要满足的是上层结构（国家）的偏好，而不是下层结构（市场主体）的需求（张杰，1998）。

事实上，不论是前期 Allen 和 Gale（2000）对不同国家金融系统发展历史的总结，还是后来金融发展理论决定因素讨论中强调正式制度的法律传统论（LLSV，1998）或政治因素（Rajan & Zingale，2004），还是强调非正式制度如社会规范（Coffee，2001）、社会资本（Guiso，Sapienza & Zingales，2001）或文化宗教重要性（Stulz & Williamson，2003）的一系列研究中，这些学者都注意到了初始条件或初始禀赋在银行等金融制度变迁的重要性，某些历史性的基本特征在金融体系演变中发挥着重要影响（Monnet & Quintin，2005）。初始条件的迥然不同，意味着中国从根本上很难形成西方成熟市场经济国家的那种制度结构，正如张杰（2003）一再强调的那样，一味地试图以西方发达市场经济国家标准尺度作为衡量中国经济改革的绩效，并通过移植和模仿它们的制度安排来改善我们的制度结构及其效率无异于是一种“缘木求鱼”的做法。

若是这样的话，那么在政府直接控制下的国有银行功能也迥异于内生于市场自发性需求而形成的经典意义上的银行功能。国有银行功能主要在于聚集和控制金融资源，以最大限度地服务于国家所偏好的经济增长方式以及租金效用的最大化，而不在于节约交易费用或者提升资源配置效率。在政府过度介入的初始条件下，银行首先要满足的是政府对经济快速增长的偏好，而经济的增长需要有一种制度安排能够动员全社会的资源尤其是资金，无疑最初的国有银行制度安排承担了这样的特殊角色，因而使得国有银行功能首先表现为资金动员能力以弥补国家财政投资的不足，而不是作为一种金融组织本应具备的资金配置效率方面的金融功能属性。

因而这样的金融制度安排不是内生于市场的需求，更多的是为了满足

① 张杰（1998）提出了中国制度结构是十分独特的“二重结构”，即发达而富有控制力的上层结构、流动性强且分散化的下层结构，但在上下层结构之间却缺乏严密有效且富于协调功能的中间结构。尽管有些学者对此提出异议（陈观烈，2000），但不可否认这一概括的重要价值在于其鲜明地凸显了中国经济社会发展道路中与西方国家的差异性，在这一框架下也有助于我们进一步理解中国金融制度变迁具有其自身的内在逻辑，尤其是其中“政府因素”的重要意义，我们将在下文中做进一步的阐述。

财政需要[①]。改革开放之初所重新创设的国有银行，从其产生起就有着与西方国家银行不同的功能属性。正如周立（2003）所指出，在国家控制下的国有银行制度安排发挥着在平衡预算赤字、替代财政投资等方面的财政功能作用[②]。除了“第二财政”功能角色外，国有银行制度安排还在20世纪90年代的“安定团结贷款”、“吃饺子贷款”以及“清理三角债专项贷款”等解决当时社会危机方面承担着社会功能角色。这些在国有银行发展过程中长期存在的现象意味着若仅以Merton、Bodie和Levine等人内生于市场需求的金融功能观来看待，那么毫无疑问，通过国家强制手段而建立起来的国有银行制度安排显然是缺乏效率的，至少其并没有发挥出本应有的金融功能。从金融中介内生的视角而言，最初的国有银行也看似作为一种被剔除掉的金融制度安排外生于经济发展中（张杰，1998）。但我们也应该看到任何事物的存在与发展总有其内在的逻辑，这恰如邓宏图、曾素娴（2010）对中国制度变迁和社会转型分析中所强调的执政党政治动员能力、社队企业、相对扁平的收入分配状况以及20世纪60年代末的开放与引进等历史逻辑起点对经济体制改革中所起到的有力促进作用。

若换一种角度看，从初始条件去分析会发现这种国有银行制度安排有其内生性与必然性。林毅夫等（1999）已经阐明中国当时重工业优先发展目标是当时的国际、国内政治和经济环境以及政治领导人的经济理想等诸多因素共同作用的结果。但问题在于这种赶超型发展战略并不符合当时经济发展水平下的资源禀赋状况[③]，在这种情况下，国家垄断的单一金融产权形式便是一种合理的制度安排，因为极强的资金动员能力，可以把有限的资金配置到符合国家发展战略目标的重要企业和部门中。所以中国的银行制度内生于国家赶超型发展战略与当时金融资源禀赋状况之间的矛盾，其承担

① 在中国长期的历史中，自西汉统一铸币权后，由于缺乏相应的权力制衡、货币纪律与货币经济支持，货币金融角色长期被财政“挤兑”，货币权力化之后往往表现为金融财政化，可以说货币（或金融）在中国经济史上长期充当着“第二财政”的不光彩角色，历代统治者维护铜币的完整性、独一性和集中性的重心无不向财政倾斜。

② 对于中国银行业的金融功能财政化，我们将在后文中重点介绍，在此先简要提起。

③ 在新中国成立初期，中国经济发展处于极为初级阶段，稀缺的资本无法满足重工业优先发展的需要。1952年人均国民收入只有104元，这种低收入水平抑制了资本的积累（林毅夫等，1999）。更糟糕的是，在资本稀缺的情况下，国家动员资金的能力也非常薄弱，1952年国家银行的期末资产总额只有118.8亿元，存款余额93.3亿元，分别仅占到当年国民收入的20.2%和15.8%（盛斌、冯仑，1991）。

着国家所赋予的特殊制度功能。换句话说，正是后来的渐进式改革战略和金融资源禀赋的冲突赋予了中国银行业尤其是国有银行独特的“金融功能”及其内在的演进逻辑。可见，国有银行制度只是外生于市场，却内生于政府与市场的制度结构博弈当中。

这一分析结论的意义在于说明评价中国银行业特别是国有银行绩效不能简单地依据其所投资的具体项目短期是否有效，而应当分析它当时所遇到的历史逻辑条件，在短期看来是“无效”的制度安排长期而言却可能恰好地“衔接”了中国经济得以稳步改革的力量，即使它在后期发展过程中日渐被扭曲甚至变得低效，也不应抹杀经济改革初期所起到的关键性作用。从这个意义上说，尽管已有的关于国有银行效率的大量实证研究有助于我们理解一些初步现象，但遗憾的是大部分研究只是关注从数据到数据的结论，而对银行效率长期变迁的历史逻辑起点以及内在的演进逻辑却总是有意或无意地忽视。诚然，我们需要重视微观角度的重要意义，但若忽视国有银行为何存在，缺乏对国有银行的性质、功能属性及其产生和发展过程中与其密切关联的制度条件进行分析，就此得出国有或股份制孰优孰劣的“机构式”论点以及所提出的政策建议则往往流于形式，没有深刻性，更是难以操作。我们花费大量时间和精力争论却又无法取得一致性结论的研究也只是具有短期和静态意义。

2.5 本章小结

本章首先对国有银行改革的历史进程进行了梳理。尽管改革期间经历种种波折，国家也曾在保持国有银行控制与市场化改革选择过程中出现过不少“困惑、彷徨”甚至是“困境”，但就总体趋势而言，30 多年来对国有银行改革坚持的仍是市场化改革方向，国有银行由计划控制金融制度向市场金融制度过渡。在这一转变的历程中，引发了学者们极大的兴趣及各种争论，在这其中关于国有银行改革思路以及对其绩效评判方面的争议尤为突出。

尽管随着国有银行相继股改上市，广泛持久的市场竞争论与产权结构论之争已成为“历史尘埃”，但并不意味着这两种观点对改革者的影响就此终结。所以本章在回顾了改革历程后，首先对这两种思路的文献进行了整理，这是经济体制上增量改革与存量调整之间争论在金融制度改革中的延续。与此同时,国内学者对于国有银行绩效认识大部分热衷于计量上的检验,但这样的研究更多地表现为一种短期、静态的意义。特别是由于模型设定、变量选择等方面差异,使得这些结论更是充满了争议,这样的争议容易使我们再次陷入机构论式的论调中,却忽视了对国有银行为何存在,其性质以及演变的内在逻辑等更深层次原因的认识。应如何看待对国有银行的这些歧义?我们主张从金融功能观的视角予以解读,银行绩效关键在于组织形式是否有助于银行功能的发挥。从金融功能观的角度而言,对国有银行的改革则不应仅仅局限于提高国有银行的自身绩效,而是应从国有银行所处的外部环境和经济发展目标着手,重视国有银行功能与外部制度环境之间的耦合性。

更重要的是,与西方国家银行制度内生于市场而自发的产生和发展逻辑存在明显的差异,国有银行从产生开始就充满了"政府"因素,在其后的发展历程中更是如此。我们对于银行功能的理解也不应局限在 Merton 和 Bodie 所提出的西方银行制度的市场功能①,中国国有银行制度变迁有其自身的逻辑,这就需要我们有一个新的理论框架能够对国有银行制度及其功能演变展开分析。事实上国有银行制度演进并不是孤立的,银行功能的演变也与其所处的制度环境存在着不可割舍的"血肉联系",正如制度经济学派所一贯主张的那样,制度作为一个体系具有历史的路径依赖,无视制度的互补性而随意变更政策绝非好事,而且实践证明也是不可能的(青木昌彦,1999)。忽视了这一点,任何旨在追求短期见效的银行改革方式,最终还是要回过头来到其所处的逻辑链条中寻找解决方案。因此我们相信坚持长期和内生视角对国有银行制度变迁特别是其功能演进的内在逻辑进行解读,在这基础上再"蓦然回首"观察国有银行改革思路及其真实绩效表现,这样所得出的结论一定会更具有全面性和深刻性。

① 需要说明的是,在文章中我们仅是就银行的功能及其变迁等客观经济现象进行理论解释和分析,并不涉及其好坏与否的主观价值判断。

第3章 中国国有银行制度变迁与适应性效率：一个初步框架

如前所述,对国有银行效率应从金融功能角度而不是用金融机构观点去解读。银行效率更多地取决于银行所承担的功能,是银行功能的外在表现,银行效率高低的衡量取决于特定的制度环境中是否有利于银行功能的实现。国有银行效率的差异从本质上而言是银行功能差异的体现,与其所承担的财政性替代功能或金融功能密切相关。既然如此,那么我们就应当弄清楚国有银行功能演进的内在逻辑是什么,只有这样才会对国有银行制度变迁及过程中所呈现出的各种"绩效"理解得更深刻、更全面。

本章将先从经济学中关于效率的理解进行简要回顾后,着重分析诺思(1993)所提出的适应性效率,正如其所言,经济长期增长的关键不是资源配置的效率,而是适应性的效率。我们将在适应性效率理论基础上,初步构建一个符合中国背景的银行适应性效率理论分析框架,并在这个框架下对国有银行功能演进的逻辑予以分析,这为后文的进一步研究提供了理论基础和一个总的分析思路。

3.1 经济学中效率理论研究的演进

3.1.1 配置效率与帕累托最优

在整个经济学领域,有关效率问题一直是学者们普遍关注的焦点,西方各个学派围绕其所展开的争论也是此起彼伏。现代经济学的鼻祖亚当·斯密提出的"看不见的手"理论就认为尽管在主观上每个人都有着实现自身利益最大化的动机,但是在"看不见的手"即市场机制的调节下最终会导致客观上社会整体福利水平的提高。因此在斯密看来,英国近代以来工业化发展和快速崛起,正是市场制度作为一种有效的制度安排使然,市场机制是人类社会经济持续向前发展的主要动力机制。在其后的学者研究中以英国的杰文斯(W. S. Jevons)、奥地利的门格尔(K. Menger)和法国的瓦尔拉斯(M. E. Walras)为代表的"边际学派"延续了斯密的分析逻辑,在作了严格假定之后,他们系统地对"边际效用"、"均衡"等核心概念进行论证。其后的集大成者马歇尔(A. Marshall)对消费者如何实现个人效用最大化、厂商如何实现单位产出成本最小化或单位成本产出最大化等进行了更为系统的逻辑分析。从此之后,经济学研究的重心也由原先对分工与专业化机制研究转向了对资源优化配置的研究。

伴随着经济的快速发展,西方国家的社会经济格局发生了重大变化,已有的理论对于市场垄断、外部性等现象难以做出令人满意的解释,以庇古(A. C. Pigou)为代表的福利经济学派在传统边际分析基础上,对资源配置效率进行了分析,认为资源最优配置的标准在于边际私人净值与边际社会净值一致。意大利著名经济学家和社会学家帕累托(V. Pareto)在其著作《政治经济学教程》中对效率做出了一个更为凝练的界定,即帕累托最优或帕累托效率,即对于某种资源的配置,若不存在其他生产方面可能的配置,使得该经济中的所有个人至少与其初始时情况一样好,而且至少有一个人的情况比初始条件时更好,那么这种资源配置就是最优的。在此基础上,巴罗尼(E. Barone)、希克斯(J. R. Hicks)等对此概念进行了拓展,迅速成为主流经济学发展中的关键角色①。新古典经济学综合派代表人物萨缪尔森(P. A. Samuelson)认为效率则意味着不存在浪费,即在不减少某种物品生产量的情况下,就难以增加另一种物品的生产量,那么经济的运行便是有效率的,有

① "帕累托效率"实际上在西方国家已成为一种哲学理念,"帕累托最优"也就意味着"好得不能再好",即"如果不让某个人变差就不能让任何人变得更好"。当该原则被引入新古典一般均衡理论后,就称为"资源配置效率"即"帕累托效率",经过新古典经济学的精细化处理后,特指在零交易费用的完全竞争条件下,通过市场机制的作用,产商将以最低成本生产出消费者愿意接受的所有商品和服务,商品的边际替代率相等且消费者的效用同时实现最大化,生产要素的边际技术替代率相等且生产者的产量同时达到最大化,商品之间的边际替代率与商品之间的边际产品转换率也相等。当然这只是理想的状态,真正的现实生活中难以实现最优,更多的是向次优方向迈进,实现帕累托改进(或改善)。

效率的经济位于其生产可能性的边界上。

如今效率已经成为现代经济学研究的核心范式,其与公平问题成为经济学研究中的两大核心命题。在资源稀缺性的假定前提下,如何选择并提高资源的配置效率,以促进人类效用最大化一直成为各种经济组织所追求的目标。因此,经济学研究的问题实质上是选择的问题,即对个体而言如何选择以实现自身效用的最大化,对于整体经济而言如何对稀缺的资源进行最合理的配置,使得经济潜能得以最好发挥,以此促进人类社会的进步。

3.1.2　分工专业化与经济组织变迁

早期斯密等人关于分工专业化的思想没有被后来的主流经济学家所继承[①],与此相对应的经济组织问题也逐渐被经济学家所遗忘。正如斯蒂格勒(1976)所言,“没有一个标准且可操作的理论在解释斯密所阐述的经济进步的源泉……迄今为止还没有在他之后的分工理论取得过显著的进步,对专业化研究并没有成为现代经济理论中不可分割的一部分”。究其原因,主要是因为在马歇尔时期,存在着分工与收益递增的理论冲突,并且在研究方法上也难以找到有效突破点[②],这使得致力于将经济学发展成为精密科学的边际革命带领下,致使经济学研究的核心问题从原先的经济组织问题向资源配置问题转变(杨小凯,1999)[③]。尤其是在萨缪尔森之后,关于分工与专业化、经济组织问题更是在主流经济学中被彻底抛弃。直到 1951 年斯蒂格勒发表了《劳动分工受市场范围限制》后[④],古典经济学的经济思想才再次引起经济学界的关注,并且伴随着线性规划等数学方法的出现,也为处理分工与专业化中的“角点解”问题提供了良好的数学分析工具。正是在 Rosen、Bec-

① 如著名的斯密定理就指出“分工是经济增长的源泉,而分工水平又取决于市场规模”。

② 正如杨小凯(1999)所言古典经济学的分工理论没有一个好的数学分析框架,缺少处理“角点解”的数学工具,而当时的数学工具却能得心应手地处理以边际为基础的供求问题。

③ 尽管如此,在这期间仍有经济学家对分工理论进行深入分析。如 A. Yong 在 1928 年发表的《收益递增与经济进步》一文中再次探讨了有关分工理论、经济组织问题,提出了被后人称为杨格定理的三个命题,即递增报酬的实现得益于劳动分工的演进;不但市场的大小决定分工的程度,而且市场大小也由分工演进所制约;需求供给是分工的两个侧面。然而由于杨格无法将其思想数学化以及他的英年早逝,使得他的思想无法得到主流经济学的重视。

④ G. 斯蒂格勒:《劳动分工受市场范围限制》,载《产业组织和政府管制》,潘振民译,三联书店,1989 年版,第 22 – 38 页。

ker、Borland、杨小凯等人的努力下，关于分工专业化与组织演进问题才又重新逐渐地回到了经济学研究的视野中。

3.1.3 经济组织与X效率

在新古典经济学中企业一直被视为“黑箱”（Black Box），其根据生产函数和成本函数进行生产，进而实现利润的最大化。这种最大化行为的假定从一开始就排除了企业内部出现低效率的可能性，从而使得经济学成为专门研究配置效率的科学。正如莱宾斯坦（Leibenstein，1966）所认为的“自边际革命以来，经济学的研究工作似乎只有微小变化的进展，大部分也只是使理论的数学解释变得更加精美。这种精细化往往把本应有的思想与要素置于一旁，而效率这个中心概念就是如此命运，不知怎么，效率被改换为只是配置效率”。[①] 但是现实的生活表明企业并不像新古典理论所认为的那样按照边际理论追求最大化，换言之，企业可能并不是利润最大化的。各种非配置低效率现象不仅存在，甚至其重要性远远超过了配置低效率。与主流经济学家将市场配置效率作为经济学研究的核心不同，面对理论与现实的巨大反差，一些经济学家对新古典经济学的研究表现出了不满，对其基本假设提出了质疑。对此，莱宾斯坦（1966）首先提出了与市场配置效率相对应的X效率概念。

在X效率理论中[②]，对新古典经济学的前提假定进行了修正，X效率理论既承认极大化行为的可能性，也承认非极大化行为的可能性[③]。X（低）效率一词中，X代表来源不明的非配置（低）效率。弗郎茨（1988）认为X效率是非市场低效率，不是因市场价格偏离边际成本而造成的一个形式的低效率，而是由在程序上不会带来理性决策而且影响企业内部资源利用、外在的和（或）内在的环境造成的。因此X效率研究的领域并不局限于市场，而是包括企业内部与市场外部。资源的稀缺性是经济学面临的基本事实，在新

① 罗杰·弗郎茨：《X－效率：理论、论据和应用》，费方域等译，上海译文出版社，1993年版。

② 哈佛大学教授哈维·莱宾斯坦1966年在美国经济评论发表的《配置效率与X效率》成为X效率理论的奠基之作，此后又发表了《配置效率、X效率和福利损失的衡量》（1969）、《组织的或摩擦的均衡、X效率和更新率》（1969）等论文，1976年出版了X效率理论的第一部著作《超越经济人》。1988年罗杰·S. 弗郎茨出版了代表作《X效率：理论、论据和应用》使得X效率理论日趋成熟。

③ 罗杰·弗郎茨：《X效率：理论、论据和应用》，费方域等译，上海译文出版社，1993年版。

古典经济学中所追求的“帕累托效率或均衡”实际上是考虑如何将稀缺资源在不同的单位中进行分配，使得生产部门和消费部门同时达到均衡，这是资源配置的问题。但是其最大化和完全理性人的假定却忽视了资源的有效利用问题，进而也就排除了组织内部可能出现的 X 低效率存在的可能性。但无论是在理论还是在现实生活中，资源配置的低效率与资源利用的低效率都是存在的。X 效率理论认为在现实生活中资源利用低效率（X 低效率）不仅广泛存在，而且比资源配置低效率更为重要，因此 X 效率理论实际上考虑到了市场配置效率对现实生活的理解存在不足，重新“唤醒”了人们对经济组织运作效率的认识。实际上其与分工理论有着异曲同工之处，即从另一个层面将经济组织问题重新纳入了经济学研究的框架中。

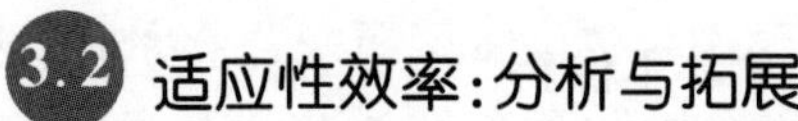

3.2 适应性效率：分析与拓展

3.2.1 适应性效率：提出与意义[①]

如前所述，自经济学产生以来就一直非常注重对效率的探讨，尤其是帕累托效率成为新古典经济学研究的核心，但其基本是在完全竞争、完全信息和没有交易费用的前提下研究资源的配置问题。也就是说新古典经济学是在既定的制度和技术水平的前提下研究经济效率，分析的是资源在稀缺的条件下如何进行有效配置的问题，在这样的分析逻辑下制度显然是不重要的。应该承认这种分析范式对于制度转型早已完成的西方社会而言无疑是正确的，因为在基本制度或基础性制度安排已经基本定型的社会中，剩下的关键问题就是如何提高生产技术并优化资源配置。但这对于以解释随时间推移的变迁作为中心任务的历史学家而言，却有严重的局限性，再加上没有摩擦性（交易费用为零）的苛刻假设必然造成经济学在解释时间进程中出现

① 需要说明的是，这部分我们主要是对诺思 1990 年富有创见的提出“适应性效率”以来在这方面的思想进行梳理，提取出其中的核心内容和关键要素，为下文的分析与应用做好铺垫。主要参考《制度、制度变迁与经济绩效》（1990）、《新制度经济学及其发展》（1992）、《时间进程中的经济绩效》（1993）、《制度变迁理论纲要》（1995）、《理解经济变迁的过程》（2005）等核心文献。国内少数学者如王玉海（2005）、巫威威（2008）、殷小斌（2009）等对该问题也进行了一定的研究，但总体而言该理论尚未得到足够的重视。

的社会成长、停滞或衰退的不同模式以及在人类互动中产生的摩擦而导致截然不同结局上的苍白与无力(诺思,1990)。正如诺思在1993年获诺奖时所言,在进行时间历程中的经济绩效分析时,新古典理论有两个错误的假设:一是制度不重要,二是时间不重要。其仅对资源配置效率研究,没有办法直接处理成长问题,难以准确理解现实世界的经济现象。正是新古典的分析逻辑中对现实世界的“忽视”,遭到了越来越多学者们的质疑,西蒙斯曾对完全理性进行了“修正”并提出了有限理性假说,更重要的是以科斯、张五常等为代表的新制度经济学派以交易费用理论为基础,进一步提出了“制度是重要的”观点,在理论界引起了巨大反响①。

如果说在前文中的新兴古典经济学的分工与专业化是强调了组织变迁的重要性,并为我们提供了长期演化的视角,莱宾斯坦提出的X效率理论对组织内部效率的强调是对新古典经济学中仅仅注重资源配置效率而忽视其他的善意提醒,那么诺思在其一系列的研究尤其是后期提出的“适应性效率”理论则是在配置效率研究的基础上进一步拓展了效率理论研究的深度和广度,使我们能够更加清晰地洞察制度以及制度效率的重要性。

纵观诺思的整个研究历程,能够发现其研究的方法、视角以及研究的兴趣发生了很大的转移,诺思早期的一些研究中一直遵循着新古典经济学的分析范式,最初强调从交易费用理论出发,得出产权的重要性,强调“制度是重要的,并且总是有效的”。但在后期的研究中越来越发现新古典经济学对现实经济解释的局限性,尤其是对其中的完全理性人假说提出了质疑,现实中太多低效率组织的存在,使他认识到“制度是重要的,但并非总是有效的”,并对这些无效率组织的广泛存在进行了理论上的解释,逐渐形成了产权理论—国家模型—意识形态三位一体的理论体系。在这之后他对纯粹的经济模型逐渐失去了兴趣,而是将政治、社会乃至文化因素纳入了研究的范畴,这些在其1990年的《制度、制度变迁和经济绩效》的著作中得到了更加明显的体现。在这本著作中,他放弃了标准的理性人假设,并且考虑长期的经济绩效问题,对制度进行了更进一步的刻画,并指出了制度变迁的路径依

① 这主要是制度经济学,在制度经济学中又有旧制度经济学、新制度经济学、后制度经济学等的区分,尽管他们在具体的分析方法与分析结论上存在着诸多差异(如诺思研究工作应当属于宏观经济史学,而科斯和威廉姆森则专注于制度微观分析),但至少在“制度是重要的”这一命题上是一致的。

赖问题，强调了制度变迁的长期性和动态性。正是在制度变迁理论中孜孜不倦的努力，在长期关注经济效率与制度变迁的关系后，为了反映与时间进程中的经济变化相适应的制度变迁效率，诺思认识到一个经济的动态演变需要有一套特定的制度特征，而要描述这些制度特征就需要在一个与简单的配置效率不同的语境中考虑效率问题。因此，诺思在制度分析中强调了动态效率，在动态效率中存在两种效率改进[①]：一是在既有的生产技术条件下，一种制度可能妨碍该生产技术潜能的充分发挥，使得经济达不到生产可能性边界，在这种情况下，改变该制度就可能完全释放现行生产技术的潜能，从而提高社会产出；二是一种制度可能比另一种制度更能激发人们创新技术的热情，因而更能促使社会生产可能性边界向外扩张。一种制度可能实现第一种效率改进，但却难以实现第二种效率改进。基于此，诺思于1990年正式提出了"适应性效率"（Adaptive Efficiency）[②]的概念。诺思认为对于配置效率而言，标准的帕累托条件是成立的；但适应性效率关注的则是那些规范经济长期演化方式的规则，同时对获取知识、引发创新、从事各种创造性活动以及解决随时间而产生的社会问题等的关注。有效的配置效率可以为现存的企业和决策带来安全，但同时又是以牺牲熊皮特所看重的那种创造性毁灭过程（Creative Destruction Process）为代价的（诺思，1990）。与配置性效率只考察静态的短期的经济绩效不同，适应性效率考察的是长期经济绩效的制度结构如何适应经济的变动而调整的问题。

诺思（1993）进一步指出"经济长期增长的关键不是资源配置的效率，而是适应性的效率。成功的政治经济体制演化出灵活的制度结构，而后者能够经受住成功的进化所包括的震荡和变迁"[③]。甚至其对"能够产生配置效率的政策是否总是治愈病态经济的良药"也表示质疑。因此就政策的导向性而言，制度（创设）比配置效率更为重要。因为配置效率只是在给定制度

---

① 姚洋：《制度与效率：与诺思对话》，第57－59页，四川人民出版社，2002年版。

② 自1990年诺思在《制度、制度变迁与经济绩效》中首先提出"适应性效率"（Adaptive Efficiency）后，经过10余年的深入研究，其在2005年的著作《理解经济变迁过程》中对适应性效率概念进行了更进一步的补充和完善。需要强调的是，关于诺思对制度研究的思想以及研究视线的转移，国内许多学者都有对其进行梳理，如早些时期的姚洋（2002）、近年的刘和旺（2010）对诺思思想都有专门论述，但这不是本书的主旨所在，所以文中只是根据需要稍加提及。

③ 诺思：《时间进程中的经济绩效》，1993年获诺贝尔经济学奖的演讲稿，载于《经济社会体制比较》，1995年第6期。

前提下的静态概念，但经济持续良好运行的关键则需要有一个灵活的制度机制，即它能依据技术的发展、人口的变化乃至制度的震荡来进行相应调整（诺思，2002）。

我们承认市场机制在解决资源有效配置问题中所发挥的重要作用，但其在解决有效市场机制形成之前或形成过程中的制度转换方面却显得无能为力，这种转换的效率往往取决于制度变革的适应性效率。适应性在过渡的进程中进行，在过渡性制度安排中探索就显得很有意义（王玉海，2005）。可以说配置效率的实现需要市场机制发挥作用，而市场机制作用发挥则又需要相应的制度基础作为支持，没有相应的制度环境，那么所谓发挥市场机制的作用只能是空谈。适应性效率作为制度的范畴，其实现本身就意味着需要制度的变革与制度的转换为支持，因此以制度为基础的适应性效率比配置效率更为根本，也更具有长期性和动态性①。

3.2.2 适应性效率概念及内涵分析

尽管诺思早在1990年就提出适应性效率的概念，认为适应性效率所关注的是那些塑造经济长期演化方式的规则，适应性效率为分散化决策过程的发展提供相应的激励，以促使社会尽力去发掘各种解决问题的方法（诺思，1990）。在诺思看来，一条具有适应性效率的路径是在不确定性条件下的选择最大化，为人们尝试使用不同的行事方式留出空间，形成一个有效率的回馈机制，以鉴别出相对无效率的选择并淘汰之。在此后的一系列论著中，诺思虽也多次提起，但并没有一个十分清晰的分析概念，直到2005年在新的著作《理解经济变迁的过程》中才对适应性效率做了更进一步的阐述，但即便如此他也没有对此进行统一的定义。他把适应性效率理解为当问题演化时，社会不断修正和创造新制度不断需要的条件。纵观诺思的论述，其在文中多次提到适应性效率的重要性，也对其中的内涵进行了比较清晰的刻画，在该著作的前言中对适应性效率的概括最能表达出其含义，即"适应性效率可理解为一种能力，即某些社会面对冲击进行灵活调整的能力，以及

---

① 王玉海（2005）曾对诺思的适应性效率进行过梳理，在其研究中将适应性效率理解为组织机构创新的能力、持续学习的能力和转换的有效性，认为适应性效率本质上是一种宏观整体的社会制度变迁的动态效率。

改进制度以有效处理变化了的'现实'的能力"（诺思，2005）。从诺思关于适应性效率的理解中可以看出他视野中的"效率"不仅理解为经济增长方面，更重要的是应具有一种保持经济持续增长的能力，这种认识更倾向于一种功能观的视角，更具有动态性和长期性①。

因此适应性效率实际上是一种经济能力，即不断调整并适应经济发展的能力，这说明一个好的制度不仅在于其具有短期的资源配置能力，更重要的在于其具有长期的"适应性能力"，可见适应性效率关注的是长期的制度效率。一种具体的制度安排是否具有效率，在于其能否具有满足其所处的经济发展需要及随着经济变迁而动态地进行自我调整的能力。对此，我们对影响制度变迁中适应性效率的几个关键性因素做出如下梳理：

3.2.2.1　世界的不确定性

与新古典的各态历经假说不同，我们生活在一个"非各态历经"的世界中②，在这样的世界中各种系统性关系可能随着时间推移以不可预测的方式发生着变化，因而不确定性是常在的。如何理解这种不确定性，诺思（2005）从5个层次予以分析：一是给定已有的知识存量，可以通过增加信息的方式来减少的不确定性；二是在目前的制度框架中，可以通过提高知识存量的方式来减少的不确定性；三是只有改变已有的制度框架才能减少的不确定性；四是在全新的条件下，使信念必须重构的不确定性；五是为"非理性"信念提

① 诺思对"效率"的拓展与阿玛蒂亚森关于"自由"的理解上有相似之处，阿玛蒂亚森也把自由上升为一种"能力"，即自由不仅意味着别人不能对我做什么，而且意味着我有能力为"获得那些使我之所以称其为我的那些功能"做什么，即有能力为我"有理由给予价值的那些目标"做什么。在此基础上，阿玛蒂亚森对能力进行了进一步的细化和阐述。转引自姚洋：《制度与效率：与诺思对话》，第65页，四川人民出版社2002年版。特别值得注意的是，国内学者周冰（1994）在《市场经济为什么优于计划经济》一文中，就提出经济体制适应性问题，强调适应性是决定经济体制活力和发展潜力的一个关键因素，然而这又是一个被经济学所遗忘的角落。市场经济优于计划经济除了动力机制和信息机制外，还有就是经济体制的适应性。与封闭和僵化的计划经济相比，市场经济是一个完全开放的系统，这种体制结构具有充分的弹性和高度的可塑性，因而具有高度适应性和无限的发展潜力。

② 各态历经被理解为"涉及或与任何状态的重复发生相同联系的概率，尤其是任何状态永远不会再发生的概率为零。因此，一个各态历经的随机过程仅仅意味着根据过去观察计算的平均数不会持续地不同于未来结果的时间平均数"（Savison，1991）。引自诺思：《理解经济变迁的过程》（第18页），中国人民大学出版社。实际上，该概念表达了一种确定性含义，是新古典经济学为了使其成为"科学"的分析方法。该概念本身来自物理学，即各态历经假说或准各态历经假说的基本点是承认处于平衡态的系统的宏观性质是微观量在足够长时间上的平均值，新古典经济学的大量分析概念承袭了古典物理学。

供相应基础的那些不确定性。可见这五个层次是一种逐步深入、循序递进的关系。因此，非各态历经世界的不确定性意味着在某一特定时期所使用的制度，即使在这个时刻是最优的（即正确的感知），但当整体社会环境随着时间的推移而逐渐发生变化时，也可能远非最优的。

对于不确定性问题，西方经济学界沿着两条思路展开：一条是西蒙（1957）把“不确定性”归为复杂环境下最优化决策的成本约束问题，斯蒂格勒（1961）进一步把不确定性归结为信息问题，不确定性表现为与信息搜集相关的信息成本，由此把不确定性问题转化为特定信息成本约束下的最优化问题；另一条是，继奈特（1921）后，哈耶克等（1937、1945）则侧重于考察结构的不确定性问题，诺思实际上遵循了此种思路。[①]

3.2.2.2 制度结构的重要性

在诺思的制度框架中包括三部分：政治结构，它确定了人们建立和加总政治上选择的方式；产权结构，它确立了正式的经济激励；社会结构，包括行为规范和习俗，它确定了经济中的非正式激励。制度结构反映了社会逐渐积累起来的各种信念，而制度框架的变化通常是一个渐进的过程，反映了过去对现在和未来施加的各种约束。特定的制度结构产生了特定的组织，而且组织之间内在的依赖联系以及其他关系的复杂网络也是在制度结构的基础上搭建而起的。由此可以得出两个含义，即制度变迁的典型是增量进行的，并且制度变迁具有路径依赖特征。在制度结构安排中，以下因素应该纳入适应性效率的分析框架：

（1）产权形成过程与政府因素

现代经济学中一再强调市场机制的重要性，应由价格去配置资源，但问题在于市场价格正式确立之前，其形成的过程中“市场因素”是否真正起到作用。在这过程中合理的产权结构安排在有效的价格体系形成中起着关键性作用。因此建立合理的产权制度是必需的一步，但正如诺思所关注的，问题的关键在于“建立产权的具体过程，应当强调，出现在西方世界的制度如产权和司法体系，是不能够被原封不动地复制到发展中国家的。关键在于创造激励结构，而不是对西方制度的盲目模仿”。[②] 因此诺思批判了持有自

① 刘和旺：《诺思的制度与经济绩效理论研究》，第207页，中国经济出版社，2010年版。

② 诺思：《理解经济变迁过程》，第159页，钟正生等译，中国人民大学出版社，2008年版。

由主义信念的经济学家一段时间以来的错误理念，即认为存在某种叫做自由放任的东西，一旦“有效率”的产权和法制就位，经济就会运行良好而无须进一步的调整。

在产权形成过程中，政府不仅界定并实施着塑造一个经济体系基本激励结构的产权，而且在当今世界中，政府在国民生产总值中的份额，以及政府无处不在的、时刻在变的管制，都是影响经济绩效中的最关键因素（诺思，1990）。因此在产权形成过程中，政府成为一个至关重要的因素。我们不仅要建立起产权制度和正式规范，使经济市场变得更加有效，而且还要把这一切转移到政治体制上。因为一个国家的政治制度决定并指导着一个国家的经济制度，这也就是说，除非我们能够制造出一个稳定且对高效率的经济制度起支持作用的政治制度，否则就难以建立起稳定、高效率的经济结构。因而一个国家政治制度起着根本性的至关重要的作用，它决定着经济结构和经济发展。在制度变迁中遇到的路径依赖是适应性效率的主要制约因素，而这种改变除了未能预计到的选择后果、外部效应和一些分析框架之外的力量外，通常需要政治体系上的调整或改变（诺思，1990）。当然就短期而言，集权政府可以取得较高的经济增长率，但从长期看，法制、保证合同执行的制度规则才是真正保证长期经济发展的至关重要的因素（诺思，1995）。

因而一个稳定的政府以及一些补充准则的确立是制度必不可少的特征。成功的政治或经济体系就是能在很长一段时期中发展这种特征。这也充分显示出在适应性效率框架中，与传统发展经济学家或正统的新古典经济学家有着根本不同的发展政策。发展经济学家往往将政府看作外生的或者发展过程中的一个宽厚角色，而新古典经济学家更是在隐含的假设中认为制度（包括经济的和政治的）不起作用，配置效率模型中所包含的静态分析应该作为政策的指导，即通过减少对交易和价格的干预来达到适宜的价格。然而事实上，政府从来就不应被看成发展政策的一个外生角色，只有恰当地安排一系列产权制度并执行这些将会产生竞争的市场条件时，价格才能实现所要的结果（诺思，2002）。

可见在诺思看来有效率的制度来源于一种政治体，它内置了创造与实施有效率的产权制度的激励，然而许多新古典经济学家却普遍无视政府干预是一个特定市场有良好经济绩效的充分条件。正是如此，诺思一再强调任何市场的绩效是制度即正式规则（包括政府制定政策）、非正式规范及其实施特征所施加的约束集合的函数，也就是说制度决定着市场的激励结构（诺思，2005）。尽管政府介入市场而且往往是过度介入会带来种种弊端，但这是另一个方面的问题，至少我们在对经济现象做分析时就不能像新古典经济学那样对政府做有意或无意的完全忽视，这样的市场看上去虽然很“完美”，但却离我们“太遥远”。如此分析所得出的结论可能仅“差之毫厘，却是失之千里”，因而我们在适应性效率分析框架中，将把产权尤其是产权的形成过程和政府因素纳入分析的框架中。

（2）非正式约束与意识形态

早在1981年，诺思就努力将意识形态纳入其理论模型中，诺思认为意识形态是人们关于世界的一套信息，是使个人和集团行为合乎规范的智力成果。在此后的研究中，意识形态逐渐被纳入其制度分析的框架中。诺思（1990）将制度定义为正式规则（产权、国家）、非正式规则（惯例、习俗、传统和文化等）及其实施特征，充分肯定了非正式规则在制度变迁中的重要性，并认为制度降低了我们对信念所支付的价格，使得观念、教义以及意识形态成为制度变迁的重要来源①。正如汪丁丁（1996）所强调的，一个社会的文化传统对于它的经济发展有着决定性的影响。这是因为人们只能从传统中获取他们的制度性知识，而且人们所积累的制度性知识的性质，与人们的技术性知识结合在一起，决定了经济发展的方向和程度。

但问题是正式规则可以在一夜之间就发生改变，而非正式约束的变化则要缓慢得多，并且在政体演化过程中起关键作用。这种变迁的特征也就决定了制度结构是否有效从根本上取决于长期发展形成与演化的非正式制度。由于非正式制度强大的路径依赖性，因而适应性效率的形成在很大程度上取决于历史并且将是一个漫长的过程。“非正式约束将逐渐演化成原先的正式规则的延伸。用新的正式规则来排挤长期存在的非正式约束，或许是一种立竿见影的办法，但是这却忽略了构成非正式约束之基础的根深蒂固的文化继承因素。”②因此倘若正式规则改变了，但非正式约束却没有改变，那么在非正式约束与新的正式规则之间就会产生一种持续的紧张关系，

① 意识形态对顺从的要求至今仍然是减少维持秩序的成本的主要力量，但是它也带来了另外的社会成本，即阻止制度变革、惩罚偏离常规者，以及在其他与之竞争的宗教冲突中成为无休止的人类冲突的根源。

② 诺思：《理解经济变迁过程》，第51页，钟正生等译，中国人民大学出版社，2008年版。

当正式规则的剧烈变化导致了其与现存非正式约束不相融合时，二者之间无法缓解的紧张关系将可能带来政治上的长期不稳定。在制度变迁过程中，人们首先建立起对世界的信念；然后通过制度规范人们的行为，进而实现他们的信念；这种“信念”通过政策实施形成了改变了的“现实”。从结果到“现实”的反馈机制贯穿了整个人类的心智过程，信念结构通过制度转化为社会和经济结构，进而影响长期经济绩效（刘和旺，2010），如图 3－1 所示。正是如此，诺思（2005）强调适应性效率需要灵活的制度结构，而这种灵活性需要以非正式约束所形成的信念为基础。

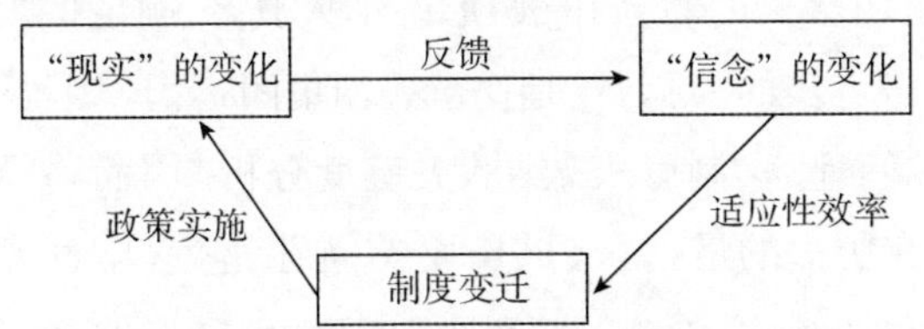

图 3－1 认知与制度变迁关系①

由此，诺思在后期的研究中逐步进入了认知理论领域，现实世界中相对价格变化经由先存的心智模式过滤，而先存的心智模式则塑造了我们对这些价格变化的理解。人类的意识及其意向性导致了不同的制度结构，而这些制度结构又可进一步解释社会不同的绩效特征。因此信念体系与制度框架有着密切联系，信念体系是内在表现，而制度是这种内在表现的外在显示（诺思，2005）。在认知理论中，诺思的研究发现学习的重要性②，个人所拥有的知识存量是经济、社会绩效的潜在决定因素，知识的变化是经济演变的关键所在。西方世界的兴起归根结底是技能和知识积累的结果，那些技能和知识对中世纪西方世界的政治和经济组织发展很有价值，因而个人和组织的学习是制度演化的主要动力，同时学习的过程是一个增量的过程，受社会文化的影响，文化决定着可认识到的报酬，学习过程是既定的信念体过滤信息的方式的函数，这些信息是从经验中获得，也是个人和社会在不同时期的不同经验的函数。当演化的信念体系创造出了一个“良好的”人造结

① Clifford Zinnes，2003，转引自刘和旺：《诺思的制度与经济绩效理论研究》，第 202 页，中国经济出版社，2010 年版。

② 学习主要来源于基因、文化遗产和经验。

构,能够处理个人和社会面临的新奇经历,并且能够很好地解决新的两难困境时,经济发展就能成功,因此构建必需的人造结构是经济政策的基本目标。随着分工专业化发展,当经济变得越来越复杂时,制度结构在分散知识的整合程度以及解决问题方面将起着关键性作用。经济发展需要复杂的制度结构以低的交易成本来整合复杂世界的分散知识,因而知识整合的成败也是经济发展的核心问题。

3.2.2.3 制约因素:路径依赖与利益集团

尽管对于整体世界的不确定性要求制度保持一种适应性的调整,但已有的制度却往往在历史的轨迹中表现出一种僵化,制度的“滞后性”或“惰性”成为社会经济进步的绊脚石。造成这种现象纵然原因种种,但其中路径依赖的制约是我们理解“制度失效”的关键所在①。因而路径依赖作为一个历史事实,是研究历史的最持久、最重要的问题,它意味着现在的选择要受到从过去积累而成的制度传统的约束。一旦某种特定路径形成强化式的自生报酬递增机制,那么要改变原有的路径则变得非常困难。因为在原有的制度传统中逐渐积累而形成的组织,即利益集团会经常性地动用已有的资源来阻止那些威胁其生存的变革。特别是在稳定的社会中,利益集团数目会增加,影响越来越大,利益集团的非生产性活动会在政治中增加了一些不必要的程序,从而造成决策的迟缓,损害了经济发展,其作为“分利集团”是造成国家衰落的重要因素(奥尔森,1981)。正如诺思(2005)所指出的那样,路径依赖与其说是一种“惯性”,还不如说是过去的历史经验加给现在选择集的约束。要想理解制度变迁的过程,就必须理解路径依赖的本质,以确定在各种环境中路径依赖对变迁所施加限制的本质。特殊利益集团往往为了追求自身利益而以损害普通公众的利益为代价,利益集团约束下的路径依赖是制约制度保持适应性效率的最大阻碍力量,市场存在着随着时间的流逝而逐渐固化并失去灵活性的趋势,这是我们在理解适应性效率中一个极为关键的变化因素。

---

① “路径依赖”说明了过去的绩效对现在和未来的强大影响力,制度变迁一旦走上某一条路径,那么会得到进一步强化,即被“锁定”在某种状态中,除非依靠政府或其他强大的外力推动,否则很难改变。实际上,“路径依赖”类似于物理学中的“惯性”,一旦进入某种路径(无论好坏)都可能对这种路径产生依赖。对于路径依赖产生的原因,诺思认为一是由于制度的收益递增和网络外部性;二是因为经济和社会中存在显著的交易成本。

路径依赖意味着“历史是有意义的”，在历史上，这样的例子不断重演。正是路径依赖特征使得在截然不同的初始条件的背景下，造成了15世纪后期发展过程中英国逐渐兴起而西班牙却逐步走向衰败的不同道路。在20世纪，曾创造人类历史上短暂辉煌成就的苏联更是在利益集团约束下导致制度的僵化而最后崩溃的例证。过去几个世纪以来似乎只有美国的制度结构具有适应性效率的特征，一个潜在因素就是其建立一套非正式制度约束，对于所有形式的僵化的垄断都构成有力的约束。但在诺思看来建立这样的制度更多的是好运气，而不是有意为之的结果。即使知道它们的来源，它们也只是在长期内中演化而成，不能够有意或者在短期内进行复制，而且也不能保证灵活的、具有适应性效率的制度结构在我们正在创造的更为复杂和崭新的世界中得以持续（诺思，2005）。

3.2.2.4 保持适应性效率路径：分散化决策与试错性试验

若我们把适应性效率理解为一种制度能力，那么如何才能保证这种能力的实现？显然这需要一种制度结构安排，这种制度结构在面对外在的不确定性时，将会灵活地尝试各种选择，以处理随着时间的推移而不断出现的新问题。与新古典经济学中关于经济人完全理性假设不同，在适应性效率理论中，面对世界普遍存在的不确定性，承认经济人只是有限理性，并向完全理性逼近。而这种理性程度与其所拥有的信息量和信息结构密切相关，经济人所拥有的信息量越多，则通过持有的信息量转化成其信念的概率分布就越大，这样具有灵活调整的适应性能力就越强。因而面对外部环境的不确定性，有限理性的经济人保持适应性能力大小与其拥有的信息量有着密切联系，而这种信息量的获取一方面取决于其所处制度环境中可能存在的信息总量，另一方面取决于其对这些信息总量的吸收或转换能力。其中，前者与该制度的开放性和包容性相关；后者则又取决于该制度下经济人的学习和对信息的整合能力。再进一步地，经济人学习能力大小除了内在自身因素外，还与外部的竞争压力相关。面对异质性竞争，经济体将主动或被动地去学习、模仿乃至创新，以保持竞争上的优势。

可见制度的多样性有助于提升有限理性经济人的学习能力，加速对信息的获取，这就意味着，若是封闭或者单一的经济体，那么其在信息总量和信息结构上都将受限。这也是相对于计划经济制度，在信息获取和信息创造上具有相对优势的市场经济制度能够获得成功的重要原因（杨小凯，

2003)，也就是说在这样的制度结构中，一种分散化决策机制，并允许各种试错性试验机会存在是保持适应性效率的主要途径，因为这种分散化决策机制和试错性试验将有助于信息的获取和整合。事实上保持那些允许试错性试验发生的制度，也正是美国物质成功的来源。因此适应性效率要求政体和经济体能够在面临普遍不确定性时为各种试错性试验创造各种条件，而适应过程中存在的盲目性则意味着这种过程又需要政府的参与。

在长期内，当人类在一个不确定的社会中面临崭新的挑战，需要创新性的制度革新的时候，由于没有人知道生存的正确路径，此时顺从就会产生停滞和衰退。因此，正如哈耶克所说，允许在一定范围内进行选择的制度多样化就应成为一个较好的生存路径。在西欧，政治的分裂扮演的正是这种角色，为不同的信念和经济制度创造出多样性和竞争性的制度环境，这对欧洲的兴起非常关键，同时对支撑现代经济增长的非人格化交换的增长也非常重要。在诺思看来，只有在非正式规范演化相对较长的时间之后，适应性效率才能逐渐形成，而这个过程没有捷径（诺思，2005）①。

3.2.3 适应性效率下的制度变迁：制度结构、适应能力与长期绩效

诺思的理论中所关注的是制度变迁与长期经济增长之间的关系，如何保证经济的长期绩效是其一生研究的主线。经过长期的研究后，诺思提出“经济长期增长的关键不是资源配置的效率，而是适应性的效率”。一个复杂的因素就是变迁过程本身，它将会使来自过去经验的解决方案在新的环境中无法运作。诺思认为经济学家所坚持的理论是用来处理19世纪发达经济体所面临的问题，在那个时期的主要问题是资源配置，试图将那时候的理论进行简单的修正来解决所遇到的新问题，这是完全不恰当的（诺思，2005）。为了寻找这种适应性，诺思逐渐绕开了新古典分析框架，将研究视线转移到认知领域。尽管该理论提出发展至今还不完善，也没有一个系统的理论框架，但是我们不能否认该理论的提出对转型中国家尤其是对于中国这样大型、新兴的转型国家而言具有重大的学术价值。在整个适应性效率理论框架中，我们可以做出以下总结：

---

① 阿尔钦（1950）的论文中也曾提到，在一个存在着普遍不确定性的世界中，没有人能够确切地找到我们所遇到问题的正确答案。

经济要长期发展，则需要制度保持动态调整的适应性能力，而这需要一套有效的制度能够灵活调整并激励这个能力的实现。在这个理论框架中，首先正式制度（产权）是重要的，合理的产权制度安排能够有效地降低交易费用并促进经济发展。但在这过程中更需要关注的是正式制度（产权）的形成过程或产生的逻辑，一方面由于正式制度是由国家或政府来最终创设的，因此政府因素不应被忽视，而需要作为内生变量纳入市场中予以分析和考虑；另一方面正式制度能否起到激励作用，又与非正式约束或意识形态密切相关。一个有效的正式制度安排需要以非正式约束为基础，只有正式制度与非正式制度相互耦合，才能发挥这种激励作用，因此非正式约束或意识形态同样是适应性分析框架的内生变量。

与此同时，我们所经历的世界却面临着诸多的不确定性，即使在某个阶段存在着与经济发展相适应的制度性安排，随着时间推移原先有效的制度可能无法适应新的经济环境，进而变得“无效”，这样就需要制度能够保持适应性调整的能力。而这种制度调整往往会受到在原先环境中逐渐形成的利益集团阻挠，利益集团控制下的制度结构会变得日益僵化而表现出“滞后性”。要打破这种路径依赖性，则除了需要国家去打破这种制度刚性以及意识形态的转变外，更重要的是我们需要承认面对世界的不确定性下人的认识能力有限性。长期而言，组织适应性能力大小与其所拥有的信息总量和信息结构密切相关，而这又取决于制度的开放性与组织对信息的获取能力，故应通过不同组织的学习能力去整合由于分工所带来的知识分散性，进而使得制度结构中能够形成分散化决策机制，即通过异质性竞争来保证试验的多样性和制度的活力（如图3－2所示）。

因此，我们认为具有适应性效率的制度是除了市场自身力量外，需充分考虑政府与意识形态作用，通过异质性竞争打破路径依赖，进行动态调整以适应现实变化的一种制度安排。因而这种制度具有一定的开放性，允许分散化决策机制和各种试错性试验存在。在适应性效率框架下的研究首先是坚持整体演进的视角，任何一项制度都不是孤立存在的，都与其所处的制度环境密切关联，因而需要考虑制度之间的配套性和耦合性。同时并不否认政府在制度变迁中的重要性，尤其是在打破特殊利益集团约束中发挥着举足轻重的作用。而且任何一项制度都是从过去演变而来，忽视原有的传统、意识形态等因素，试图通过简单的制度移植难以取得预期的效果。既然要

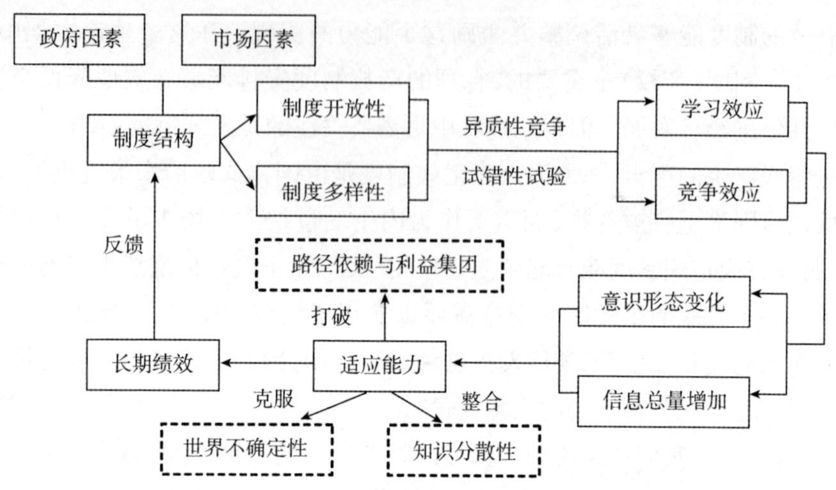

图 3－2　适应性效率下的制度变迁

考虑非正式规则的作用，那么这个框架下所坚持的将是长期的历史视角，因为非正式规则是经过历史长期积淀而成，其具有很强的路径依赖性，对其改变并非一朝一夕就能完成。正如诺思一直强调的正式规则可以一夜之间得以改变，但非正式规则却是长期演化的。所以对一项制度的变迁应保持一定的耐心，任何旨在短期见效的政策或制度结构并不必然会代表其长期有效，而且很多时候，这种看似短期见效的措施容易形成一种"信念"，反而阻碍了长期有效制度的形成。

3.3 银行适应性效率：理解国有银行制度变迁的新视角

3.3.1　对银行制度的理解

在现代经济学领域，"制度是重要的"已经基本达成共识，但对于制度本身的定义却存在着不同的观点。早期的制度学者如凡勃论（Veblen，1909）将制度理解为"对于所有人而言普遍和稳定的思维习惯"，即一种共同信念。而康芒斯等（1934）则将制度理解为一种组织和参与人，如各种协会、大学等。诺思（1990）将制度解释为博弈规则，即制度包括正式规则、非正式规则及其实施特征。格雷夫（1996）从博弈均衡角度认为，在博弈框架下，预期和组织是两个相互关联的制度要素。其中组织是非技术因素决定的约束，它们通过引入新的参与者（即该组织本身），改变参与者所获得的信息结构，或者改变某些行动的回报以影响行为。

基于共有信念和均衡的概要表征[①]（Summary Representation）的视角，青木昌彦(2001)对制度进行了重新定义，他认为制度是关于博弈如何进行的共有信念的一个自我维系的系统。制度本质上是对均衡博弈路径显著和固定特征的一种概要性表征，并且该表征被相关域[②]中几乎所有的参与者所感知。制度是以一种自我实施的方式制约着参与者的策略行为，并且反过来又被其所在连续变化的环境下的实际决策不断反馈。也就是说，参与者基于共有信念而做出的策略决策共同决定了均衡的再生，而均衡的再生反过来又强化关于它的概要表征。

在此基础上，青木昌彦认为这种新制度观强调了以下五个方面：①对制度起源和实施进行内生性分析，因而制度是内生的。②强调“历史是重要的”，认为均衡和历史分析在研究中是互补且不可分割的。③认为制度间是相互关联和相互依赖的，制度之间“相互耦合”，因而制度安排是多重性的。④不同体系的竞争会诱致制度变迁，制度的概要表征（即信息浓缩）使得参与者开发出与博弈内生规则相一致的技能与倾向，只有当参与者的信息结构相互趋同时才会产生新的制度。⑤强调了成文法和公共政策的重要性，该规则设定与其他域内生的博弈规则演变的相互作用。纵观青木昌彦的定义，可见制度可以理解为是博弈重复进行的主要方式所共有信念的自我维护系统，并且具有内生性和客观性，即参与者的策略互动行为会内生出博弈规则，并存在于参与者的意识当中，可以自我实施。

结合以上的定义和认识，我们将银行制度简要地理解为银行参与者重复博弈的共有信念的自我维护系统，其中包括相关域（行动集）、规则（正式规则、非正式规则）和共有信念（认知上的认同）三个方面，银行制度特征具有内生性、刚性和多重性。银行制度变迁就是相关参与主体行为、参与规则

① 概要表征可理解为人们意识中对所认识事物的一种抽象概括，也可称为信息浓缩（Compressed Information）。

② 域，是博弈的基本单元，由参与人集合和每个参与人在随后各个时期所面临的技术上可行的行动集组成，参与人可以是个人，也可以是组织。包括共用资源域、交易（经济交换）域、组织域、组织场、政治域和社会交换域六种基本域的类型。

和参与信念转变的过程，具体表现为外在的银行结构变迁（包括组织结构和金融工具种类结构等）和银行运行机制转换，这些变迁最终上升表现为银行功能的演进。因此在银行制度变迁中，其核心在于银行功能结构扩展与银行功能演进。

3.3.2 银行适应性效率与银行功能演进

基于前文中对适应性效率的梳理和理解，我们将银行适应性效率理解为对银行功能结构进行灵活调整的能力，通过这种调整以改进银行制度，进而适应社会经济结构的变迁。因而银行制度的适应性效率外在表现为银行组织结构和运行机制适应性，最终则表现为银行功能的适应性。以往基于金融机构论的视角，将银行制度变迁理解为银行组织结构的变化，但这是一种静态的分析框架，所考虑的时间跨度相对较短。在银行适应性效率视角下，我们主张从银行功能视角去理解银行制度变迁，若现存的银行组织无法适应其所处的制度结构变化，满足不了社会经济发展所需要的金融功能，那么就有必要变革现存的银行制度以实现其功能的扩展，因此这是一种动态的分析思路，所考虑时间跨度上也更为长远。

如我们在第 2 章中所阐述，国有银行制度创设更多的是为了弥补国家财政能力下降，因而首先表现出的是财政替代功能。此后随着经济市场化改革，由于国家效用偏好转移以及市场力量的成长，才逐渐又内生出其本应具备的金融功能①，这是国有银行与西方国家的银行在制度起点上的差异性。因而就中国的国有银行功能而言，其功能具有双重属性，即财政替代功能和金融功能，这两种功能均具有内生性与客观性。这两种功能的强弱、转换、替代或者互补很大程度上通过银行的行为而表现，最终取决于其所存在的制度结构，即政府与市场力量的反复博弈、协调甚至是妥协程度②。

---

① 这些金融功能包括融资功能、支付结算功能、价格功能、流动性转换功能、监督以及风险管理功能等。

② 这里需要注意的是，在不同时期，财政替代功能会表现出不同的形式，而且即使在金融功能内部也会有传统与现代功能等多种形式。本书对银行功能所做出的财政替代功能与金融功能区分遵循的是上文中青木昌彦（2001）所提到的概要表征或信息浓缩方式而表达，其中财政替代功能主要是由政府力量主导，金融功能主要由市场力量主导，并且这两种功能均具有内生性和客观性特征，这在下文中也将会再提及。

我们用 F_b 表示国有银行功能，所具有的两种功能同时内生于中国的银行体系中，而这又主要取决于政府力量 g 和市场力量 m 的对比。那么 $F_b = \delta f(\alpha g, \beta m)$，其中 δ 表示不同时期的意识形态影响因子，α 代表政府的能力系数，β 代表市场的能力系数。基于前文中提到的青木昌彦(2001)对制度的理解，作为一种概要表征方式，银行的财政替代功能更多地取决于政府的效用函数[①]，而其金融功能则主要取决于真实市场的需求。这两种功能谁发挥主导性作用主要取决于政府与市场之间的力量对比。我们分三种情况讨论：

(1)当 $\alpha = 1, \beta = 0$ 时，整个经济社会处于完全由政府控制状态时，所有资源均由政府支配，以银行为代表的金融系统只是政府财政体系中的组成部分，其功能完全表现为财政替代功能，即只有金融之名，却无金融之实，即 $F_b = \delta f(\beta m)$[②]。

(2)当 $\alpha = 0, \beta = 1$ 时，表现为完全的自由市场经济，市场力量起着支配性作用，在没有政府干预的理想假定下，金融与财政能够相互独立，银行内生于市场的需求，故表现的是市场金融功能，即 $F_b = \delta f(\beta m)$。

(3)当 $0 < \alpha, \beta < 1$ 时，银行表现出财政替代和金融双重功能，何种功能发挥主要作用，取决于 αg 与 βm 的大小以及这种变化过程中的意识形态转换因子 δ，当 $\rho > 1$ 时($\rho = \alpha g / \beta m$)，则政府力量强于市场力量，银行更多的是发挥财政替代性功能作用；当 $0 < \rho < 1$ 时，政府力量弱于市场力量，银行功能将表现为以市场金融功能为主。也就是说，在不同的发展阶段，随着两种力量对比的变化，国有银行这两种功能将相互转换，呈现出动态调整性。因此世界上并不存在着单一的最为有效的银行制度，也不应让所有的银行制度都向完全自由市场的理想化的瓦尔拉均衡所靠拢，真实的世界中应当存在着从不同的历史条件发展演化而来的多样化的银行体制。

DGLLS(2003)曾在“新比较经济学”中提到，一个国家究竟选择何种制度更为有效，取决于制度可能性边界(Institutional Possibility Frontier，IPF)。

---

① 对于银行的财政替代功能在前文中已经有所表述，在后文中还将继续阐述，这里暂先不表述。

② 当然，即使是取决于政府，那么在政府内部结构、政府之间博弈、政府能力等因素作用下也会存在差异；下文的市场分析中同样即使取决于市场，那么市场的内部结构也会有所不同，但总体而言，这些只是量的变化，而不再是质的改变。

由于不同国家存在不同的 IPF 形状，因而它们会形成各自独特的有效制度结构，这对为何世界上存在着不同制度安排做出了尝试性回答①。实际上，这种新的解释思路正好与诺思提出的适应性效率理论相符合，即都对新古典经济学中对政府因素有意或无意的忽视以及政府与市场的完全分离分析的做法提出了质疑，政府与市场应同时作为经济组成部分，各自在其中发挥着不同的作用。实际上政府不是外在的或中立的全能机构，而应被视为与经济体系相互作用的内在参与者。基于上述分析，我们通过简单的图形加以刻画与说明。

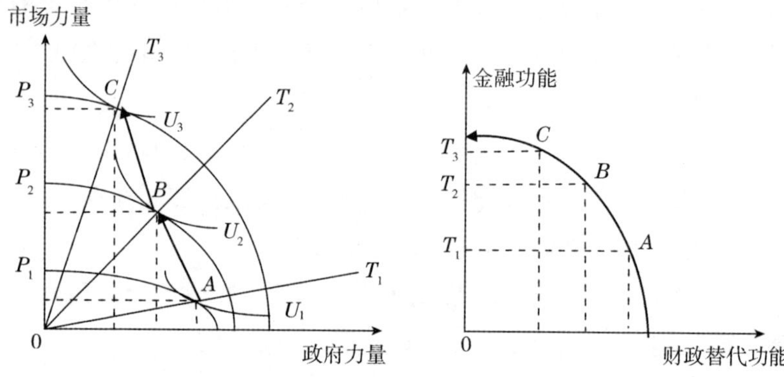

图 3－3　银行适应性效率与银行功能演进

为了更好地说明这一情况，图 3－3 显示了由完全控制经济（或计划经济）向市场经济转型过程中，国有银行功能的内在演进逻辑。其中除了 $\alpha=0$ 或 $\beta=0$ 两种极端假设外，经济发展的大部分时期为 $F_b=\delta f(\alpha g,\beta m)$。图中 P 表示生产可能性边界，U 表示社会效用。

（1）在 T_1 时期，政府力量明显强于市场力量，国有银行主要发挥着财政替代功能，在 A 点时恰好是生产可能性边界与社会效用最大化切点，国有银行为经济增长提供了有力的金融支持。在这时期，若是国有银行过早地承担着市场金融功能，则未必能与所处的制度结构禀赋相耦

① 特别值得注意的是，张杰（2005）曾构建了由私人因素和政府因素所组成的二维分析框架对银行制度的决定理解上做出了开拓性的贡献，认为制度环境和社会合作能力的差异决定了政府因素与私人因素的不同比重，并由此决定了不同类型的市场经济模式，这又进一步对银行制度提出不同的需求。但我们认为社会合作能力将随着经济的发展以及意识观念上的转变而动态调整，也就是说私人因素与政府因素并不是静态的，而是动态的。

合,可能会破坏经济发展,难以对渐进式改革形成有效支持。如 20 世纪 90 年代,在新古典经济学主导下的拉美国家金融改革中,由于其未考虑自身经济发展条件,而急于追求所谓的“先进”市场金融制度,过度市场化导致其金融危机此起彼伏,这些所谓市场化了的金融制度反而成了经济增长的拖累。

(2)随着金融制度支持着经济发展,当经济发展到 T_2 时期时,政府与市场力量发生了变化,政府力量收缩,而市场力量渐长[①],市场力量要求银行制度能够提供更多的金融服务功能,显然若是国有银行还沿着 T_1 时的路径,将难以达到新的生产可能性曲线 P_2 与社会效用曲线 U_2 的契合点。也就是说,国有银行若不能适时调整其功能将可能成为经济进一步发展的制约因素,国有银行功能只有随之进行调整以适应新的经济环境,才能达到新的均衡点 B,社会效用水平实现最大化。如“二战”后,日本曾在主银行制度支持下实现了经济高速增长,但随着日本经济发展到新的阶段,经济格局已经发生变化时,主银行制度却缺乏适应性调整的能力,曾“辉煌一时”的主银行制度逐渐成为经济转型的滞后因素,为后期的经济泡沫埋下了阴影,这同样表现出非适应性效率。

(3)同理,随着经济进一步发展,市场力量已经主导着经济格局时,那么在新的阶段,在政府与市场力量博弈下,在 C 点形成均衡点,国有银行将主要发挥金融功能以适应经济发展需求。因而如图 3 - 3 右图所示,整体而言,中国经济格局将变现为政府力量逐渐收缩,市场力量逐渐扩张总体变迁格局[②]。要实现中国经济的持续性增长,国有银行功能需要由原先财政替代性功能向金融功能演进,即由 A 点逐渐向 C 点演进,以适应这一变化需求,只有如此,伴随这种转型的过程也将是社会生产可能性边界扩大、社会总效用水平提高的过程。可见,正确把握中国国有银行功能演进的内在逻辑,并实现国有银行功能的有效转型将是未来中国经济继续快速发展的关键。只有理解了国有银行功能演进的内在机理,我们才能对国有

---

① 注意,这里提到的政府力量收缩不是指绝对量或静态的,而是一个相对的动态概念,而且政府力量收缩并不意味着其控制能力就必然下降,因为政府将可能转变控制方式。

② 在这一转变的进程中,会出现不同程度的反复甚至是对原有体制的回归现象,但就总体上相对于制度变迁发生的初始点而言,我们认为这种向市场化方向演变格局仍表现得较为明显,仍将是未来发展的趋势。

银行制度变迁及在这一过程中所表现出的绩效做出“心平气和”的真正理性评判。

既然银行的适应性效率表现为银行功能灵活性调整，而要保持这样的适应性效率，首先应当注重国有银行功能所依赖的制度结构中政府与市场力量的互补和衔接，两者的耦合程度将最终为银行适应性效率负责。因为政治和经济市场的演化结构是解释经济绩效的关键，因而也就要求政治和经济体能够在面临普遍的不确定性时具有一定的协调与沟通能力，为不断的试错创造条件，对已无法解决新问题的制度做出及时性的调整（诺思，2005）。其中政府力量在本书主要理解为政府结构，具体包括国家效用偏好（目标）、国家能力尤其是财政能力以及各级政府间的相互博弈等；市场力量主要理解为市场结构，具体包括非国有或民间经济的规模、组织化程度、银行结构（银行资产结构、银行资本结构、银行负债结构）、金融结构（金融中介与金融市场）和经济结构（产业结构、企业所有制结构）等，这些因素共同决定了中国国有银行功能内在演进。这其中，利益集团的压力意味着政府应当有所作为，予以干预和破除；银行组织的多样性更多地需要依赖于市场的力量去推动，需要政府的容忍和支持。

其次要保持银行适应性效率，根据前文所提出的有效途径在于通过试错性试验，则应让不同类型的银行组织去试错（而不是政府自身去试错），在市场试错中不断学习，在这种异质性的竞争中通过学习效应保持银行制度的活力。事实上，中国经济增长与发展所依赖的并不在于制度有多完善，而是在于制度的多元化和制度的开放性，正是这种开放性和包容性制度结构有力地支持了渐进式改革（张军，2001）。需要强调的是，国有银行适应性效率形成的过程也将是政治银行家向银行企业家转变的过程，在银行功能灵活调整和试错过程中，银行企业家充当着关键人角色，银行企业家的才能、市场学习能力和创新精神将在银行组织试错过程中发挥至关重要的作用。在未来国有银行功能的演进中，政府—市场力量的耦合度、制度多样性和银行企业家成长共同决定了国有银行制度变迁中适应性效率的形成（如图 3 –4 所示）。

就中国国有银行功能演进而言，改革开放是由计划向市场的渐进式转型，这其中充斥着政府与市场力量的反复博弈，这也决定着国有银行同时具

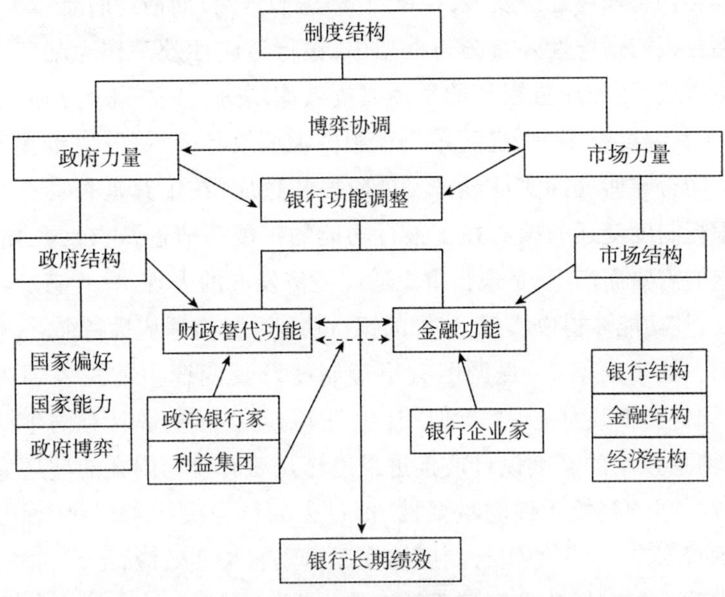

图3－4 适应性效率框架下的国有银行制度变迁逻辑

有双重功能属性，与西方国家完全自由式的银行制度有着很大的区别。只要国家对国有银行承担社会责任的需求依然存在，那么就有其发挥财政性替代功能的社会基础，因而其市场化与否并不在于政府有多大的意志和决心，而是取决于外在的政府与市场力量的客观变化，关键还在于市场力量的成长速度，这也决定了这种转变将是一个渐进式过程，让其"一夜之间"完全市场化并不一定就能支持中国经济的增长。

不论银行的功能表现为财政替代属性还是金融属性，从根本上而言在于其是否能促进经济的长期发展，也就是说，银行功能的实现最终是要为经济发展服务，在不同时期，需要不同功能的银行作为支持，以适应经济不同阶段的发展需要。在银行适应性效率看来，我们不能先入为主地认为国有银行的财政性替代功能下的效率就一定劣于金融功能下的效率，或者说财政性替代功能效率就一定优于金融功能效率，而是应当取决于其所处的制度条件。若出现银行功能的错配将会导致经济发展停滞，银行财政替代功能过度使用将致使经济模式转变更加困难，银行甚至成为经济进一步发展的"滞后因素"；同样，银行金融功能的泛滥，金融工具的肆意创新，即过度市场化同样会伤害实体经济发展，导致经济“虚假繁荣”而最终崩溃[①]。

因而在银行适应性效率分析框架中，银行适应性效率作为制度效率的一种衡量方式，更加注重银行的整体制度效率增进。一种银行制度是否有效，不在于其制度有多“先进”，单个组织微观绩效有多“好”，关键在于该制度整体上能否与所处的实体经济发展阶段相适应，在于其是否具有适应性能力。银行制度变迁的核心在于银行功能的扩展与演进，银行的功能又因经济发展的需要而产生，是银行组织适应经济发展的表现，只有满足经济发展的需要，其功能才得以实现，这样的银行功能才具有适应性特征。

我们在这个框架中，强调国有银行制度及其变迁中首先表现为内生性，在中国银行制度变迁中，看似“外生”的制度实际上都具有内生演变的逻辑，即使是强制的制度设计或推进最终还是要转变为内在的演进才得以实施；其次，强调初始条件的重要性，即过去的行为决定着现状，现今的行为将预示着未来，原先的银行制度演变逻辑具有长期效应；最后，银行制度的变迁中政府与市场都发挥着重要角色，偏离一方，单纯地依靠政府或市场都将难以取得令人满意的效果。正如青木昌彦(1996)所提，政府应被视为与经济体系相互作用的内在参与者，它代表着一整套的协调连贯的机制，而不是一个附着于经济体系之上、负责解决协调失灵问题而外在的、中立的全能机构。相互依存的制度共同组织成作为一个系统，具有历史的路径依赖性，无视制度的互补性而随意变更政策绝非好事，而且也难以持久。

3.4 银行适应性效率视角下的国有银行改革思路再分析

3.4.1 再论两种改革思路的关系

第2章中所提到的市场竞争与产权改革之间的争议是经济体制改革中增量改革与存量调整之间争论在金融体制上的延续。应该说这两种观点都

① 21世纪之初的这场金融危机，实际上就表现了金融工具的过度泛滥，层出不穷的金融衍生产品失去了其本应有的功能属性，与实体经济发展需要相去甚远，所谓的“金融创新、风险套期保值”早已变质为少数金融机构套利、牟取巨额利润的口实，而他们并没有承担本应有的责任，却是将这些“风险”打包出售或转让，让其他投资者为其买单。

对中国国有银行2002年以来的改革产生了重要影响，从事后选择的改革路径而言，对国有银行以及中国银行业改革基本上选择了以产权改革为突破口的改革方式[①]。但是这并不意味着两种观点对改革者的影响就此终结，对此进行进一步分析对于未来国有银行甚至整个银行业改革而言仍具有重要意义。

我们知道基于SCP分析范式的市场竞争论，认为银行业的垄断会导致银行之间的共谋行为，通过这种共谋行为获得垄断利润。但是市场的集中度与银行利润之间并没有必然的正相关关系，如Edward(1977)，Hannan(1979)，Smirlock和Marshall(1983)，Berger和Hannan(1998)等，对美国银行业的一系列实证研究的结论表明银行之间的竞争加强会提高银行效率，即银行的集中度与银行绩效呈反比关系。更为重要的是，这种理论并不完全符合中国的实际情况。在很长一段时间特别是股份制改革之前国有银行的垄断并不是真正意义上的市场垄断，而是在当时国家经济发展战略需要下政府干预而形成的，可以说其只是具有垄断的“形式”，但是其“实质”却相差甚远，这从国有银行长期以来的经营绩效低下的表现及其原因即可看出。因此与其说是市场垄断，倒不如用行政垄断表述更为贴切，而且是一种被动式垄断，没有太多的经济实质。既然是行政式垄断，那就很难说其行为是市场行为，银行功能也很大程度上是为了实现政府意图，而不是取决于市场需求。既然如此，其经营的绩效自然无法与仅具有市场行为的金融机构相提并论。因此从中国的现实出发，就可以发现中国国有银行的“形式垄断”与经营能力如此之“弱”形成鲜明反差，这决定了中国国有银行并不是简单地等同于国外银行的市场结构问题，而是需要我们做更深层次的思考。

对于产权结构论，应当说其在理论上具有一定的完美性，对私有产权的保护也正是西方国家兴起的重要因素(诺思，1981)。产权是重要的，理论上通过私有化即可解决所有问题，但大量的实践结果却并不令人满意，因此关键在于产权如何做到事实上的重要，即我们更关心的是产权的形成过程，产权有效需要具备怎样的条件。否则只是简单的私有化，不考虑内在的演变逻辑，可能难以真正解决问题。特别是我们发现在不同国家的不同发展时

① 当然这不能说市场竞争论就没有影响，尽管这期间以国有银行为主导的改革选择了产权改革方式，但在局部范围内仍看到各种新型股份制银行如浙商银行、渤海银行以及各种村镇银行等成立，这也在一定程度上促进了银行业的竞争。

期，产权的效果并不一致，不论是在发达国家还是在发展中国家都在不同程度上存在国有银行绩效与其他类型银行相提并论的现象。

正是如此，产权私有化是提升国有企业竞争力的唯一路径受到了超产权论（Beyond Property - right Argument）挑战和冲击。超产权论对传统产权理论进行了扩展，把竞争作为激励的一个基本因素，认为产权的激励效果需要在市场竞争的条件下得以实现。虽然在短期内产权变更对于绩效提升具有积极意义，但是若没有引入与市场竞争相适应的合适的治理机制，那么企业的绩效一样是低下的。如 Martin 和 Parker（1997）对英国企业私有化后的绩效分析发现在垄断市场上，企业私有化后效益改善并不明显，只有在竞争比较充分的市场上，企业私有化的平均效益才有显著提高。可见产权论仅是阐述产权与企业效益之间的关系，但超产权论在这一理论的基础上发展了竞争激励、治理机制与绩效之间的关系。尽管在短期中，由于市场竞争尚未达到均衡，企业之间效益可能受产权归属等因素影响，但这种差异最终将被竞争所消除。超产权论所强调的竞争激励和治理机制，在实证方面获得了比产权论更多的支持，既能解释私有企业的成功，也能对国有企业的成功做出解释（刘芍佳、李骥，1998）。这一点在上一章中的一系列文献中也得到了支持①。可见产权发挥作用受其他要素约束，若认为通过简单的产权变更即可解决所有问题，那只能是我们在理论上过于"天真"，现实世界的缺憾将与理论上的"完美"相去甚远。这在某种程度上也决定了我们对于国有银行改革及其制度变迁的认识，不可能是单一视角，而是一种整体演进的思路。

若再换个角度，我们从中国银行业的现实出发考虑两者之间的关系。一方面国有银行保持高度垄断性，另一方面又是产权形式的单一性，即这种形式上垄断格局与产权的单一性保持高度一致。在政府干预下的产权高度同质性很容易产生虚假性竞争，正如谢平（2002）研究认为，四大国有银行同属于一个"父亲"，它们之间的"兄弟式竞争"的结果不在于价格和利润上，而是在于谁讨好"父亲"，产权同质会产生严重的负面效应。但若仅对国有银行产权结构调整，只是改变其内部激励，在缺乏相应竞争条件下，市场配置

① 如 Tittenbrun（1996）在对 85 篇关于产权和经济效益相关分析的文献研究，郎咸平（2003）、Bonin（2005）等的比较经验研究。

资源的机制仍难以得到改善，因为这只是由原先的行政式垄断转变为市场垄断。产权结构的调整在短期内有助于控制银行管理费用，提升银行的管理水平，提高银行绩效，但若缺乏一个相对充分竞争机制的市场环境，从长期看产权改革的效应将会逐渐递减①。所以尽管国有银行的产权结构重组可以独立进行，但最终还是要市场来选择最优的金融产权结构，而不是由金融产权结构去选择市场（张杰，1998）。市场竞争将提高银行发展的外在驱动力，市场竞争的结果将选择具有比较优势的产权结构，产权改革最终是否成功，还是取决于环境的竞争是否充分。丁志杰等（2002）在对韩国、泰国等东南亚国家，墨西哥、阿根廷等拉美国家以及英、德等发达国家的银行效率比较后也发现一个有意思的现象，即在经济发展相对落后地区，国有银行经营效率低得多，但在市场经济发达国家，国有银行与私人银行的效率却相差不大。可见，产权的作用与市场竞争环境密切相关。

从银行适应性效率理论框架而言，市场结构论与产权论实际上是一个硬币的两面。市场竞争论强调改革应该从外部环境入手，希望通过非国有银行的竞争效应来促使国有银行效率的提高，着眼于改进市场整体资源配置效率；而产权论者则认为银行改革应该从改善国有银行内部经营效率开始，通过公司内部治理结构的完善来推动国有银行的改革。事实上，在国有银行改革中仅满足于对市场结构或产权结构单方面调整，都难以取得预期效果。显然，两者关系不是静态或单一的，而是互动、相互促进的，两者应该统一而不是割裂。产权结构调整进行到一定程度会产生对市场结构调整的内在需求，通过市场结构的变动又会进一步要求原先的产权结构安排再次调整，以适应市场环境的变化。可见，最优的产权制度安排不是事先就能确定，而是需要在市场竞争中不断调整才得以实现，产权结构安排应与市场竞争环境动态相互适应。正如我们前文中的银行适应性效率中所强调的那样，由于制度耦合和制度互补，一项制度功能的有效发挥需要整体制度系统性的变化和互补性制度的同时变化和配合。

3.4.2 初始条件的重要性

进一步讲，国内关于国有银行改革思路的讨论中，无论是市场竞争理论

① 姚树洁等（2011）的实证研究证实了这种可能性的存在。

还是产权结构理论大多以西方国家的银行结构或产权结构作为制度样本，都似乎有意或无意地认为只有取得与西方国家一样的银行制度结构才是完美的。诚然，我们应当承认西方国家在银行制度安排、银行运行机制以及银行理念上的先进性，但问题是在决定引用其制度时，我们应先弄清楚我们的现有制度是如何而来，其内在演变逻辑又是什么，在我们的银行制度变迁背后有哪些因素起着主导性作用，其与西方国家又有何不同。若忽视了这些因素，我们所获得的“先进银行制度”也只是看上去很“完美”，但却不适用。这样的讨论之后所形成的制度安排则很可能出现“橘生淮南则为橘，生于淮北则为枳”的尴尬局面。

正如诺思（1994）所言“历史是至关重要的，人们过去做出的选择决定其现在可能的选择。要理解经济绩效随时间变化而呈现的差异，就应当了解过去经济的演变”。也正是在发展中国家的银行改革实践与理论的不一致性引起了许多经济学家的反思。私有化与银行效率到底是怎样的关系，要实现私有化的预期效果需要什么样的条件，因此部分学者开始考虑初始条件和其他制度条件对银行改革的重要性。如 Havrylyshyn 等（1998）强调了初始条件对银行转型的重要意义；Boehmer 等（2005）认识到政治因素会影响发展中国家私有化的效果。国内也有少部分学者在研究中也强调了国有银行制度变迁中初始条件的重要性（张杰，1998、2004；陆磊、李世宏，2004；殷小斌，2008）。

3.4.3 政府因素：一个被主流长期忽视的因素

菲吕博腾和佩杰威齐（1972）曾指出缺乏政府理论的产权理论是不完整的。诺思（1990）也强调就理论而言，理解制度结构的两个主要基石是国家理论和产权理论，而国家界定产权，因而国家理论是根本性的，国家对造成经济增长、停滞和衰退的产权效率负最终责任。特别是在中国，一直以来存在着国家主权就是最高产权的长期意识形态（王家范，1999；杜恂城，2004）。正如张杰等（2004、2005、2007）的一系列研究中所强调的目前基于新古典经济学框架下的主流经济学范式并不能合理处理政府因素，并将政府因素作为对立面排除在市场之外，这种人为割裂政府与市场关系的方式对经济学的长期发展和解释力的拓展所产生的影响不容忽视，这使得该理论对解释政府因素发挥更大作用的地区的解释力方面显得有些力不从心。事实上，简单的市场化或政府退出未必能将中国的金融体系带入稳健且有效率的境界中，银行适应性效率理论对政府因素的强调能够扩宽和丰富我们理解国有银行制度选择问题的“维度”与空间。

从国际范围上看，国有银行并不是中国个案，在全世界是一个普遍现象，只不过是轻重程度的不同。La Porta 等(2002)通过对 92 个国家的研究发现，政府对银行拥有产权在全世界是一个十分普遍的现象，特别是对于那些投资者保护差的国家而言更是如此。如 1995 年平均每个国家前 10 家银行的 42% 产权仍为政府所有。Barth 等(2000)研究表明，在 1999 年有 1/4 的发展中国家政府控制了银行总资产 30% 以上，国有银行在发展中国家扮演着十分重要的角色，尽管这种现象在发达国家很少见。概而言之，许多研究得出的结论是发展中国家政府对银行的产权比重较高，发达国家政府对银行产权比重较低这样的经济现象。但遗憾的是，他们的结论似乎把现象与原因混淆了，把发展中国家政府持有银行的现象认为是这些国家落后的原因，但并没有去回答这种现象背后的逻辑，显然这样的结论有失偏颇。

实际上，在发达国家也曾出现国有银行比例高的现象。如“二战”后，法国、意大利等国就对包括金融业在内的一些重要行业实行了国有化(见表 3-1)，只是到了 20 世纪 80 年代后期随着经济自由主义再次兴起，在欧洲才又出现国有银行私有化浪潮①。

表 3-1 1988 年欧洲银行业所有权结构比重

国家	中央或地方政府(%)	私有(%)	互助(%)	外国(%)
法国	42.2	24.2	20.2	13.5
德国	49.5	32.0	16.7	1.8
意大利	67.9	12.3	16.8	3.0
葡萄牙	87.1	6.8	1.9	4.2

资料来源：Phillip Molyneux(1996), Efficiency in European Banking, John Wiley and Sons, Inc., New York.

已有的转轨经济研究表明，任何制度转轨都是一个十分复杂的过程。

① Che(2003)认为当市场失灵的时候，就不可避免地出现政府所有权控制超过私人所有权，而经济发展到一定程度，市场成熟时，政府的治理水平也会相应提高，那么私有化又成为一种潮流。

它既与制度转轨的初始条件相关，也存在着制度变迁的路径依赖，并且也与制度转轨的外部因素如政治因素密切相关。如 Haber（2001）对美国和墨西哥的银行系统作对比研究后发现，虽然从最初开始两者就外在形式而言相差无几，但墨西哥政治结构与美国政治结构的迥然差异，结果使得墨西哥的银行制度走上了一条逆向发展之路。可见，即使初始条件一样，但内在政治制度的不同，也会使银行制度演进结果相差甚远（易宪容，2008）。政府因素在国有银行制度变迁中有着重要意义，恰当的理解并界定银行权利与政府权力之间的差异是国有银行改革的重要环节。因而无论是从外部的市场结构调整还是内在的产权结构变动着手改革，都要服从于国有银行制度变迁的内在需要，最终目的应统一到银行功能实现转变。国有银行制度变迁中最核心之处在于银行功能的转变，即要从原先的财政替代性功能转为金融服务功能，而这种转变又依赖于国有银行改革的初始条件变化、国家整体经济发展的需要以及各种制衡力量的博弈与妥协。在一个制度选择中，制度结构决定着制度选择集合与空间，中国经济体制也决定了中国国有银行制度的选择集合和空间（姜烨，2007）。

对此，我们应当认识到与西方国家银行发展轨迹不同，我国国有银行变迁路径并不是依赖市场力量自发推动的，而更多的是表现为政府主导型下的强制性变迁。中国国有银行效率的提高除了市场机制发生作用外，更重要的是依赖政府对银行功能的认识和判断的调整。因而在银行适应性效率框架中分析国有银行制度演进过程，改革初期初始条件和政府因素在其中扮演着重要角色。而且在国有银行制度变迁中不论是市场竞争还是产权结构激励，都首先表现为政府力量的推动，各种内外部制衡力量特别是政府因素和市场力量对比的变化是我们深刻了解国有银行制度变迁的关键所在（如图 3－5 所示）。

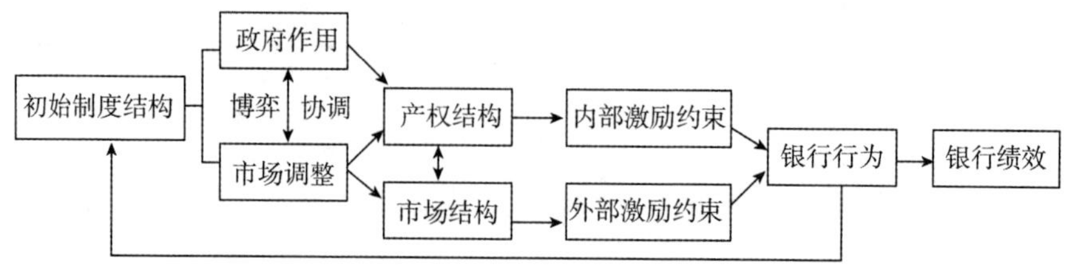

图 3－5　初始制度结构—银行行为—银行绩效

3.5 本章小结

本章在诺思提出的适应性效率理论基础上，初步构建一个银行适应性效率的理论分析框架。并在制度结构—银行功能演进—银行长期绩效的框架下，指出银行制度变迁核心在于其功能的演进与扩展，银行制度的适应性效率外在表现为银行结构和运行机制适应性，最终则表现为银行功能适应性。对于国有银行的财政替代功能和金融功能双重属性，不能先验地认为国有银行的财政性替代功能下的绩效就一定劣于或者优于金融功能下的绩效，从根本上而言要看其能否促进经济的长期发展。在不同时期，需要银行发挥不同的功能作为金融支持，以适应不同发展阶段的需求，这两种功能的强弱、转换、替代或者互补最终取决于其所存在的制度结构，即政府与市场力量的反复博弈、协调甚至是妥协程度。制度结构中政府—市场力量之间的耦合度和协调性将是解释国有银行制度演变的关键。

在这个框架中，我们首先强调了国有银行制度及其变迁中的内生性，一些看似外生的制度安排实际上都具有其内生演变的逻辑；其次强调初始条件的重要性，忽视了初始条件的制度安排，很可能出现“橘生淮南则为橘，生于淮北则为枳”的尴尬局面；最后国有银行制度的变迁中政府与市场都发挥着重要角色，偏离一方，单纯地依靠政府或市场都将难以取得令人满意的效果。

在银行适应性效率看来，市场竞争论与产权论实质上是一个硬币的两面，应该统一而不是割裂地看待两者关系，即产权结构安排应与市场竞争环境动态相互适应。更为重要的是与西方国家私有化、自由化、市场化的经济基础有着本质的不同，中国的市场经济制度尚未最终完成，即使完成也未必就是“盎格鲁—撒克逊”式的英美经济制度。对此，我们认为在对国有银行改革讨论时不应忽视初始制度条件，特别是在中国现实背景下政府因素在推动产权结构或市场结构改革中所起的重要作用。因而银行适应性效率框架中，改革初始制度条件和政府因素都在国有银行制度演进的过程中扮演着重要角色。银行制度市场化并不是政府简单的“一退了之”，而是取决于各种制衡力量特别是政府因素和市场力量相互协调性与妥协性，这需要我们在理解国有银行制度变迁及其功能演进过程中坚持整体渐进演变的思路。

第4章　二重结构、政府介入与中国国有银行功能财政化

根据前文所提出的适应性效率分析框架，我们认为中国金融制度演进包括国有银行制度变迁应当坚持整体和长期的分析视角，其中的初始制度条件特别是政府因素是我们理解整个金融制度变迁的逻辑起点。正是基于此，本章将以中国社会特有的“二重结构”现象为切入点，并运用诺思的国家理论和意识形态理论，试图挖掘出国有银行强制性制度变迁路径选择的深层次原因。在这一基础上，通过国家效用函数刻画进一步分析了国有银行功能财政化的内在逻辑和具体表现。

4.1 二重结构下的中国金融制度强制性变迁路径选择分析

4.1.1 国有银行制度变迁的特征：渐进式、滞后性与强制性

与中国经济体制改革相似，中国银行业制度变迁也经历了由设立股份制银行的增量改革到国有银行产权结构调整的存量改革历程，整个银行制度都表现出了渐进性变迁特征。就国有银行而言，从国有银行专业化到国有银行商业化再到国有银行股份制改革，这些也与我国整体经济体制改革具有相同的特征，即渐进性。

在这种渐进式改革的路径下，根据改革的秩序不同，国有银行制度改革又呈现出政府主导下的“滞后性”特征。国有银行因负有支持国有企业改革的战略性任务而承担着一定的政策性负担，在其他部门市场化改革的进程中，国有银行成为其改革成本的分担者。正是这种制度变迁成本分担使得

中国经济体制改革中金融部门与其他部门制度变迁相比呈现出非均衡性，远远落后于整体经济体制市场化改革（王曙光，2003）。若对国有银行制度变迁中所呈现出的渐进性和滞后性因素再进行探究，则可以发现支持这种特征的背后因素正是国家的强大控制力。国有银行制度演变的关键在于政府在集中金融资源、控制金融风险和引进市场竞争因素之间的动态权衡（姜烨，2007）。正是由于政府主导下的强制性制度变迁方式才导致我们看到国有银行制度变迁中所表现出的渐进性与滞后性。

自改革开放以来中国的经济制度变迁一直遵循的是一种互动演化的路径（周业安，2000），即由民间首先自动发起，然后得到国家默许，再经过试点与推广，一直保持“良好的上下互动关系”。但与此形成鲜明对比的是在中国金融制度变迁过程中绝大部分时间却是政府强制推行的①，突出地显示了“国家”的色彩。那么我们不禁要再往下问一步，为何中国金融制度选择的是政府主导下的强制性变迁路径，而不是选择自下而上的诱致性变迁路径或其他。中国金融制度变迁中国家色彩如此浓重的背后逻辑是什么，即中国金融制度变迁的路径选择结果为何是政府主导型的强制性变迁这一方式，显然要深刻了解中国国有银行制度变迁的后来表现，则我们有必要在这之前先对这种表现背后的逻辑予以分析。目前主流经济学中所刻画的金融中介一般产生于节约市场交易成本和解决信息不对称所带来的问题，即内生于市场经济发展中，但是我们应该清楚该理论是以西方市场经济体制模式为前提条件。与其相比，出于政府之手而安排产生的中国国有银行制度显得有点“异类”，按照已有的理论似乎都难以将其归为标准的银行之列。但就是这样的银行制度却在中国改革开放 30 多年中焕发出一种生命力，并对中国经济的高速增长起到了重要支持作用。事实上任何一项制度安排都不是孤立的，它总是与其所处的周边环境有着千丝万缕的联系，对于这样看似“非标准”化银行，尽管看似其外生于市场，但其却是真实地内生于中国特有的制度结构中，它是一种内生于中国政治—经济的制度结构中的巧妙制度安排。

① 在这期间农村合作基金会曾经历过民间自发、政府认可的过程，但最终还是由于当地政府强干预导致其衰弱、被清理整顿。

4.1.2 二重结构社会：一个简要性描述[①]

作为封建主义瓦解的产物，西欧国家是领主与平民们自下而上更为经济的产权保护需求内生出来的，但中国长期社会变迁却是国家从一开始就介入了封建主义，国家是封建主义制度安排的提供者与创设者（张杰，1998），是社会经济结构变迁中最强有力的推动者。当国家富有权威性时，政令畅通，整个社会运转效率也较高，经济呈现复兴景象；当国家的控制能力削弱时，则许多政策开始失效，社会动荡不安，这表现出了明显的周期性特征（张杰，1998）。但中国社会又是一个“非无贫富，贵贱之差，但升沉不定，流转不通，对立之势不成，斯不谓之阶级社会”（梁漱溟，1937）[②]，因此中国社会并不像西欧那样是阶层或集体的集合，而是一个分散的个人集合。在这种情况下，社会的流动性和零散性是中国社会的一大特征。

那么，强有力的国家又是如何把社会分散的民众集中起来的呢？中国社会靠的不是法律，而是传统的意识形态[③]。中国社会的运行主要依靠血缘的亲属关系纽带来进行有效的控制，其次才是所谓的法律准则。社会意识形态作为一种节约机制及经济体制运行的稳定要素，是任何社会所必需的。但是在这里，意识形态则主要起的是减少国家控制费用的作用。传统的意识形态经过董仲舒“罢黜百家，独尊儒术”，再到《唐律》的颁布，是法律儒家化的完成阶段，经过这一系列的过程，使自然法（礼）与实在法（法）统一起来，在漫长的二重结构社会中，逐渐形成了礼法合一的儒家意识形态[④]。其主要包含了以下几个特点（王蓉、岳玉珠，2005）：其一是强调政府绝对权威性，政治意识形态与百姓文化价值观念高度同构；其二是治理社会的核心机制是政府对百姓守礼的教化，但缺乏对“治人者”的约束力；其三是强调“克己复礼”文化的同时，也强调“礼有经亦有权”的思想，即“权变”思维。于是

---

① 本书对二重结构社会的理解基本采用了张杰对中国经济史解读的观点，更为详细的解读可参见《二重结构与制度演进》，载《社会科学战线》，1998 年第 6 期。

② 转引自张杰：《二重结构与制度演进》，载《社会科学战线》，1998 年第 6 期。

③ 需要注意的是，这里所指的传统意识形态包括后文中的儒家意识形态是整个中国古代社会意识形态的抽象总代称，而不是仅指一家思想。

④ 这样的儒家意识形态并不是真正意义上的儒家思想，而是一种“外儒内法”，但是无论怎样，我们无法否认这样的思想意识对我们社会变迁产生了十分重要的影响。

整个社会调整机制由这种意识形态来执行,这样儒家的意识形态成了国家控制能力最重要的补充形式。

因此,通过前面的分析可以发现,中国社会的制度结构实际上是一种特殊的"二重结构",即上层结构发达而又富有控制力,下层结构流动性强且又分散,上下两层结构之间却缺乏严密、有效且富于协调功能的中间结构(张杰,1998)。因而在这样的二重结构中,面对强大的国家控制力,产权形式显得分散而又虚弱,产权由国家界定,并内嵌于国家的能力之中。这样在中国的金融改革和制度变迁过程中,国家不仅是最重要的主体,而且国家的选择始终影响到下层结构的成本和收益预期,这进一步影响到制度变迁的形态和过程(林波,2000);另外却又是散乱的下层民众,这样上层对社会结构的调整主要通过儒家的意识形态,而不是通过法律。因此意识形态在中国的金融制度变迁过程中也同样有着不可忽视的作用。国家控制能力与意识形态是我们理解中国这种特有的二重结构社会的两大基石。

4.1.3 国家能力、意识形态与强制性变迁的路径选择

强制性制度变迁即由政府命令和法律引入和实行。显然在这种变迁中国家会利用自身所具有的垄断性的暴力潜能来执行,它表现为一种自上而下的过程。正如诺思(1981)认为的那样,理解制度结构的两个主要基石是国家理论和产权理论,由于产权是由国家界定,所以国家理论是根本性的。尤其在我们这种特殊的二重结构社会中,经济增长绩效和资源配置效率更多的是取决于国家的能力与偏好(张杰,1998)。因此国家能力是我们考察金融制度变迁路径选择的一个基础性因素。

(1)国家能力及其扩展分析

诺思(1981)认为,在任何关于长期变迁的分析中,国家模型都将占据重要的一席,并就此提出了一个简单的国家模型,包括三个基本特征:一是国家为获取收入,以一组服务(即保护)与公正作交换;二是国家试图像一个带有歧视性的垄断者那样活动,为使国家的收入最大化;三是由于存在着能提供同样服务的潜在竞争对手,国家受制于其选民的机会成本。诺思的国家模型为我们很好地刻画了以国家能力为主导的强制性制度变迁的情形,但是中国金融制度变迁的要害首先不在于国家效用函数的内涵,而

在于其实现效用函数的环境与条件(张杰,1998)。因此,我们有必要在已有研究的基础上,对其外延进行一定的拓展,即对这种强制性制度变迁得以实现的条件展开分析。我们认为强制性金融制度变迁得以实现的条件有:

首先,作为推行强制性金融制度变迁的主体即国家有充分的实力。诺思(1981)认为国家的"暴力潜能"分配理论是解释国家是基于契约论还是基于掠夺或剥削论而存在的重要变量。在二重结构社会中,我们的上层组织本身就严密并富有很强的控制力,长期以来,社会的稳定与经济增长在很大程度上就依赖于国家的权威性、开明等(张杰,1998)。因此,国家本身就具有一贯的权威性①与一种自然的强大控制力。

同时,在改革开放之初国家不仅具有权威性,而且本身就具有强大的供给控制能力。早在1956年国有工业产值就已占工业总产值的67.5%,公私合营企业产值占32.5%,原有的私人产权形式就已经消失了,②而且在随后的一段时间这种趋势在不断加强,可以说改革开放时国民生产总值基本上都以国有形式存在,在1978年的储蓄结构中政府和企业储蓄之和占85%,而居民储蓄只占14.9%。③ 因此,以公有产权性质为主要存在形式的国民财富为强制性金融制度变迁路径的选择提供了坚实的物质基础,它减少了这种路径选择的阻力与成本。

其次,推动这种变迁方式的主体行为与诱致性变迁相比更具有技术上的可行性。在个人产权不明晰的情况下,会存在新收入流的分割问题,但这对于推动强制性变迁的主体国家而言,由于公有产权的明确,对于新产生的收入流可以采取集中分配、转移的方式,因此在这个公有产权主体内部并不存在明显的收入流的分割问题。同时一项新的制度安排会带来相应的规模经济和外部收益,对于单个个体而言,"搭便车"问题的存在使得这种收益的全部内部化难以做到。但对于作为社会最大集团部门的国家来说,其作为整个社会资源强有力的控制者,可以通过制定强制性规则、税收等手段,以

① 这种权威性的形成在一定程度上也反映了长期以来意识形态作用的结果,我们将在下文进行集中阐述。

② 薛暮桥:《中国社会主义经济问题研究》,第38页,人民出版社,1979年版。转引自张杰:《中国金融制度的结构与变迁》,第36-37页。

③ 陈玉光:《储蓄主体、投资主体和金融中介》,《经济研究参考》,1996年第96期。

保证推动这种制度变迁所带来的收益在这个集团内部进行转移和支配,从而在解决“搭便车”问题上更具有优势。①

最后,国家作为一个理性人存在,其对一种制度实施强制性变迁也必然要求有获利机会的存在,即要有相应的租金获得,只有当强制性变迁的预期收益高于预期成本时,这种变迁方式才得以推行。而金融制度的强制性变迁显然可以满足这一条件。据张杰(1998)估算,从1979年开始的国家控制金融净收益为136.16亿元,从1979年一直到1991年国家控制金融获得的总净收益高达6939.59亿元。而且这些只是控制金融带来的直接收益,同时还有对国有企业的各种暗补,使得国企可以继续生存所带来的就业稳定,国企税收以及各种非货币性收益如政府权威的塑造、社会声誉、国家形象等其他间接性收益。

此外,由个人引发的诱致性变迁必然会存在不断磨合、沟通、博弈的过程,它需要较长的时间才能出现效果。但是在改革之初,社会经济处于极弱状态,民众存在着急于摆脱现状的迫切心理,可以说这种耐心等待的成本太高,而国家推动的强制性制度变迁正好可以满足社会要求见效快的需求。因而政府进行的制度创新也可能是个体社会成员中内部规则选择的结果(周业安,2000),外在的社会压力成为加快强制性变迁路径选择的重要因素。因此就国家能力而言,制度变迁能否实现主要在于推动这种制度变迁的主体的能力、获利行为在技术上的可行性以及这种获利程度的大小,显然在当时背景下这些条件诱致性金融制度变迁并不具备。②

(2)意识形态:另一个基础性因素

以上从制度变迁主体所具有的实力、在行为技术上的可行性以及获利机会存在等方面分析了国家推行强制性变迁路径选择的可行性。但这也仅仅只能说明存在着这种变迁模式的可能,并不意味着这种变迁会必然发生。事实上,国家能力只是强制性变迁路径选择的必要条件。而二重结构社会中的另一个重要基石意识形态,则是促成这种路径选择的另一个基础性因素。国家能力与意识形态的有效结合,共同构成了中国金融制度变迁中选

① 这里的优势在一定程度上也有意识形态作用的成分。

② 诱致性变迁即指现行制度安排的变革或替代,或者是新制度安排的创造,它由个人或一群(个)人在相应获利机会时自发倡导、组织和实行(林毅夫,1989)。也就是说,它是由个人的自发逐利行为引起的,更多地表现为一种自下而上的过程。

择强制性变迁路径的充要条件。

张杰(1998)曾强调过以儒家为代表的意识形态在中国这种二重结构社会中作为一种社会调节机制的重要性,然而在分析中国金融制度变迁时却忽略了这一关键性变量。后来的研究者如林波等(2000)在分析中虽然也提过意识形态的作用,但大多只是简略说明或一笔带过。然而正如我们在上一章适应性效率框架中所强调的,信念和意识形态作为一种非正式规则是我们理解国有银行制度变迁的一个重要因素。如果没有一种明确的意识形态理论或知识社会学理论,那么我们在说明无论是资源的现代配置还是历史变迁的能力上都存在着无数的困境(诺思,1981),因此我们有必要对该因素及其作用机制展开分析。

诺思(1981)认为意识形态是由相互关联的、包罗万象的世界观构成。在意识形态中应强调以下三个方面:一是意识形态是一种节约机制,通过它人们认识了他们所处的环境,形成一种"世界观",从而使决策过程简单明确;二是意识形态会与个人在观察世界时对公正所持的道德、伦理评价相互交织在一起;三是当人们的经验与其思想不相符时,他们会改变其意识观点,试图去发展一套更"适合"其经验的新的理性。①

在前文中分析的儒家意识形态特征恰好符合了诺思所说的一个成功的意识形态所应具有的条件,即它首先必须解释现存产权结构和交换条件的合理性。儒家的意识形态中强调政府绝对权威性,其所倡导的整体意识容易转化为一种国家发展主义,从而使中央集权和政府直接管制经济具有合理性,这也意味着国家理所当然地应具有超强的控制能力。因此改革开放以来建立和推行的也只能是以国家信用为基础的国有金融制度,也正是在这样的逻辑下,储蓄者之所以不怀疑存单的足值变现能力,并不是因为国有银行自身的信誉,而是对隐藏在其背后的国家信誉充满信心。其次,儒家这种权变思维意味着它是灵活的,可以根据需要做出调整,使得它既能得到旧的利益团体拥护又能为新团体所接受。正因如此,中国金融制度的改革在保持国家继续控制金融的同时又适当地推进了市场化。最后,这种对百姓守礼的长期教化机制,能够诱发出具有共同信仰的群体凝聚成一个高度严

① 林毅夫(1989)把意识形态定义为关于世界的一套信念,它们倾向于从道德上判定劳动分工、收入分配和社会现行制度结构。

密的组织，从而建立起一种高强度的以强制为主的选择性刺激以对集体其他成员实施严密控制（汪立鑫，2005）。这使得民众理所当然地相信国家推行的强制性金融制度变迁合理性，应该为此做出必要的“牺牲”，这种一致性的意识形态作为一个整体性的世界观和社会共识，促使人们将不再按新古典的成本——收益法则进行简单而短期的物质主义计算，极大地减少了金融改革中的“搭便车”行为。

因此基于“私有产权神圣不可侵犯”的个人主导的诱致性制度变迁在二重结构社会中并没有其“合理、合法”的初始基础。在儒家意识形态理念下所倡导的则是“国家权力是最高产权”（王家范，1999；杜恂城，2004），国家作为具有绝对权威的主体，其推动的强制性变迁理所当然地被认为是“合理而又合法”的行为。特别是在强调“金融是经济的核心”的现代社会中，国家必然有加强金融控制的要求，所以长期以来以国家信用为基础的国有金融制度是与中国特有的意识形态密切相关的，国家信用一直代替着市场信用，金融资源无法按市场规则实施优化配置，这是中国金融制度变迁过程中的一个长期现象。从以上的论述中我们可以大致勾勒出强制性金融制度变迁路径选择的一个初步分析框架，如图4－1所示。

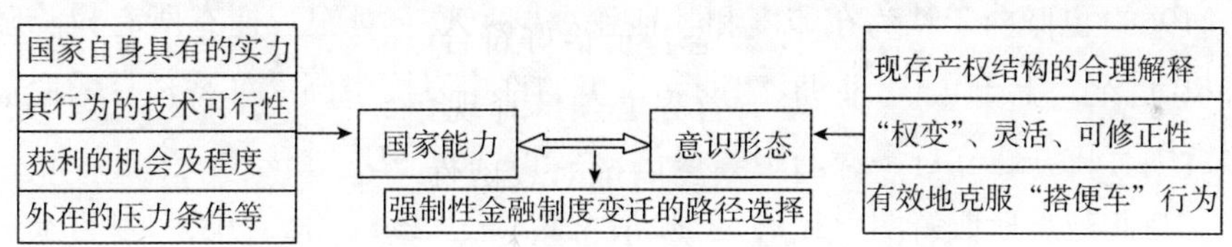

图4－1　强制性金融制度变迁的初步分析框架

正是国家推行的这种强制性金融制度变迁在相应的意识形态机制作用下，才可以由“外在、强制性”行为逐渐演化成民众“内生、自觉性”的行为，成为一种自我实施、自我强化的过程，于是整个社会形成了“一致的同意”，从而在客观上推动了强制性金融制度变迁路径的选择。因此，正是在二重结构社会这个初始制度条件下，国家效用函数和相应意识形态的相互联动作用构成我国金融制度中选择强制性变迁路径的深层次逻辑。

4.2 国有银行制度变迁中的国家效用函数结构及偏好变化

4.2.1 政府与金融：发展型还是政治型

关于政府参与金融活动影响在学界一直以来存在着两种不同的观点[①]。一是“发展型”观点，代表人物是格申克龙（Gerschenkron，1962）。实际上在格申克龙之前，如Hawtrey（1926）就认为对像银行这样的战略性部门国有化能够带来诸多“战略性”好处；Lewis（1950）也鼓励政府对银行所有权的“制高点”，政府可以通过直接所有权和金融控制来发展战略性产业。特别是格申克龙长期关注金融发展对经济增长的必要性，认为私人所有的商业银行是19世纪下半叶几个正在工业化的国家特别是德国将储蓄引入工业的重要工具。然而与此形成鲜明对比的是，在另一些国家特别是俄国私人银行却未能扮演着这种重要角色，在这种情况下，政府应当干预，并通过自身的金融制度来同时启动金融和经济的发展。这正如19世纪90年代的俄国，“总体上是政府在履行产业银行的功能，其作用是有益的”。在其之后，缪尔达尔（1968）也倾向于认为在印度和其他亚洲国家政府对银行拥有所有权。随着20世纪六七十年代，非洲、亚洲和拉美的许多发展中国家都将现存的商业银行国有化并建立许多新的国有银行，上述的观点被广泛接受。

与此观点形成鲜明对比的是“政治型观点”。该观点认为政府参与金融是出于政治目标而非社会目标。政府通过获取企业和银行所有权，目的在于对其支持者提供就业机会、增加政府补贴和其他利益，而拥护者们则通过投票、政治捐款和贿赂等形式来回馈政府（Kornai，1979；Shleifer and Vishny，1994）。该观点同样得到了大量的经验证据印证（Megginson et al，1994；Barberis et al，1996；Shleifer et al，1997；La Porta，1999）。即使是格申克龙也部分同意这种观点，认为“作为工业化推动者的政府，其发挥的作用远非有效，政府无能和腐败的现象十分常见，伴随着这个过程的浪费同样可怕”。不过，他仍坚持认为在俄罗斯，政府对工业化的金融支持是一个巨大的成功。

---

① 该部分所提的发展型和政治型观点主要来源于 La Porta，R.，Lopez－de－Silanes，F.，Shleifer，A.，2002，“Government ownership of banks”，Journal of Finance 57，pp. 265－301.

在"发展型"和"政治型"理论中都认为对银行所有权控制有助于促进政府目标。只不过在发展型的观点中,认为政府拥有银行所有权能使政府集中储蓄存款,并指导它们流向战略性长期项目,通过这种项目可以克服破坏私人资本市场的制度失效(Institutional Failures),从而通过产生总需求和其他外部性来促进增长。但政治论观点却认为,政府拥有银行主要是使政府为经济无效但政治上需要的项目融资,这无疑会减少私人获得资金支持的机会。两种理论都认为通过政府控制银行可以给那些得不到私人融资的项目进行融资,只不过前者认为这些项目是社会需要的,并有利于随后的金融和经济要素积累,特别是有利于生产率的增长;而后者则认为实际情况并非如此,政府控制银行将挤出私人企业的融资,并且政府融资支持的项目可能是无效的,将对生产率增长产生负面效应。

除此之外,在金融发展的政治经济学视野中(Beck, Clarke, Keerfer & Walsh,2000;Beck,Pagano & Volpin,2001;Ranjan & Zingales,2001 et al),[①]也都强调了政治因素在改革金融发展历史中的重要性,认为政府是反映各个团体之间经济利益冲突的政治力量代理人,可以弥补市场失灵所引发的问题,当然也可能阻碍经济金融的发展(Kuo,2000;Rajan & Zingales,2001)。特别是在亚洲国家的金融发展过程中不少研究都认为政府对金融的控制及对政策金融的大力支持促进了东亚的金融发展,实现了经济发展的起飞(World Bank,1993;Aoki,Kim & Fujiwara,1997)。

4.2.2 国有银行制度变迁中的国家效用函数结构及其变化

不论是发展型还是政治型观点,实际上都隐含着政府在金融发展中的重要性,二者的差异在于对国家效用函数理解的不同。正如诺思(1981)在其国家理论中认为国家有两个目标:一是规定竞争和合作的基本规则,通过提供一个所有权结构以获取租金最大化;二是在第一个目标框架内,通过交易费用的降低,促进社会产出最大化,进而实现国家税收最大化。在大多数时期内,统治者租金效用最大化的所有权结构与促进经济增长的所有权结

① Ranjan 和 Zingales(2001)曾对法与金融的观点进行批判,如20世纪初期法国的股票市值占GDP的比重几乎是美国的两倍(0.78:0.41),但是到了1980年这一情况发生了逆转,法国比例不及美国的1/4(0.09:0.46),到1999年时两者比例似乎基本持平(1.17:1.52),对于这些动态的变化法与金融观点并不能进行较好的解释,他们认为这种变化与政治力量有着密切关联。

构之间存在着持久的冲突。因而国家存在既是经济增长的关键，同时又是经济衰退的根源，这就是所谓的“国家悖论”。①

因此在国有银行制度变迁中国家效用函数包括租金偏好和效率偏好的二元结构，我们用 U_r 代表租金偏好（租金收益为 T），U_e 代表效率偏好（效率收益为 E）。影响政府租金偏好的主要因素有：政府财政压力 D；直接控制金融过程中的货币收入和非货币收入 F；同处于政府内部结构的地方政府效用 G_1 与政治银行家的个人效用 G_2，实施金融控制的各种成本 C；控制所产生的金融风险 H，记 $U_r = f[\alpha_1 D, \alpha_2(F - C), \alpha_3(G_1 + G_2), \alpha_4 H]$，其中，$\alpha_1$、$\alpha_2$、$\alpha_3$、$\alpha_4$ 代表相应的影响系数。影响政府效率偏好的主要因素有非国有经济部门的成长所带来的税收收入 T，以及市场意识观念 I，其他外在的各种竞争压力等 N，记 $U_e = f(\beta_1 T, \beta_2 I, \beta_3 N)$，$\beta_1$、$\beta_2$、$\beta_3$ 代表对应的影响系数，于是 $U = \rho_1 U_r + \rho_2 U_e$，其中 ρ_1 代表租金偏好权重，ρ_2 代表效率偏好权重，$\rho_1 + \rho_2 = 1$。因而 $U = \rho_1 f[\alpha_1 D, \alpha_2(F - C), \alpha_3(G_1 + G_2), \alpha_4 H] + \rho_2 f(\beta_1 T, \beta_2 I, \beta_3 N)$，我们重点在于分析影响租金偏好与效率偏好 ρ_1 与 ρ_2 的权重大小。

首先，在渐进式改革初期，政府财政能力不断降低，需要通过国有银行获取金融剩余以保持体制内经济平稳发展，这对于政府而言具有很大的效用，而且由于在初期，地方政府与政治银行家的租金偏好效用函数能够耦合到国家效用函数中，进一步强化了国家租金偏好导向（江曙霞、罗杰，2004）。至于各种控制成本、金融风险、体制外经济成长以及外在竞争压力等如前文所述只是在积累，并未对租金偏好形成实质性威胁。因而 $\rho_1 > \rho_2$，也就是说，在 t_1 阶段，“直接控制金融以获取租金最大化”符合国家效用函数目标，如图 4－2 所示，此时国家效用最大化为 U_1 点，政府更多地偏好于租金偏好。

其次，随着经济发展，财政分权式改革，政府财政压力有所减轻，而且实施金融控制的成本越来越大，特别是这种控制函数下地方政府和政治银行家个人租金偏好带来的负外部性而导致的金融风险剧增，显著影响了国家的效用函数。这其中，特别是 1994 年的财政分权式改革对中央和地方财政

① 黄少安（1999）曾对此提出不同的看法，他认为国家对租金偏好和有效论产权追求之间并不存在冲突，它主要体现的是国家长期利益与短期利益之间的统一，只是途径不同，但操作目标却是一致的。

收支格局的调整，明显加重了地方政府的财政收支压力，在一定程度上也增强了地方政府对国有银行信贷干预的动机，①进一步加剧了国有银行偏离国家效用函数。另外随着渐进式改革中新的市场因素成长而带来的税收好处、经济改革过程中积累的市场化意识观念冲击以及外在压力下的竞争效应逐渐显现等影响，因而在 U_r 的效用函数中，控制所获得的收入 F 将逐渐小于控制所带来的成本 C，同时地方政府和政治银行家与国家效用函数的偏离意味着 α_3 将变为负数。这样在经济增长过程中，效率偏好获得的收益 E 的增长速度（$\dot{e}$）超过租金偏好的收益 R 的增长速度（$\dot{r}$）。t 时期内，$0 < \eta = U_{r0}(1+\dot{r})^t / U_{e0}(1+\dot{e})^t < 1$，那么在足够长的时期内，$\eta$ 将趋向于0。因而 $\rho_1 < \rho_2$，如图4－2所示，U_2、U_3 点，国家在 t_2、t_3 时期获得最大效用，虽然租金效用和效率效用都在增长，但是明显的效率所带来的效用快于租金带来的效用函数，于是国家将逐渐由租金偏好向效率偏好转移，即效率偏好更符合国家的长期目标。

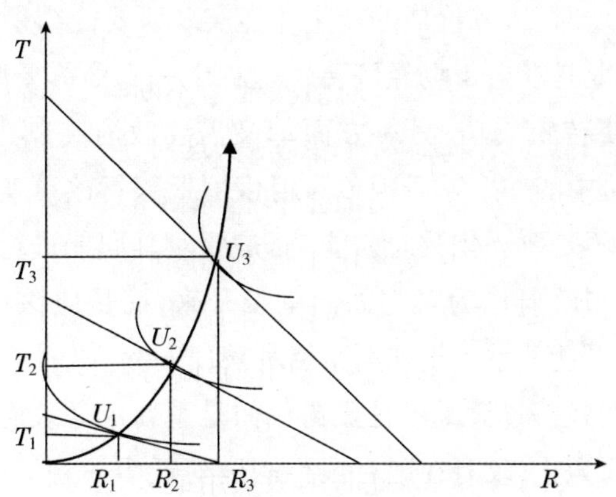

图4－2 国家效用函数结构及其动态调整

可见，国家效用结构是时间的函数，在不同的时期内，两种偏好对国家而言的效用也将不同，国家将动态地调整其效用函数结构，以实现最大化目

① 虽然按照相关规定，地方政府不能直接从银行获得贷款，但是许多地方政府通过成立政府性公司如各种城投公司名义向银行获得贷款，或地方政府以土地为抵押，与银行签订一揽子项目的合作意向协议，即所谓的“银政联盟”，也一度非常流行，以及最近凸显的地方政府融资平台问题等都反映出地方“财政资金困难”下给国家所带来的金融风险。

标。当然，尤其是当租金偏好下长期积压的金融风险（特别是地方政府介入与政治银行家个人偏好下所产生的负外部性）在原有的制度框架内得不到化解时，国家将倾向于对国有银行进行改革，通过新的制度安排来解决内在困境。这将促使由租金导向型国有银行向效率导向型国有银行转变，这必然会推进对国有银行产权等核心制度的改革，实现适应性效率的阶段性演进（江曙霞、罗杰，2004）。进一步地，依照前文中银行适应性效率分析思路，从长期视角看，随着国家效用函数结构的向效率偏好调整，也将意味着国家对国有银行财政替代性功能需求将弱化，对国有银行金融功能需求增强，①国家对国有银行产权改革只是对其内部机制的修复，国有银行资源配置效率的持续改进最终还需要外部的竞争压力，作为市场力量因素的非国有银行成长有着更为长远的意义。

“经济变迁的动态模型需要将对政府的分析作为模型整体中必不可少的一个部分，原因就在于政府具体规定并执行着正式规则，不应将政府视为发展政策的一个外生角色，只有恰当地安排一系列产权并执行这些将会导致竞争的市场条件时，适宜价格的产生才能实现所要的结果”（诺思，1992）。只不过复杂的情况是在向市场经济转轨过程中一方面需要减少政府的过度干预，但是为了使转轨成功，另一方面却又需要政府在其中发挥着积极作用，这是经济转轨中的一个矛盾现象。但俄罗斯银行改革实践至少表明，在经济转轨时期并不是要弱化政府职能，而是要对其职能进行调整，在转轨国家中不应把市场与政府作为对立面而割裂开来，而是应该在两者之间保持一种恰到好处的平衡关系。正如斯蒂格利茨（1994）在《社会主义向何处去》中所强调“向市场经济过渡绝不是要弱化而是重新定义政府的作用”。不管怎样，至少到目前为止，政府在国有银行制度变迁中一直发挥着难以替代的作用。

① 当然要特别提醒的是，主要是因为资源配置效率导向型的国有银行能给国家带来更多的效用，所以尽管国家对国有银行财政替代性功能需求将弱化，也只是一个相对的概念，更不意味着将会消失。特别是在中国，我们能看到虽然国有银行已经实现股份制改革，尽管已经“商业化”，但国家仍然保留着对国有银行一些信贷决策指导或干预的权力。如银监会 2009 年仍出台了多项政策，要求银行业金融机构继续加强对国家重点工程、重点项目、小企业、“三农”、保障性住房、重大科技专项项目等的信贷支持。

4.3 财政能力下的国有银行功能分析

4.3.1 弱财政与强金融格局

根据我国学者王绍光、胡鞍钢(1993)的定义,国家能力可理解为国家(中央政府)将自己的意志、目标转化为现实的能力[①]。具体而言,国家能力包括四种能力:汲取财政能力(Extractive Capacity),即国家动员社会经济资源的能力;宏观调控能力(Steering Capacity),即国家指导社会经济发展的能力;合法化能力(Legitimating Capacity),即国家运用政治符号达成共识,以巩固其经济地位的能力;强制能力(Coercive Capacity),即国家运用暴力手段或机构等形式维护其统治的能力。在这四种能力中,最重要的国家能力是国家汲取财政能力,这也是实现国家其他能力的基础。可以通过两个主要指标反映国家财政能力:一是国家财政收入占国民收入的比重,这主要反映的是政府能够动员的社会资源占总的社会资源的份额;二是中央财政收入占国民收入的比重,这反映了中央政府动员的社会资源占总的社会资源的份额(周立,2003)。

由表4-1可以看出,自改革开放以来,国家汲取财政能力一直呈单边下降趋势,国家财政收入占GDP比重由1978年的31.06%下降到1995年的低谷10.27%,其中中央财政汲取能力由1978年的4.82%下降到1993年的最低点2.71%,同时期中央财政收入占总财政收入的比重也随之下降到最低点22%左右,这两组指标均为新中国成立以来的最低水平。即使是改革开放前,1953—1977年,除了个别年份(最大峰值为1960年39.27%、最小峰值为1968年20.88%),我国政府财政收入所占比重基本稳定在27%左右波动;中央财政收入占GDP比重虽然也呈下降趋势,但即使是1975年的最低值也有3.21%(如图4-3所示)。从表4-1中可以

① 国家能力在政治学领域更多的是政治学领域研究的术语,本书主要关注的是其在经济能力上的表现。美国学者Migadl(1988)曾将一个国家的国家能力定义为一国中央政府"影响社会组织,规范社会关系,集中国家资源并有效加以分配或使用的能力"。在他看来,国家能力应当包括国家对社会各个部门的渗透能力、社会内各种关系调节能力、资源汲取能力和分配或使用能力四个方面。转引自黎静:《发展中国家的国家能力比较》,《政治学研究》,1999年第3期。

看出直到1994年，我国进行了划时代意义的分税制改革后，才从根本上扭转了国家财政汲取能力不断下降的局面，从1994年开始中央财政收入比重才开始缓慢上升，而国家财政收入所占比重直到1996年才开始逐渐呈现回升趋势。

根据IMF统计显示，从全世界范围来看，从1980年到1995年间，相对于世界其他国家财政收入情况，中国呈现出国家财政汲取能力较弱，变化趋势相反的局面。与英、法、美、德、日等发达国家相比，中国国家汲取财政能力相差甚远，且处于最低水平，中央汲取财政能力只及这些国家的1/7～1/3。[①] 即使是与同时期的印度相比，也只是其一半的水平（周立，2005）。可以说，无论是从我国时间纵向还是国际区域横向进行比较，都可以得出明显判断，这段时间我国财政呈现出名副其实的“弱财政”格局。

表4－1　中国政府财政收入占GDP比重变化（1978—1996年）

年份	总财政收入/GDP（%）	中央财政收入/GDP（%）	中央财政/总财政（%）
1978	31.06	4.82	15.52
1979	28.22	5.69	20.18
1980	25.52	6.26	24.52
1981	24.04	6.36	26.46
1982	22.77	6.51	28.61
1983	22.92	8.22	35.85
1984	22.79	9.23	40.51
1985	22.24	8.54	38.39
1986	20.65	7.58	36.68
1987	18.24	6.11	33.48
1988	15.67	5.15	32.87
1989	15.68	4.84	30.86

① 1995年美国的中央汲取财政能力为19.89%，英国为36.34%，法国为40.61%，原联邦德国为32.12%，日本为21.39%（1993年数据），印度为13.15%。资料来源为IMF《政府财政统计年鉴》（1996）。转引自周立（2005）。

续表

年份	总财政收入/GDP(%)	中央财政收入/GDP(%)	中央财政/总财政(%)
1990	15.73	5.32	33.79
1991	14.46	4.31	29.79
1992	12.94	3.64	28.12
1993	12.31	2.71	22.02
1994	10.83	6.03	55.7
1995	10.27	5.36	52.17
1996	10.41	5.14	49.42

资料来源:根据中经网数据库整理计算而得。

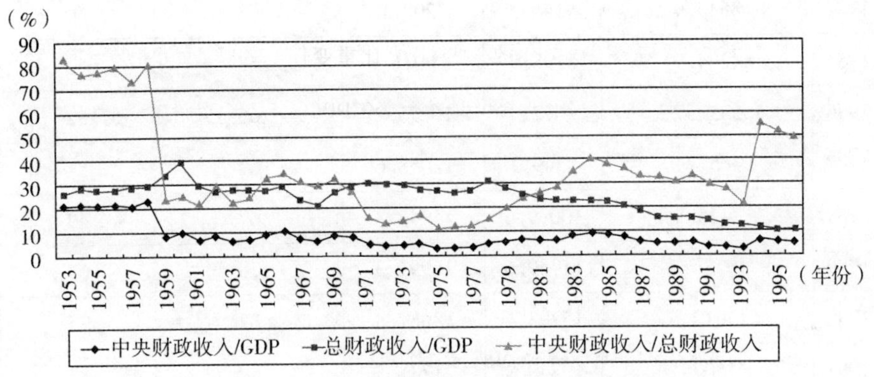

图 4-3　国家财政能力变化(1953—1996 年)

注:根据表 4-1 绘制。

与国家财政能力不断下降形成鲜明对比的是这段时间金融规模却在不断增强,甚至呈现出一种超常规增长趋势。由表 4-2 可知,这段时期,中国 M2 规模迅速扩大,其占 GDP 比重在 1978 年仅为 32%,但到 1996 年已超过 100%;同时期金融机构存款规模也呈现扩大趋势,存款规模占 GDP 比重由 1978 年的 31% 迅速扩大到 1996 年的 96%。可见在国家财政能力收缩的同时,社会可利用的金融资源却在急剧上升。若以戈德史密斯(1976)金融相关比率来衡量一国金融发展水平,剔除广义上的整个金融资产与 GDP 的比重,仅以 M2 和金融机构存款这样的窄口径去衡量就可看出中国金融规模的超常规发展趋势，是典型的“高增长”现象。①

表4－2　改革开放以来金融“高增长”趋势（1978—1996年）

年份	金融机构各项存款（亿元）	M2（亿元）	GDP（现价）（亿元）	M2/GDP（%）	金融机构存款/GDP（%）
1978	1134.5	1159.1	3645.2	32	31
1979	1339.1	1458.1	4062.6	36	33
1980	1661.2	1942.9	4545.6	43	37
1981	2027.4	2234.5	4891.6	46	41
1982	2369.9	2589.8	5323.4	49	45
1983	2788.6	3075	5962.7	52	47
1984	3583.9	4146.3	7208.1	58	50
1985	4264.9	5198.9	9016	58	47
1986	5354.7	6721	10275.2	65	52
1987	6517	8349.7	12058.6	69	54
1988	7425.8	10099.6	15042.8	67	49
1989	10786.2	11949.6	16992.3	70	63
1990	14012.6	15293.4	18667.8	82	75
1991	18079	19349.9	21781.5	89	83
1992	23468	25402.2	26923.5	94	87
1993	29627	34879.8	35333.9	99	84
1994	40502.5	46923.5	48197.9	97	84
1995	53882.1	60750.5	60793.7	100	89
1996	68595.6	76094.9	71176.6	107	96

资料来源：根据中经数据库整理计算而得。

① 从俄罗斯等国家的改革经验看，转型时期的中央财政能力下降是一个普遍现象，关键是在财政能力下降后能否存在有力的补充措施。不幸的是，俄罗斯在中央控制财政能力下降的同时，过快的金融自由化使其又丧失对金融的控制能力；而同时期的中国在财政能力下降的同时，增强了对金融的控制能力，以支持渐进式改革，这是中俄改革中的重要差异点。

尽管金融资源在迅速扩大，但我们还需进一步探究这些金融资源来源于什么部门，若出自公共部门，由于改革之初国家强大的金融控制能力，则直接通过“划拨”等方式来获取也未尝不可。但自改革开放以来，由于财政金融体制调整，特别是1984年四大专业银行的成立，促使国家财政金融实力发生了明显变化，而且国家放权让利藏富于民等政策实施，促使各种非国有制经济快速发展，也使得社会财富逐渐发生转移，尤其是金融部门中的储蓄结构出现了鲜明的变化。在储蓄结构中，由原先的政府储蓄为主体转向企业和居民储蓄为主体。如图4-4所示，1978年居民储蓄占总储蓄比重仅为13.41%，企业存款占比为31.9%，两者所占比重不超过50%，而财政和机关团体存款比重高达23%。但此后居民储蓄存款比重稳步上升，到1996年高达56%，而财政和机关团体存款比重已不足4%。

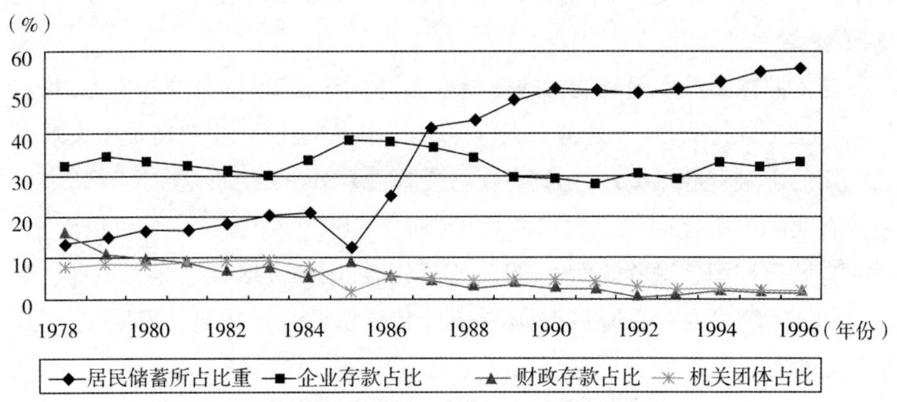

图4-4　金融机构储蓄存款结构变化（1978—1996年）

资料来源：根据Wind资讯数据库整理计算而得。

经济的改革使国家通过财政方式获取经济资源的能力迅速下降，这种依靠国家财政为主的控制经济剩余与资源配置的方式已经难以满足国家效用函数最大化的需求。但要保持国有部门经济稳定，面对这些分散在私人部门的金融资源，就得有相应的制度安排以最大限度地动员并利用这些金融资源为体制内经济增长服务。从理论上而言，对这些金融资源的动员可以通过税收和金融制度两种方式，但是自改革开放以来，由于居民收入信息的不对称和获取这种信息的高成本等因素限制了通过税收途径动员居民金融资源的效率(张兴胜,1999),因而国家难以找到一种有效的通过税收制度方式来获取金融资源的途径[①]。在这种情况下,国家不得不通过国有金融产权扩展的方式来动员分散在居民部门中的金融资源,相对而言国有金融制度安排对于聚集分散的私人储蓄方面显得具有一定的比较优势。于是在对动员金融资源的整个过程中,金融制度就替代了一部分税收制度的功能,并且在随后进行的金融资源配置过程中,又进一步替代了财政制度的功能(张杰,1998)。可见,为了弥补已经弱化的财政功能,政府通过汲取金融资源进行弥补,使得金融功能表现出了财政化倾向。政府通过以行政区域为网点布局原则,通过自上而下的方式去重新聚集各个民间部门财富,并将储蓄转化为投资。如何最大化地获取金融资源,然后由国家去支配并支持国有企业改革,这是当时金融制度安排最重要的功能,至于资源的配置效率如何似乎显得无足轻重。国有银行制度结构正是在这样的约束条件下作为符合国家效用函数的一种替代性安排,并被逐渐地异化为"第二财政"。

若依照国家汲取财政能力的衡量方法,关于国家汲取金融的能力,我们用两个指标进行衡量:一是国有银行存款占 GDP 的比重,主要衡量中央政府可动用的金融资源规模;二是国有银行贷款占 GDP 的比重,这主要反映中央政府在实际中所控制的金融资源规模(周立,2005)。从表 4－3 可以看出,就中央政府控制金融资源而言,自改革开放后,国家汲取金融能力一直是在上升的,无论是中央可动员资源还是实际控制资源都是如此。可见,改革开放以来很长一段时间我国呈现出的是典型的"弱财政、强金融"格局。虽然国家汲取财政能力一直在下降,但是国家从金融部门所汲取的力量足以弥补财政能力的不足。若将国家经济总能力理解为财政汲取能力与金融汲取能力的总和,我们可以发现这期间国家经济总能力非但没有削弱,相反却出现缓慢的增强局面,国家经济总能力从 1978 年的 71.06% 上升到 1996 年的 84.41%,如图 4－5 所示。

---

① 1995 年城乡居民个人收入占 GNP 比重已经接近 70%,但是个人所得税比重却只有 0.2%,远远落后于世界上其他主要国家(1992 年英、美比重为 10%,德国为 9.3%,法国为 7.1%,韩国为 3.6%),1993 年印度也有 1.2%(世界银行,1996)。

表4-3　国家汲取金融的能力(1978—1997年)　单位:%

年份	1978	1979	1980	1981	1982	1983	1984	1985	1986	1987
国有银行存款/ GDP	40	40	43	44	45	48	52	47	55	56
国有银行贷款/ GDP	52	51	55	58	58	59	65	66	77	76
年份	1988	1989	1990	1991	1992	1993	1994	1995	1996	1997
国有银行存款/ GDP	51	54	62	69	73	67	67	70	74	81
国有银行贷款/ GDP	70	73	79	83	82	76	69	67	68	76

资料来源:根据《新中国五十年统计资料汇编》整理而得,引自周立(2003)。

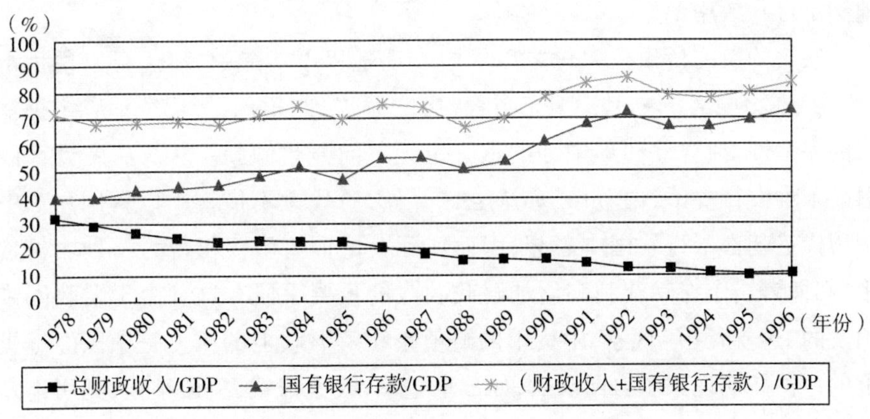

图4-5　国家经济总能力(1978—1996年)

注:根据表4-1和表4-3绘制。

4.3.2　货币财政化:一个更早期的观察[①]

用货币或金融制度去补充甚至是替代财政制度,并不是改革开放以来才有的现象,事实上要是追溯中国的历史就能诧异地发现这在中国是一个长期存在的现象,也就是说,金融功能财政化一直伴随着整个中国经济社会

① 这里需要强调的是,该部分的说明只是意在阐述中国古代货币制度演进的内在逻辑,而且任何一种长期存在的制度必然具有一定的延续性,而这种制度变迁上的“路径依赖”和经过长期积淀而成的意识形态观念,使得这样的“初始的制度”对于当代的中国金融制度变迁难免会产生不可忽视的影响。因此这部分只是对历史事实的归纳和推演,并不涉及其在人们日常观念中的“对错或是非”评判。

制度的变迁过程。“自西汉到清末，中国发自经济内层的对货币本位化呼声一直很微弱。实际上，在中国小农经济中货币因素的成长并不是自觉的，而是在国家财政的驱使下才得以实现”（张杰，1993：48）。在中国古代货币理论中，一直存在着货币金属主义和货币名目主义之争，[①]在关于货币经济内涵和政治内涵的争议中，后来的历史发展表明，货币权力化的思想在中国古代社会长期占据着主流地位，对中国历代王朝的货币政策产生重要影响。整个中国古代，基本上形成以货币名目论和货币国定说为主要基调的货币理论，这使得货币成为财富与权力的象征，特别是在一个缺乏有效监督与权力制衡的社会中，也就意味着政府可以随意更改币制以补充财政之需，更好地满足自身效用偏好。

缺乏约束的货币权力化之后集中表现是货币功能财政化，可以说货币（金融）在中国经济史上长期充当着“第二财政”的角色，历代统治者维护铜币的完整性、独立性和集中性的重心也无不向财政倾斜。从汉武帝铸币因财政困难发行皮币、白金币、赤仄五铢开始，历代无不借铜币以资国用。中国历代王朝都奉行着国本思想，因而实际上把铜铸币仅仅视为一种名目货币，都把铸钱作为其获利和增加财政收入的重要手段。这种由于财政困难引发的“透支货币”现象，用货币的贬值来缓解财政上的压力是中国经济史上的一种长期现象。自西汉后，如董卓进京，毁五铢钱，更铸小钱，到唐肃宗铸“乾元重宝”，再到两宋交子、元宝钞的泛滥，最后到民国法币的惊人贬值等，通过通货膨胀来获取暴利的铸币税现象在中国历史上比比皆是[②]。正是中国货币史上货币本身最可贵的经济性与独立性逐渐丧失殆尽，使得中国货币流通史几乎成了一部通货膨胀史。历代王朝货币政策实施以财政意志的贯彻为出发点，造成货币与政治命运紧紧捆在一起，使得货币一直受着超经济力的驱使，其功能愈来愈导向畸形化，进而形成中国几千年货币经济史的内质“有货币而无经济”（张杰，1993）。

---

① 这是关于货币本质属性之争，春秋末年单旗、西汉早期贾谊等都属于货币金属主义者，即认为货币自身有价值并充当着货币价值尺度的职能。管子、晁错和桑弘羊等则持货币名目主义观点，即认为货币本质上并无价值，强调货币与国家权力相结合的主张。

② 特别是西汉末年，王莽在短短七年间（公元7年到公元14年）就凭主观臆断更改货币四次，仅第三次币制改革所实行的“宝货”制所包含的货币种类竟多达“五物、六名、二十八品”，造成货币流通混乱，其结果是“百姓愦乱，其货不行”。萧清：《中国古代货币史》，第144－145页，人民出版社，1984年版。

即使是近代以来也是如此,如作为中国现代银行的雏形,清朝时盛极一时的票号,其所获得的空前发展也与当时清政府财政支持有着密切的关系。即使是真正意义上的中国现代银行即1897年诞生的中国通商银行,其成立之初也在于当年清政府困于财政枯竭,想通过创办银行的方式来增加财源,摆脱困境,因而其一开始就有浓厚的财政补充色彩①。至于民国政府时期所掌控的"两局四行"金融制度更是成为政府补充财政的取款机。按照西方国家的发展经验,金融业的发展总是从间接金融发展到直接金融,从短期发展到长期发展,从商业证券发展到财政性证券,然而近代中国政府却把政府自身利益放在首位,近代金融业的发展是逆向运作的(杜恂诚,2004)②。在政府主导下的近代金融业发展往往变得只是具有经济形态的形式,而无其市场因素的实质性内容。即使在某些阶段,市场金融因素得到快速成长,但随着国家控制能力的增强或国家财政需要,这些新成长的市场力量又将主动或被动地重新"纳入"政府当中。即使不是如此,也是想尽办法地与政府建立某种联系,市场金融独立性丧失、附庸于政府之中在中国近代史上是一个难以摆脱的困境。

这段时间的考察意在说明,中国已有的历史发展经历表明国家权力全面介入市场是一个长期存在的现象,因而在政府具有强干预偏好的这种文明体系中,货币经济制度演进具有其独特路径,这也意味着国家注定要在市场经济活动中扮演着十分特殊的角色③。正如王家范(1999)在对中国传统社会农业产权的观察中发现,传统农业产权的"国有"性质,实际上一直根植于中国政治强制度化和产权非制度化的环境之中,通过政治、经济等一系列策略,在各个历史时期都表现得根深蒂固,无处不在,因而任何看似私有的产权都会受到国家的限制,经历挣扎后,仍摆脱私有产权不完全的困境。也就是说,在2000年内,大一统的体制下产权的"国有"底气,总是或强或弱地发挥着其无所不在的能量④。在中国社会中,政府通过各种制度安排来动员

① 如通商银行正式成立时额定商股500万两白银,先收半数,另借户部库银100万两。而且,其分支机构负责人更是以捐纳的候补道员和退职官吏为多数,往往将银行视为自己的财政衙门。

② 逆向运作是指人们为了求得发展速度或某种特殊利益,跳过事物基础发展阶段,而致力于"高级且复杂"的经济事物形式,而后却又从高级向低级,从复杂向简单的逆向发展。

③ 值得我们注意的是东方文明体系在源头上与"盎格鲁—撒克逊"西式市场制度文明有着本质的区别,这也是造成以后东西方文明发展道路差异化的关键所在。我们认为这两种制度文明并不能以简单的优劣区分,而是应当结合特定的资源禀赋条件和时代背景去客观地分析。

④ 王家范:《中国传统社会农业产权辨析》,《史林》,1999年第4期。

和整合经济资源一直存在着，并且这种做法合乎中国经济社会发展的逻辑，也与整个社会在这方面的意识形态具有高度“一致性”。中国古代社会政府动员经济资源的传统与计划经济下强调政府权威性两种意识形态“一拍即合”，双重叠加效应下，至少为改革开放以来政府通过某种金融制度安排以支持经济发展提供了人们在意识形态上的“法理依据”，极大地减轻了这种制度推行的摩擦成本。可以想象，若没有这样的传统与初始条件，仅仅是“弱财政与强金融”的格局也未必就能使国有银行发挥出财政替代功能。因此，“弱财政强金融”的经济格局与二重结构下的“大政府小社会”的传统社会格局高度契合，共同决定了国有银行承担财政替代功能这一特殊制度安排的内生性。也正是这种正式规则与非正式规则保持内在一致性使得以国有银行为主导的金融制度成为一种“有效”的制度安排，恰好满足了客观上社会发展的需要，并推动了经济上的发展。

4.3.3 国有银行财政性替代功能具体表现

中国渐进改革过程中一直推行着积极的金融支持政策，以满足国有经济部门资本形成的需要。对于国有金融制度安排发挥财政性替代功能，我们从以下几个方面予以衡量：

(1)货币发行收益

简单而言，铸币税是政府或货币当局通过垄断基础货币发行而得到的收入，它是政府弥补财政支出的重要方式之一。从政府的角度而言，则主要是从基础货币的角度来衡量。在严格意义上，铸币税等于货币发行的收益扣除生产货币的成本，但由于货币发行靠的是政府强制力，成本可以忽略不计，因此一般用基础货币增加来近似替代铸币收入。

根据周立(2003)测算，在 1984 年到 1996 年间，我国真实铸币收入占 GDP 比重在 5% ~7%，其中 1993 年和 1996 年高达 8.5%。特别是 1996 年真实铸币收入达 5760 亿元，而名义铸币收入更是高达 6128 亿元，远远超过了当年的中央财政收入，并且与当年全部财政收入(7408 亿元)大致相当(如表 4 -4 所示)。当然，由于测算方法不同，学者们所得到的结果也会有所差异，如谢平(1994)计算得出我国 1986—1993 年，政府每年获得的货币发行收入占 GDP 比重平均为 5.4%；易纲(1996)得出 1978—1992 年我国的真实铸币收入平均占 GNP 的 3%。IMF(1998)曾对全世界 100 个国家

1980—1995 年的铸币税情况调查，结果发现，发达国家的平均水平0.64%，发展中国家的平均水平 1.4% ~3%，而中国在同期铸币税占 GDP 的比重平均高达6.52%。可见不论用何种算法得出的结论都足以说明这期间除了少数几个发生过超级通货膨胀的国家外，我国的铸币收入远远高于世界上主要国家平均水平。正是这种巨额的铸币收入为陷入困境的国有经济提供了及时而强有力的金融“补贴”，减轻了改革阻力，也增强了改革激励的绩效。同时，从 1984 年开始中国人民银行按照国际通行方法建立存款准备金制度，其着眼点也在于让中央银行可以调配更多的信贷资金。当时规定各专业银行中一般储蓄存款的 40%，农村存款(包括信用社转存款)的 25%，企业存款的 20% 应上缴人民银行，对于机关团队等财政性存款则要求 100% 划为人民银行信贷资金。其间虽经过几次调整，到 1995 年各主要银行实际存款准备金率也仍长期维持在 18% ~24%。这种高准备金制度控制了国有银行的信贷权力，也强化了国家对金融资源的支配和控制(张兴胜，2001)。

表 4-4 中国铸币收入

单位：%

年份	名义铸币收入/GDP	通胀税/GDP	真实铸币收入/GDP
1984	5.3	0.2	5.1
1985	3.3	0.2	3.1
1986	5.3	0.7	4.6
1987	3.3	0.5	2.8
1988	5.6	0.7	4.9
1989	5.7	0.5	5.2
1990	8.4	0.5	7.9
1991	7.8	0.5	7.3
1992	5.6	0.4	5.2
1993	9.9	1.4	8.5
1994	8.7	1.7	7.0
1995	6.1	0.8	5.3
1996	9.0	0.5	8.5

资料来源：Ahmad(1995)、《中国统计年鉴(1997)》《中国人民银行统计季报》，转引自周立(2003)。

(2)限制资产替代与低成本金融剩余获取

限制资产替代是“金融约束”论中反复强调的观点，Hellman(1998)认为竞争会引起经常性的银行倒闭，危及金融系统的稳定，对银行业竞争的限制可以提高金融系统的安全性。同时，由于转轨国家难以建立一整套保障证券市场平稳发展的“高度复杂的制度”，在缺乏相应的治理框架下，容易出现普遍的欺诈行为。在这种情况下，“应限制居民将正式金融部门的存款转化为其他资产，即使发展证券市场可行，但也未必是理想的，其原因在于证券市场的发展会和银行部门争夺居民的资金”，这些最终会影响到银行的“特许权价值”(Franchise Values)。应当说在中国市场化改革的前期，一直存在着明显的限制资产替代政策，尽管发展了资本市场，但其成立之初也是为了解决国有企业改革的困境，而不是真正市场力量的推动，而且发展一直比较缓慢。并且对于股票发行采取“计划管理、额度控制”办法，完全由中央政府集中控制，这种政策下股票市场发展不仅没有提高居民金融资产的替代程度，还从根本上扭曲了股票市场价格发现和资源配置等基础性功能。对于债券市场而言，更是出现结构性扭曲，主要是以政府债券、金融债券和中央企业债券为主，而真正的民营企业通过债券市场获得资金方式更是极为少见。在这种情况下，对居民而言，很少有可供选择的金融资产替代性金融工具，于是分散在居民部门的金融资源只能进入国有银行系统，成为政府支持国有经济部门发展的资金来源。1979—1984 年，农信社对农户、乡镇企业和集体农业的贷款总额只占存款总额的 33.9%，即使到了 1991 年，也才占到 66.8%(Qian,1993)。这正如麦金农(1993)所提到的那样，在改革开始的关键时期，占总人口 75%以上的中国农民以净贷款人身份为其他经济部门提供了金融剩余[①]。

从表 4 -5 可以发现，改革开放以来居民储蓄一直保持着高速增长，城乡居民储蓄基本上作为资金净供给方提供给了国家。1979—1996 年，实际存款利率最高为 6.54%，而负利率现象却是屡屡出现，最低竟为 -10.72%。即使我们考虑到由于种种原因而造成的 1988—1989 年、1993—1995 年中国市场化改革中出现的两次通胀高峰期，将其剔除后进行计算其余年份也发

① 金融剩余是指国家从非国有部门获取的金融资源大于国家给非国有部门注入金融资源的差额(张杰,2001)。

现实际平均存款利率仅为1.59%，而在这期间居民储蓄存款占GDP比重却由1979年的仅为6.9%，增加到1996年的高达54%。可见，在缺乏相应的资产替代下，私人部门资金源源不断地以低成本方式进入金融系统，为国有经济部门提供了廉价的金融支持。

表4-5　低成本的金融剩余获取

年份	城乡居民储蓄存款余额（亿元）	GDP（现价）（亿元）	储蓄存款/GDP（%）	通货膨胀率（%）	名义存款利率（%）	实际存款利率（%）
1979	281	4062.6	6.92	2	3.96	1.96
1980	395.8	4545.6	8.71	6	5.4	-0.6
1981	523.7	4891.6	10.71	2.4	5.4	3
1982	675.4	5323.4	12.69	1.9	5.76	3.86
1983	892.5	5962.7	14.97	1.59	5.76	4.17
1984	1214.7	7208.1	16.85	2.8	5.76	2.96
1985	1622.6	9016	18.00	8.8	6.84	-1.96
1986	2238.5	10275.2	21.79	6	7.2	1.2
1987	3081.4	12058.6	25.55	7.3	7.2	-0.1
1988	3822.2	15042.8	25.41	18.5	8.64	-9.86
1989	5196.4	16992.3	30.58	17.8	11.34	-6.46
1990	7119.6	18667.8	38.14	2.1	8.64	6.54
1991	9244.9	21781.5	42.44	2.9	7.56	4.66
1992	11757.3	26923.5	43.67	5.4	7.56	2.16
1993	15203.5	35333.9	43.03	13.2	10.98	-2.22
1994	21518.8	48197.9	44.65	21.7	10.98	-10.72
1995	29662.3	60793.7	48.79	14.8	10.98	-3.82
1996	38520.8	71176.6	54.12	6.1	7.46	1.36

注：名义存款利率为1年期的储蓄存款利率，通货膨胀率根据商品零售指数计算而得。

资料来源：根据《中国统计年鉴》、谢平《中国金融制度的选择》第99页、中经数据库整理计算而得。

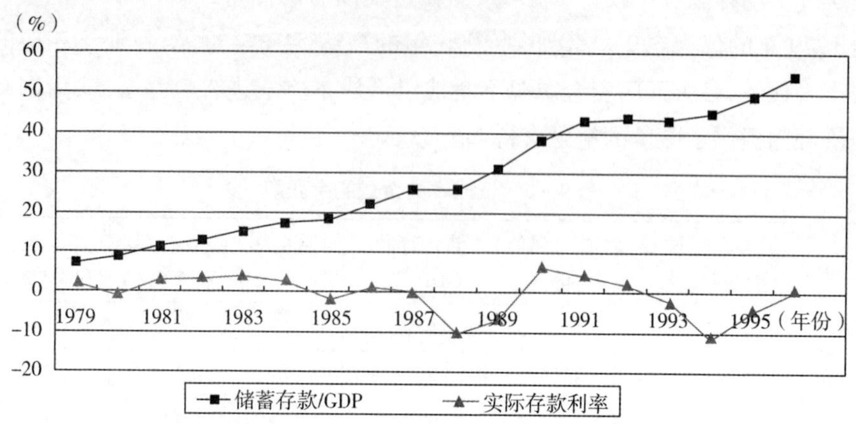

图4-6　低成本的金融剩余获取(1979—1995年)

注：根据表4-5绘制。

(3)补贴国有经济部门与平衡区域差距

国家通过国有银行制度安排低成本的获得巨额金融资源后，再通过国有银行廉价地贷给国有经济部门以支持国有经济发展，这相当于为处于困境的国有经济部门提供了宝贵的金融租金。正是在国家财政无力提供资金支持的情况下，国有银行通过金融租金的方式替代了财政投资功能，弥补了企业的资金缺口。这时期，国有银行实际上是整个社会资金再分配的一种制度安排，即通过"借"私人部门资金，再"贷"给国有经济部门，成为国有部门和私人部门发生交易联系的纽带，弥补了改革后国家财政能力迅速下降而导致难以保持体制内经济平稳发展的局面。

通过表4-6可以发现，1978—1996年，银行存贷款之间所获得的平均利差仅为0.75%，甚至在一些年份利差竟然为负，而银行发放贷款数额规模却在不断扩大，在绝大多数年份里银行吸收存款额竟然都小于其所发放的贷款数额。这充分说明这期间以国有银行为主导的金融制度安排实际上在以"亏损"的状态存在着，充当的是社会金融资源转移的"第二财政"式补贴功能，而不是其本应有的金融服务功能。存贷款利差如此之低，意味着Hellman(1998)所说的现象存在，即东亚一些国家故意"将价格弄错"，目的在于创造"租金机会"(Rent Opportunities)，以促使特定部门增加在市场中可能存在供给不足的商品或服务。但与此还不尽相同的是，我国金融领域所提供的“租金机会”并不是简单地转到私人部门，而是通过国有银行制度安排，分配给政府所依赖的国有企业。1985—1996 年，非国有部门所得到的贷款占全部银行贷款数额最高年份只有 20.98%，平均也仅为 19.03%，从表 4－6 可以看出这些贷款绝大多数流向了国有经济部门。

表 4－6　对国有经济部门的金融补贴

年份	金融机构贷款/GDP	贷差（亿元）	利差（%）	金融机构对非国有部门贷款（%）
1978	0.51	715.5	—	—
1979	0.50	700.5	—	—
1980	0.53	753.1	－0.36	—
1981	0.58	832.8	－0.36	—
1982	0.60	810.7	1.44	—
1983	0.60	801.3	1.44	—
1984	0.66	1182.2	1.44	—
1985	0.66	1640.7	0.72	17.6
1986	0.74	2236.1	0.72	18.94
1987	0.75	2515.5	0.72	20.16
1988	0.70	3125.5	0.36	20.53
1989	0.85	3573.9	0.00	19.97
1990	0.95	3668.1	0.72	19.61
1991	0.98	3258.8	1.08	19.84
1992	0.98	2854.9	1.08	20.73
1993	0.93	3316.1	0.00	20.98
1994	0.83	－526.5	0.00	18.78
1995	0.83	－3338	1.08	12.62
1996	0.86	－7439	2.61	18.62

注：贷差＝金融机构贷款额－金融机构存款额。贷差与金融机构贷款/GDP，根据中经数据库计算而得；利差＝1 年期贷款利率－1 年期储蓄存款利率，该指标来源于 Wind 资讯数据库。非国有部门（包括乡镇企业和农业）获得贷款份额原始资料来自麦金农（1993）和《中国金融展望（1994—1997）》，引自张杰（1998）。

从图4－7中可以发现国有银行贷款已经成为国有经济生产投资中资本的主要来源，政府预算下的财政资金占国有经济生产投资资本的比重已由1978年的75.7%下降到1996年的15.4%，从国有银行中获得贷款的比重已近85%[①]。可以看出正是在财政能力日益下降的情况下，国有银行贷款为国有经济发展提供数额巨大的“资金补贴”。并且在政府支持的重点产业中也可以低成本地获得银行信贷支持，据IMF(1994)估算，1992年各个国有银行都为政府支持的重点建设项目或者带有社会福利性质的项目提供大量的政策性贷款，其中工行政策性贷款占总贷款比重为18%、中行占比为22%、农行占比为48%，而建行更是高达53%。以配置效率损失为代价的政策性贷款为国家支持的重点产业部门提供了巨额资金补贴。张杰(1998)曾估算，在1979年国有银行贷款中政策性贷款占比仅为0.6%，但到了1985年短短的六年间，该比重就上升到31.45%，到了1996年政策性贷款规模更是高达16440亿元左右，占国有银行总贷款比重为34.66%。

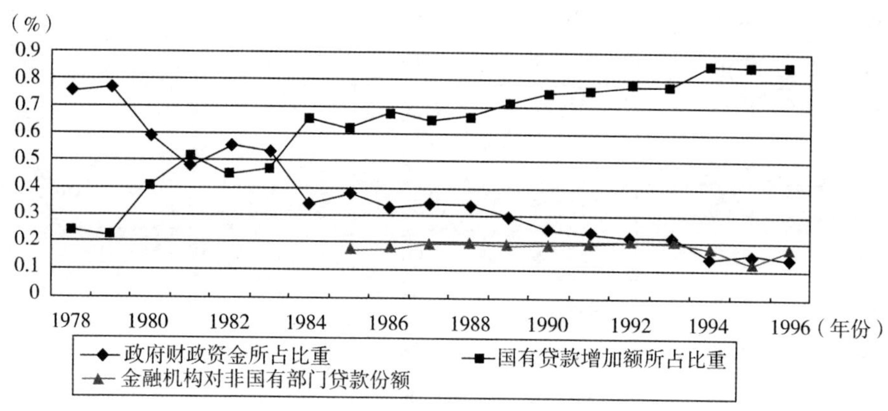

图4－7　国有经济生产投资的资本来源

注：该图主要反映国有经济生产投资资本中财政金融份额的变化情况，政府财政资金所占比重＝政府财政资金/(政府财政资金＋国有银行贷款增加额)；国有银行贷款增加额所占比重＝政府财政资金/(政府财政资金＋国有银行贷款增加额)。引自张杰(1998)，原始数据来自肖耿(1997)、《中国国情报告：1978—1995》《中国金融展望(1997)》。

① 在这期间，实施“拨改贷”政策的1984年是这些份额变化的关键年份。

据早期胡和立(1989)的测算,1988 年由于政府控制利率和市场利率之间的利差所形成的金融租金高达 1138.5 亿元,而当年国家财政收入仅为 2357.24 亿元,仅利差租金就占到当时国家财政收入的 48.3%,其中占中央财政收入比重更是高达 146.9%。万安培(1995)计算 1992 年通过利差获得的总租金高达 1983 亿元,在不考虑当年银行其他的资产损失情况下,该租金额已比胡和立 1988 年所估算值多出约 845 亿元。张兴胜(2000)对利差租金做了总体测算,结果发现利差租金从 1979 年的 183.6 亿元增长到了 1996 年的 4011.47 亿元①。

若换一个角度从国际上进行横向比较,也同样发现这段时间我国银行利差水平基本处于全世界最低水平。1980—1994 年全球平均利差水平为 5.58%,其中最不发达国家利差平均水平为7.65%,低收入国家平均水平为 7.55%,中等收入国家平均水平为 6.48%,即使是高收入国家的平均利差也达 4.07%。而从 1980 年到 1996 年同期我国的平均利差仅为 0.75%,远远低于世界其他国家的利差水平,如表 4-7 所示。因而从全球视角也可以看出,这段时间国有银行对不同经济部门的贷款额度分配以及所承担的低利差水平充分反映了国有银行充当着财政替代功能,并以利差租金的方式支持着国有经济部门发展,如图 4-8 所示。

表 4-7　利差水平的国际比较　　单位:%

年份	最不发达国家利差	低收入国家利差	中等收入国家利差	高收入国家利差	全球平均利差	中国利差
1980	—	7.80	—	—	—	-0.36
1981	6.88	7.75	—	—	—	-0.36
1982	7.00	7.63	—	—	—	1.44
1983	7.00	7.00	—	3.52	—	1.44
1984	7.25	7.25	—	3.50	—	1.44
1985	7.25	6.81	—	3.50	4.64	0.72
1986	7.33	7.23	—	3.54	4.81	0.72

① 利差租金 =(市场利率 - 管制利率)× 国有银行对国有经济部门贷款。对于市场利率与政府管制利率之间的利差比较难确定,为了计算方便,假定这段时间两者之差为 10 个百分点,详见张兴胜:《渐进改革中的金融控制》,《社会科学辑刊》,2000 年第 1 期。

续表

年份	最不发达国家利差	低收入国家利差	中等收入国家利差	高收入国家利差	全球平均利差	中国利差
1987	6.75	6.67	—	3.83	5.02	0.72
1988	7.96	7.46	4.96	3.77	4.84	0.36
1989	7.54	7.15	5.17	4.32	5.17	0
1990	8.70	7.42	6.00	4.16	5.47	0.72
1991	7.50	8.45	6.24	4.59	5.85	1.08
1992	8.32	8.17	7.33	4.67	6.72	1.08
1993	8.96	7.32	7.77	4.62	6.50	0
1994	8.68	9.17	7.86	4.77	6.79	0
平均利差	7.65	7.55	6.48	4.07	5.58	0.6

资料来源：根据 Wind 数据库整理而得。

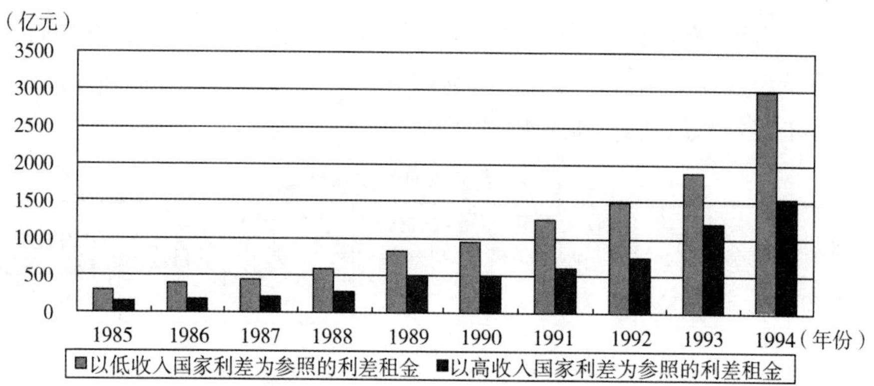

图 4－8　国际比较下国有银行提供的利差租金

注：利差租金＝（低/高收入国家利差－中国利差）×（国有银行对国有企业贷款额）。根据表 4－6 和表 4－7 计算整理而成。

与此同时，国有银行除了在不同经济部门上发挥着财政替代功能，即使是从区域的角度来看，国有银行贷款在平衡地区差异方面也发挥着重要作用。平衡区域经济差距可以通过财政支出和银行贷款两种方式，根据周立、胡鞍钢（2002）测算，1978—1998 年，政府财政支出对地区平衡作用一直在下降，由 1978 年的 62% 下降到 1998 年的 25%；而同期国有银行贷款在平衡区域差距的贡献稳定在30%，从1990年开始持续上升，特别是从1995年开始超过财政的地区差距平衡作用，由暂时性的代行财政功能转变成了主导财政功能。

表4－8　国有银行贷款与财政支出对地区差距平衡作用对比　　单位：%

年　份	1978	1980	1985	1990	1991	1992	1993	1994	1995	1996
财政支出平衡作用	62	70	64	50	44	48	44	34	28	27
国有银行贷款平衡作用	34	30	33	23	25	24	24	30	31	31

注：财政支出对地区差距平衡作用＝（1－地区财政支出差距/财政收入差距）×100%；国有银行贷款对地区差距平衡作用＝（1－地区国有银行贷款差距/国有银行存款差距）×100%。详细介绍可参见周立、胡鞍钢：《中国金融发展的地区差距状况分析（1978—1999）》，《清华大学学报》，2002年第2期。

（4）国有银行的财政贡献：一个总的计算

从改革开放到1996年，政府通过国有银行制度安排弥补了财政能力下降而带来的资金支持问题。正是在这样的制度安排下，政府通过获得货币发行收入、限制资产替代和低成本的获取金融剩余，并以补贴的方式将所获得的金融收益廉价地输送到国有经济部门。这种通过资金转移的方式有力地支持了国有经济部门的平稳发展，避免了因体制内经济的迅速下滑而可能导致的经济动荡局面。并且，这种金融制度在平衡地区经济差距方面也发挥了极为重要的作用。结合张杰（1998）和张兴胜（2001）等的研究，我们考虑从货币发行收入、国有银行税收贡献、国有银行金融支持以及利差租金四个方面来衡量国有银行的财政贡献①。这段时间国有银行总的金融补贴效益如表4－9所示，从1979年到1996年，国有银行税收贡献占总财政收入比重由0.54%上升到5.06%；国有银行金融支持和利差租金的财政贡献度分别由10.38%和16.02%提高到54.91%和54.15%%；而货币发行收入占总财政收入比重更是从1979年的4.76%提高到1996年的83.72%。

① 这里需要强调的是，关于国有金融的财政贡献，由于数据选取等因素不同的学者从不同的角度测算的具体值可能会有所差异。如张兴胜（2001）对该问题进行过研究，尽管其计算的数据结论自身有较大的矛盾与差异，但仍然可见国有银行的财政贡献度一直在较高水平，国有银行金融支持的作用非常明显。当然，由于数据获取以及细分指标选取等因素，张杰（1998）所计算的结论也不是极为精确，但相对而言在已有的文献中，其对这段时期所做的测量是目前最为详细的。虽然数值会有所差异，但从总体上仍能够看出这段时期国有银行的财政性替代功能。

表 4-9　国有银行财政贡献的总计算(1979—1996 年)　单位:亿元,%

年份	SE	BT	BS	IR	FR	SE/FR	BT/FR	BS/FR	IR/FR
1979	54.61	6.15	118.97	183.6	1146.3	4.76	0.54	10.38	16.02
1980	74.06	1.89	249.28	202.23	1159.93	6.38	0.16	21.49	17.43
1981	48.83	2.17	210.31	233.06	1175.8	4.15	0.18	17.89	19.82
1982	42.1	23.67	218.51	125.78	1212.3	3.47	1.95	18.02	10.38
1983	89.36	25.62	217.56	291.74	1366.9	6.54	1.87	15.92	21.34
1984	255.16	115.3	264.16	353.3	1642.9	15.53	7.02	16.08	21.50
1985	1064.25	250.7	308.69	464.67	2004.82	53.08	12.51	15.40	23.18
1986	443.4	301.1	484.15	607.32	2122	20.90	14.19	22.82	28.62
1987	279.59	341.2	949.79	747.99	2199.4	12.71	15.51	43.18	34.01
1988	725.74	336.3	1140.01	840.46	2357.2	30.79	14.27	48.36	35.66
1989	713.07	193.6	1423.79	1010.78	2664.9	26.76	7.26	53.43	37.93
1990	1322.23	390.2	1821.17	1209.2	2937.1	45.02	13.28	62.01	41.17
1991	1360.54	289.2	1880.75	1461.93	3149.48	43.20	9.18	59.72	46.42
1992	1299.81	248.3	2184.32	1745.02	3483.37	37.31	7.13	62.71	50.10
1993	2473.5	362.6	3394.17	2120.18	4348.95	56.88	8.34	78.05	48.75
1994	2793.76	135.8	2657.7	2694.78	5218.1	53.54	2.60	50.93	51.64
1995	2151.57	309.1	3320.85	3329.54	6242.2	34.47	4.95	53.20	53.34
1996	6201.7	375	4067.7	4011.47	7407.99	83.72	5.06	54.91	54.15

注:SE/FR 表示政府发行货币的收益占总财政收入的比重;BT/FR 表示国有银行税收贡献占总财政收入比重;BS/FR 表示国有银行金融支持占总财政收入比重;IR/FR 表示国有银行利差租金占总财政收入比重。其中货币发行收入用基础货币数额表示、国有银行金融支持用国有银行对公共部门赤字融资额表示、利差租金 =(市场利率 - 管制利率)×(国有银行对国有企业贷款额)。关于 SE、BT 和 BS 的数据来自张杰(1998),具体计算详见山西经济出版社出版的《中国金融制度的结构与变迁》附录第 355 - 357 页;IR 数据来自张兴胜(2007),具体说明和计算见中国金融出版社出版的《渐进改革与金融转轨》第 94 页。FR(财政总收入)的数据来自中经数据库。由于缺少统一的衡量标准,我们只是利用代表性学者的研究成果,以供进一步研究时做参考。

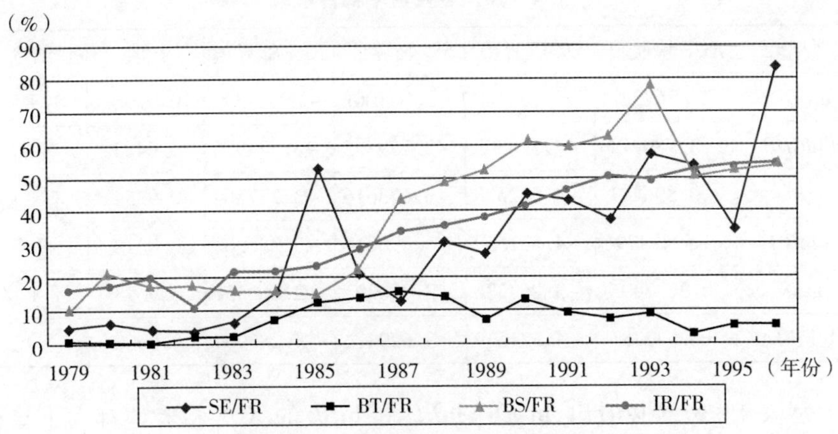

图 4－9　国有银行财政贡献的总计算(1979—1996 年)

注:根据表 4－9 绘制。

4.3.4　国有银行金融支持与经济增长:协整与 Granger 因果检验

在前文已有的基础上,我们对这段时间国有银行与经济增长之间的关系进行实证检验,看它们之间是否存在着一定的长期稳定关系①。综合时间序列对样本数据的最低要求以及 1998 年亚洲金融危机发生后,国有银行已通过缩减机构等方式对其功能做出相应调整,所以我们主要考察的是本章着重分析的时间段即 1978—1997 年。通过国内生产总值(GDP)、国有银行存款规模(用 BD 表示)和贷款规模(用 BL 表示)之间的关系来反映这时期国有银行与经济增长之间的关系。相应的数据从历年《中国统计年鉴》和《中国金融年鉴》整理而得,各数值均取对数。依据协整理论,做协整分析之前先对原序列平稳性进行检验。

单位根检验是检验时间序列平稳性的常用方法,它假定序列 y_t 服从 $AR(p)$ 过程,检验方程为

$$\nabla y_t = \gamma y_{t-1} + \xi_1 \nabla y_{t-1} + \xi_2 \nabla y_{t-2} + \cdots + \xi_{p-1} \nabla y_{t-p+1} + \varepsilon_t$$

其中,随机扰动项 ε_t 是白噪声,检验的结果如表 4－10 所示。

① 本书所使用的计量软件都是 EViews 6.0 版。

表 4-10　各变量平稳性检验

变量	ADF 检验值	1% 临界值	5% 临界值	10% 临界值	P 值	结论
ln*GDP*	2.076722	-3.959148	-3.081002	-2.681330	0.9996	不平稳
D(ln*GDP*)	-3.780919	-4.728363	-3.759743	-3.324976	0.0483	平稳
ln*BD*	-0.896447	-4.532598	-3.673616	-3.277364	0.9354	不平稳
D(ln*BD*)	-5.49479	-4.571559	-3.690814	-3.286909	0.0018	平稳
ln*BL*	0.268749	-3.857386	-3.040391	-2.660551	0.9693	不平稳
D(ln*BL*)	-6.842781	-4.571559	-3.690814	-3.286909	0.0002	平稳

从表 4-10 可以看出，ln*GDP*、ln*BD* 和 ln*BL* 的 ADF 检验值都大于显著性水平为 10% 的临界值，因此原序列都是非平稳的，对其一阶差分后，D(ln*GDP*)、D(ln*BD*)和 D(ln*BL*)都分别在 5%、1% 和 1% 水平上是平稳序列，因此这三个序列都是一阶单整序列，即 I(1)序列，在这基础上，我们对三者之间进行协整检验分析。做协整检验关键要确定序列 ln*GDP*、ln*BD*、ln*BL* 的最大滞后期。我们通过无约束的 VAR 模型（Unrestricted VAR），根据 AIC 和 SC 最小准则确定最佳滞后期为 2 期。在此基础上我们做 Johansen 协整检验，根据 AIC 和 SC 最小准则，在 5 个协整方程形式中，我们选择第 4 种方程形式，即序列和方程都有线性趋势，得到的协整检验结果如表 4-11 所示。

表 4-11　各变量协整检验结果

协整个数	特征值	迹统计量	5% 的临界值	P 值	最大特征根统计量	5% 的临界值	P 值
0*	0.755562	39.22726	35.0109	0.0167	25.35832	24.25202	0.0356
至多有 1 个	0.497579	13.86894	18.39771	0.1918	12.38969	17.14769	0.2158
至多有 2 个	0.078894	1.479252	3.841466	0.2239	1.479252	3.841456	0.2239

注：迹统计量和最大特征根统计量都显示在 0.05 的显著性水平上方程存在一个协整关系。

协整检验结果表明在经济增长、国有银行存款和贷款之间存在长期稳定的关系，在这基础上可以进一步得出协整方程

$$\ln GDP = 0.983262\ln BD + 0.278906\ln BL - 0.081895t - 0.776786$$

$$[-6.07016] \quad [-1.83265] \quad [2.00123]$$

对于 ln*BL* 项，查 t 分布表可知当 $n=20$，$\alpha=0.05$ 时，$t=1.7247$，绝对值

小于1.83265，这说明国有银行贷款对GDP的影响也显著。t表示趋势项。对协整方程的残差项进行单位根检验，发现残差项平稳，这表明在1978—1997年，国有银行的存贷款与经济增长确实有着长期稳定的关系。从方程中可以看出国有银行存贷款规模与经济增长呈正相关关系，而且国有银行吸收存款比国有银行发放贷款对经济影响更为明显，这在一定程度上反映了这段时期除了发放贷款支持经济增长外，通过国有银行吸收存款获取金融资源是一种有效的制度安排，其对经济增长有着更为重要的贡献。我们通过协整检验表明这段时期国有银行通过吸收存款进行金融补贴的方式确实保证了体制内经济平稳发展，有力地支持了渐进式改革。

我们已经确定ln*GDP*、ln*BD*、ln*BL*变量之间存在着长期的协整关系，但并不一定表明它们之间就存在因果关系，所以我们进一步通过Granger因果关系检验法对它们之间的因果关系进行考察。Granger检验的回归模型为

$$y_t = \alpha_0 + \alpha_1 y_{t-1} + \cdots + \alpha_k y_{t-k} + \beta_1 x_{t-1} + \cdots + \beta_k x_{t-k} + \varepsilon_t$$

$$x_t = \alpha_0 + \alpha_1 x_{t-1} + \cdots + \alpha_k x_{t-k} + \beta_1 y_{t-1} + \cdots + \beta_k y_{t-k} + \varepsilon_t$$

Granger检验的原假设是序列$x(y)$不是序列$y(x)$的Granger原因，即$\beta_1 = \beta_2 = \cdots = \beta_k = 0$。

根据Granger因果关系理论，只有平稳变量或者存在协整关系的非平稳变量才能进行Granger因果关系，并且Granger检验中的滞后长度也可由确定VAR模型的滞后期确定，所以我们选择滞后期为2期，进行因果关系检验，检验结果如表4-12所示。

表4-12　各变量之间的Granger因果关系

Null Hypothesis:	Obs	F-Statistic	Prob.	结论
ln*BD* does not Granger Cause lnGDP	18	13.1169	0.0008	拒绝
ln*GDP* does not Granger Cause lnBD	—	1.19402	0.3341	接受
ln*BL* does not Granger Cause lnGDP	18	6.33153	0.012	拒绝
ln*GDP* does not Granger Cause lnBL	—	0.45576	0.6437	接受
ln*BL* does not Granger Cause lnBD	18	0.37065	0.6974	接受
ln*BD* does not Granger Cause lnBL	—	0.59102	0.568	接受

从表4-12可以看出，当滞后2阶时，在5%的显著性水平上，国有银行存款增长和贷款增长都表现为经济增长的Granger原因，但反过来却不成

立。这一结论说明1979—1997年，国有银行存贷款规模增长确实是构成经济增长的重要因素。也就是说，在政府主导下而设立的国有银行制度安排虽然履行的是财政替代性功能，其成为改革过程中成本分担和风险聚集的“容器”，自身所具有的资金配置效率、风险分散等真正意义上的金融功能也没有多少发挥空间。然而也正是这样的制度安排在稳定体制内发展的同时也为体制外发展创造了条件，这符合国家效用函数，也适应了当时经济发展的需要，恰好地支持了中国的渐进式改革。

在适应性效率理论中，一个制度好坏与否，不在于其自身有多先进，而在于其与其他制度是否具有匹配性和相互适应性。在中国的渐进式改革中，首先需要的是动员金融资源的能力，其次才考虑对金融资源的配置效率，而国有银行恰好满足了这样的制度需求。因而在国家财政能力下降的情况下，正如张杰（1998）所言，倘若国有银行过早地追求自身的资源配置效率，那么就意味着为了保持体制内平稳增长的渐进式改革失去足够的金融支持。

4.4 本章小结

本章在“二重结构”的初始制度条件下，通过国家能力的扩展模型，即包括其自身所具有的实力、行为在技术上的可行性、获利程度及外在压力条件等，说明其与传统意识形态的巧妙结合形成了我国选择强制性金融制度变迁路径的充要条件。长期以来，金融功能财政化伴随着中国经济社会制度变迁，这些已有的传统也为国有银行财政性替代功能的制度安排提供了在意识形态上的“法理依据”，极大地减轻了该制度推行的摩擦成本。可以想象，即使是在“弱财政强金融”的经济格局中，若没有“大政府小社会”社会格局以及相应的意识形态等初始制度条件配合，那么国有银行财政替代功能也未必就能实现。正是这种正式规则与非正式规则保持内在一致性使得以财政替代功能为主导的国有银行成为当时一种有效的金融制度安排。尽管这样的功能从“标准”意义市场经济角度看是外生的，但是却内生于其所依赖的制度结构之中。

因此仅就制度结构中的政府力量而言，国家效用函数结构及其变化是理解国有银行承担财政替代性功能的重要线索。本章对“弱财政强金融”格局进行刻画后，从货币发行收入、国有银行税收贡献、国有银行金融支持以及利差租金四个维度衡量了国有银行的财政替代性功能的具体表现，并就这种表现的绩效进行相应的实证分析。实证表明虽然国有银行缺乏经典意义上的商业银行“现代”金融功能属性，但正是这种看似“落后”的制度安排却与其所处的制度环境相适应，表现出了一种适应性效率，为中国经济高速增长做出了不可替代的贡献。

第5章　制度结构调整、适应性效率与国有银行功能演进

尽管以财政替代功能为主导的国有银行曾经作为一种合理的金融制度安排,支持了中国的渐进式改革,但随着渐进式改革的推进,国有银行所依赖的制度结构中的政府与市场力量对比将逐渐发生变化,而这种制度结构的调整正是理解国有银行功能演进的重要线索。在新的制度环境中,曾经具有比较优势的财政替代功能的制度安排,随着外部环境的变化,曾经的"优势"将可能变为"劣势",也就是说,这样的制度安排若不能随时调整,其收益将是时间的递减函数。银行适应性效率理论强调的是一种制度是否具有适应性效率,关键就在于其是否能依据制度结构的变化做出灵活性调整以适应新的环境。

5.1 国家风险偏好转移与银行功能财政化削弱:适应性效率的另一面

5.1.1 金融控制成本

如前所述,国有银行将大量资金低成本地转移给国有经济部门,最大限度地维持着"体制内产出"的稳定,避免了经济转轨过程中类似苏联在其国家改革中出现的因"体制内"产出迅速下降而引起经济组织崩溃和社会急剧动荡的局面。国有银行的这种"扭曲"式财政性替代功能分担了改革的成本,并在当时的背景下较好地满足了国家的效用需求,适应了经济社会发展的需要。换句话说,国有银行过早的商业化金融服务功能并不符合中国渐

进式改革的逻辑,很可能会导致平稳改革进程的中断。可见,一个有效的金融制度安排应是能与其所处的周边环境相"吻合",并能够灵活地调整自身功能以适应所处周边条件的变化,而不在于这种制度安排本身"先进"与否。

然而不得不承认,这种以"扭曲"国有银行功能为代价的金融支持下的渐进式改革是以金融改革的滞后性和巨大的风险积聚为代价的。随着渐进式改革在其他领域的成功,特别是经济增长所带来的国家财政能力上升以及市场力量增强等因素下,这些外部制度条件发生变化所导致的国家效用函数变迁,使得继续保持原有的财政性替代功能金融制度安排的成本与风险日益上升,越来越难以适应政府与市场力量格局的变化。国家效用函数与金融增长的不一致性是理解中国金融制度变迁中的一个关键变量,只有当金融增长对国家而言有利可图或者至少无负面影响时,国家才会去支持金融增长过程(张杰,1998)。

随着市场经济改革的推进,国家控制金融的收益在递减,易纲(1996)研究认为,1985年后,中国的货币化进程显著放慢,超额的货币供给造成了通货膨胀,相应的货币化收益也随之下降。特别是在1992年以后,经济货币化程度已经达到定点,但随着经济改革向纵深发展,各利益主体之间的矛盾日益突出,为了满足巨大的体制改革补贴需求,货币量的超发进一步导致了通货膨胀的加剧(谢平,1996)。如果说,货币化收益还处于递增阶段时,国家对金融控制还是主动的,而当货币收益进入递减阶段时,在经济体制转换没有及时调整时,那么再对金融进行控制便会具有被动的性质(张杰,1998)。据其测算,在1988年前后,国家控制金融逐渐由主动转为了被动,控制成本迅速上升,为了更加清晰地洞察控制成本收益演变历程,我们借用张杰(1998)的研究加以说明。如图5-1所示[①],从1979年到1991年,国家控制金融的总收益一直大于总成本,这期间国家获得的净收益达到6939.59亿元。但国家控制金融的成本也一直在增加,特别是1992年后每年国家控制金融的成本都超过了其控制所获得的收益,1992—1996年,国家支付的净成本高达16570.92亿元。其中1992—1994年短短3年,国家控制金融成本就超过收益6946.92亿元。控制成本的迅速上升,无疑给国家造成了很大的压

① 这里需要说明的是,尽管张杰(1998)努力地对此进行详细刻画,由于种种资料限制以及一些方法问题等因素,因此并不能意味着该数值就完全精确,但至少该变化图还是大致可以反映出国家控制金融收益与成本的总体趋势情况。

力。可见，就国家角度而言，国有银行财政替代性功能下出现的信贷量屡屡超预期扩张与信贷资金配置低效率的困局①，使得原有的金融安排面临着重新调整的主观意愿。

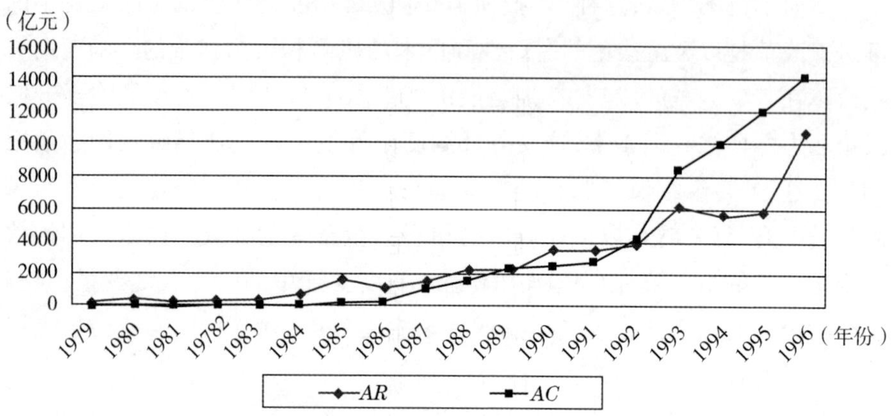

图5－1　国家金融控制的收益与成本变化（1979—1996年）

注：AR表示金融控制总收益（货币发行收入＋国有银行税收贡献＋国有银行金融支持）；AC表示金融控制总成本（国有银行经营费用＋中央银行监督费用＋国有银行存款利息支出＋国有银行不良债权）。关于各个分项指标数值和计算方法可参见张杰1998年在山西经济出版社出版的《中国金融制度的结构与变迁》第70页和附录第355页。

5.1.2　软预算约束与不良资产：机理与表现

诚然，国有银行使得私人贷方与国有借方建立起了金融联系，优势在于有效地动员了居民储蓄，这有助于经济增长。但其缺陷同样明显，即无法对风险进行分拆，因为从本质上而言国有借方产权都是单一性的，最多只是保证风险的分割而无法做到真正的分离。随着改革的推进，国有银行所承受的风险压力越来越大，而且这种风险随着经济增长在迅速积累。特别是国家监督的效率随着国有银行与国有企业规模扩张而逐渐下降，随着经济不断发展，一个社会好项目的概率越来越小，而差项目的分布却在增大，对项目"不加取舍"的国有银行面临的金融风险必然不断增加。

① 1985—1993年，中央银行实际贷款规模超过年初贷款计划累计达5168亿元，平均超贷率为35%，其中1986年竟高达77%（于学军，2007）。

5.1.2.1 软预算约束与不良贷款形成机理分析

软预算约束概念(Soft Budget Constraint)是科尔奈(Kornai,1980)在其经典著作《短缺经济学》中首先提出用来解释社会主义经济中的经济行为及其绩效水平。科尔奈(2002)将其定义为“计划经济中由政府或其他权威机构事后支付(至少将额外支付部分外部化)个体经济组织超额支出这种曾经普遍存在且明显不同于市场经济的做法”。与其相对应的是“硬预算约束”,即在优胜劣汰的市场机制下,经济组织的一切活动都以自身拥有的资源约束为限。软预算约束至少有两个主体(施华强,2003、2004),即预算约束体和预算支持体。其中预算约束体是指那些在以自由资源为制约的前提下,若出现收不抵支的情况,在没有外部救助的情况下不能继续存续的组织,如国有企业等;预算支持体是指那些受政府控制,可以直接转移资源来救助陷入困境的预算约束体的组织,如对国有企业提供补贴的国有银行,对国有银行提供救助的中央银行等。随后这一概念被迅速援引,已经远远超出了原先的社会主义经济或转轨经济范畴,许多私有化经济中也存在着软预算约束现象,成为全世界经济中普遍关注的焦点①。对于软预算约束的成因,大致有以下几种观点:一是认为政府的“家长主义作风”导致对亏损企业频频补贴(Kornai,1980;Hillman 等,1987;Schaffer,1989);二是认为是政治家对企业行为的影响而产生的(Sheifer & Vishny,1994);三是认为由于借款者和贷款者之间的信息不对称而直接导致(Dewatripon & Maskin,1995)。特别是自 Dewratripont 和 Maskin(1995)的开拓性贡献以来,软预算约束成为银行不良资产和金融危机产生原因分析的重要切入点②。

我们先借用 Dewratripont 和 Maskin(1995)模型说明一般意义上的商业银行的软预算约束问题。在沉没成本自我积累的特征下,当所有的前期贷

① 软预算约束是全世界普遍存在的现象,只不过相对而言在转轨经济国家中更为严重。但在私人经济中同样存在,20 世纪 80 年代初私人经济发达的美国曾发生储贷协会危机,由于监督当局监管宽容没有及时按照市场规则关闭该机构而导致的软预算约束使得直接处理成本从 700 亿美元上升到 1400 亿美元(菲尔得斯坦,2000)。同样,21 世纪初这次金融危机中各国注资行为实际上正是对该现象的又一次证明。

② Berglof 和 Roland(1998)曾对软预算约束在银行理论中的发展进行整理,认为银行和企业造成银行软预算约束有以下几个原因:其一,继续注资行为的事后收益预测;其二,由于企业间存在极强的相互依赖性,复杂的利益关系无形中使得硬化预算的机会成本更大;其三,暂时找不到更好的投资选择;其四,由于存款保险及期望企业能够复苏的侥幸心理,激励了隐瞒坏账的行为;其五,银行正在寻求实施预算软化的寻租行为。

款都成为沉没成本时，商业银行对企业实施软预算约束而非清算有时反而是一种事后最优的选择。

(1)假定市场中存在好坏两种项目并以一定的概率分布存在，但由于信息不对称，银行无法识别项目类型。

(2)项目的启动成本相同均为1个单位货币并且资金来源都从银行获得，且所得贷款期限也相同。

(3)当贷款到期时，好项目给银行带来的收益为 $Ig-1$，给企业带来的收益为 Sg，且都大于0，即银行和企业获得的收益为($Ig-1$, Sg)。

(4)当所遇到的是坏项目时，那么商业银行将面临两种选择：一是对企业实施破产清算，银行获得的清算收益为 $L-1(L-1<0)$，企业获得的收益为 Sb ($Sb<0$)，即收益为($L-1,Sb$)；二是对项目实施再融资让企业最终完成项目，此时银行最终获得的收益是 R(R 是一个随机变量，取决于新一期项目完成情况)，$0<R<\bar{R}$。

(5)为了保证新的资本投入有回报，银行有必要对项目实施监督，假设监督的努力为 $p(p\in[0,1])$，当p越大时，项目获得的收益R也越大，同时努力的成本 $C(p)$ 也越高，$C'(p)>0,C''(p)>0$，$C(0)=C'(0)=0$，且 $C'(1)=\infty$，这样可以求得最佳的努力程度 $p^*\in(0,1)$，此时 $R=C(p^*)$。银行获得的净收益 $\Pi=p\cdot R+(1-p)\cdot 0-C(p)-2$ (a)，企业获得收益为 S_f。

(6)对(a)中努力程度 p 一阶求导，可得出银行在第2期时的最大净收益，$R=C'(p^*)$。显然，只要当银行所获得的净利润 $\Pi^*=p^*R-C(p^*)-2>L-1$ 时，即新的贷款所带来的收益大于清算的收益时，银行就会选择再贷款。

该理论模型虽然没有太深的数学公式，简单易懂，却意义深刻。在D－M模型中，表明由于信息不对称和前期投入的沉没成本等因素，即使是纯粹的商业银行在利润最大化目标下也可能遭遇软预算约束问题，从而使得信贷规模不断膨胀，超出最初的约定。说明在任何经济中由于信息不对称等原因，软预算约束实际上是一个普遍现象，它是“事后有效”(通过新增贷款的监督和项目的最终成功)对“事前有效”(若事先信息是对称的，商业银行就会果断拒绝坏的项目)的一种替代。

但是上述模型中并没有考虑政府因素，然而在政府干预下的信贷市场中，国有银行信贷目标并不是单一的而是具有双重性的，除了经济目标外，它还兼具政府意志下的社会目标。国有银行的经营行为不同于一般意义上的市场主体,它具有经济效益和社会效益双重目标属性。在这种情形下,一项信贷交易的实现,除了项目自身预期收益高低外,还包括该信贷项目是否能支持政府的产业政策等其他社会价值。我们假设国有银行贷款面临两种收益标准,即经济收益(R_1)和社会收益(R_2),其中 R_1 主要取决于项目自身的投资收益率 i,R_2 则取决于政府的政策目标效用 s,这样一个项目的总收益 $R = R_1(i) + R_2(s)$。现在存在以下两种类型项目:

$$R^a = R_1^a(\mathrm{i}) + R_2^a(s)$$

$$R^b = R_1{}^b(\mathrm{i}) + R_2^b(s)$$

其中,$R_1^a(i) > R_1^b(i)$,$R_2^a(s) < R_2^b(s)$,且 $R^a < R^b$。若银行只考虑经济效应,则会选择给项目 a 贷款,而拒绝项目 b;但在双重目标下,收益率曲线发生变化,银行会选择给项目 b 贷款,而拒绝了经济收益较高的 a 项目。正是这种按照综合效益原则而非按照简单的经济效益原则所给予信贷支持的贷款模式形成了中国金融中特有的"体制性呆账"。

因而在政府介入下,即使这样的信贷市场中信息是对称的,即国有银行事先就知道是一个坏的项目,但在政府意志下国有银行也会"毫不犹豫"地选择放贷以完成政治任务;退一步讲,若信贷初期信息是不对称的,银行选择了一个坏的项目,在第二期是清算该项目还是再贷款时,政府对项目的担保或承诺会使其收益曲线发生扭曲,项目的经济效益远远低于预期。当然,也正是在这种情形不可避免地给国有银行信贷带来了相应的"投机性机会",银行会降低对项目识别和监督的努力程度,并将由自身原因造成的不良贷款"归因"于政策性因素而推脱自己责任。

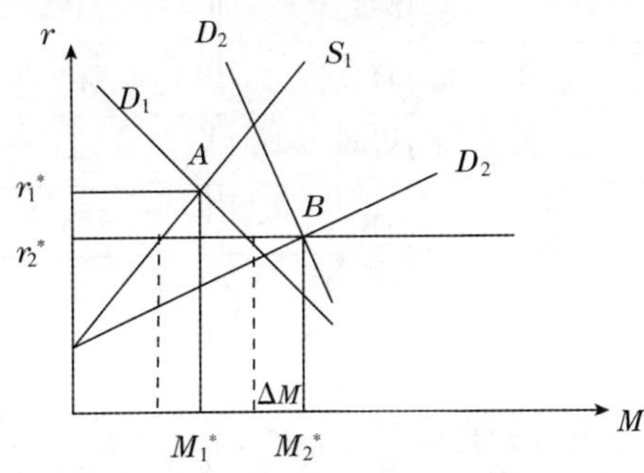

图5-2 软预算约束下的信贷膨胀

在图5－2中，在新古典意义上的信贷市场中，D_1和S_1以经济利益最大化为目标的信贷需求和供给曲线，银行和企业之间最终形成的信贷均衡点是A点，此时市场均衡利率r_1^*，信贷量M_1^*。但是在政府主导下的信贷市场中，不论是国有银行还是国有企业都不是完全按照商业规则经营，而是遵循政府的效用偏好，因此一笔信贷交易兼具经济效益和社会效益。在政府干预下的资金供给和需求都发生偏移，即在同样的利率水平下，政府干预下的国有银行存在“信贷冲动”，会发放更多的信贷（或者说在同样的信贷量下，能够承受更低的利率水平），如S_2所示；国有企业存在“资金饥渴”，即在同样的利率水平下有更多的资金需求（或者说是同样的信贷供给水平下，愿意承受更高的利率），如D_2所示。为了满足一定的政府社会目标，政府干预下的利率r_2^*低于市场均衡利率r_1^*，与此相对应的信贷量为M_2^*。

从图5－2可以发现，与新古典意义的市场相比，政府干预下的信贷市场利率水平更低（$r_1^* < r_2^*$），但信贷量却在扩张（$M_2^* > M_1^*$）。因为在承担着经济和社会双重目标下，即使项目收益率已经低于平均无风险回报率，国有银行仍愿意放贷，这样不良贷款不断累积，金融风险也日益加大。可见，在成熟的市场经济中，商业银行不良贷款主要是由信息不对称或宏观经济波动等因素引起的（Mishkin，1995；IMF，1997），但在中国不良贷款剧增是在双重软预算约束（国有企业软预算、国有银行软预算）和政策性负担叠加下所付出的配置效率和资产的损失①。

表5－1　软预算约束下的超额信贷（1985—1993年）

年份	计划贷款规模（亿元）	实际贷款规模（亿元）	超额贷款（亿元）	超额/计划（%）
1985	713	1140	427	0.60
1986	950	1685	735	0.77
1987	1225	1442	217	0.18
1988	1560	1519	－41	－0.03
1989	1600	1858	258	0.16

① 这其中两个制度安排非常关键：一是“拨改贷”政策，造成很大部分贷款本金被国有企业当成资本金使用，由此形成了国有企业软预算约束沉没成本；二是国有银行和国有企业改革时间不一致，由此形成政策性沉没成本（施华强，2004）。

续表

年份	计划贷款规模(亿元)	实际贷款规模(亿元)	超额贷款(亿元)	超额/计划(%)
1990	1750	2757	1007	0.58
1991	2100	2878	778	0.37
1992	2830	3571	741	0.26
1993	3800	4846	1046	0.28

资料来源：于学军：《从渐进到突变：中国改革开放以来货币和信用周期考察》，第108页，中国社会科学出版社，2007年版。

正因如此，一方面软预算约束增加了商业银行的消极性，即当其知道政府将事后干预时，将产生对坏的项目进行“复活性投机”以获取高收益；另一方面在政府干预的预期下，也会强化商业银行借款者的道德风险行为（Dewatripont & Maskin，1995）。据中国人民银行调查表明，截至2000年末，在四大国有银行及交行开户的62656户改制的企业中，由金融债权管理机构确认的逃废债企业占改制企业中的51.29%，其中国有企业22296户，约占逃废债企业总数的70%，占逃废债总额的69%，国有银行则是这些企业逃废债的主要对象。在国有银行不良贷款中，20%是由自身因素造成的，而外部原因却占了80%，其中企业经营不善占60%，政策性因素占10%，国家产业结构调整导致的因素占10%（中国人民银行，2003）。

5.1.2.2　不良贷款表现

首先，国有银行不良贷款形成很大成因在于其承担了政策性负担。截至2000年底，四大国有银行承担的特定贷款总计高达7471.6亿元[①]，若按“一逾两呆”口径计算，不良贷款为4797.41亿元，不良率高达64.21%（如表5－2所示）。

① 特定贷款即政策性贷款，分为三类：第一类是指令主体直接指定的贷款，这种类型直接指令到具体项目和具体金额；第二类是指令主体提出政策需求的贷款，虽然没有指定贷款的项目和金额，但其作为国家的一项政策，是四大银行必须执行的贷款，如发放的亏损企业职工工资贷款等；第三类是指令主体通过文件引导四大银行的贷款投向，这类型贷款不具有强制性，通常将第一、第二类贷款称为特定贷款（人民银行，2001）。

表 5 -2 2000 年底四大国有银行特定贷款情况

名称与类别		不良贷款"一逾两呆"(亿元)	贷款余额(亿元)	不良贷款率(%)
工商银行	直接指定	664.28	1022.78	64.95
	政策要求	540.11	700.63	77.09
农业银行	直接指定	303.42	369.92	82.02
	政策要求	2661.59	3820.67	69.6
中国银行	直接指定	254.29	407.65	62.38
	政策要求	0.25	9.91	2.57
建设银行	直接指定	201.03	302.46	66.5
	政策要求	172.47	837.14	20.6

资料来源：人民银行调查报告、工行调查报告、建行调查报告，转引自杨军：《关于国有商业银行信用风险成因与识别分析》，第 60 页，清华大学，2003 年。

其次，不同机构基于不同视角对不良贷款数据有些差异。国外机构倾向于高估该比重，如美国穆迪公司估算 1996 年中国不良贷款率在 35% ~70%，而同期国内银行研究机构的估算则在 20% ~29%；2003 年中国银监会披露我国国有商业银行不良贷款率为 24.13%，而美国标普公司的估算则认为不良贷款高达 40%。施华强(2005)对我国 1994 年到 2004 年间的不良贷款情况进行了系统整理，如表 5 -3 所示。

表 5 -3 国有商业银行不良贷款率和不良贷款余额(1994—2004 年)

年份	账面不良贷款		五级分类标准调整后的不良贷款		剔除政策性剥离因素后的不良贷款	
	不良贷款率(%)	不良贷款余额(亿元)	不良贷款率(%)	不良贷款余额(亿元)	不良贷款率(%)	不良贷款余额(亿元)
1994	20	6371.26	25	7964.08	25	7964.08
1995	22	8597.33	27	10551.27	27	10551.27
1996	24.4	11574.69	29.4	13946.56	29.4	13946.56
1997	27	14279.88	32	16924.3	32	16924.3
1998	35	21453.21	40	28236.12	40	28236.12
1999	39	25027.47	44	28236.12	44	28236.12

续表

年份	账面不良贷款		五级分类标准调整后的不良贷款		剔除政策性剥离因素后的不良贷款	
	不良贷款率（%）	不良贷款余额（亿元）	不良贷款率（%）	不良贷款余额（亿元）	不良贷款率（%）	不良贷款余额（亿元）
2000	29.18	19521.8	34.18	22866.86	55.11	36866.86
2001	25.37	18773.8	30.37	22473.8	49.29	36473.8
2002	26.1	22080.6	26.1	22080.6	42.65	36080.6
2003	19.74	19641.3	19.74	19641.3	35.79	35610.3
2004	15.57	15751	15.57	15751	34.11	34507

资料来源：施华强：《国有商业银行账面不良贷款、调整因素和严重程度：1994—2004》，《金融研究》，2005 年第 12 期。

从表 5－3 可以看出，在账面上国有银行不良贷款率下降明显，特别是 1999 年对不良贷款剥离之后，不良贷款率从 1999 年的 39% 高峰，下降到 2004 年的 15.57%。与此相对应，不良贷款余额也在不断减少。尽管如此，但是在考虑剔除了政策性因素和分类方法等影响因素后能发现不良贷款率下降并不明显，不良贷款率比重最高出现在 2000 年超过一半，为 55.11%，此后虽有所下降但仍占 30% 以上。若与 1994 年相比，不良贷款率不降反而上升。这表明，自 1999 年以来，账面不良贷款率和不良贷款余额的下降很大程度上应归功于两次政策性剥离（施华强，2005）。国有银行承担财政替代性功能下，不良贷款的累积实际上是渐进式改革开放过程中金融风险的聚集和表现。当经济发展到新的阶段，特别是由“卖方”市场转为“买方”市场时，不良贷款所带来的金融不稳定因素日益成为社会关注的焦点，成为经济进一步发展的拖累。图 5－3 中进一步显示了从 1985 年开始到 2004 年（2005 年四大国有银行开始陆续上市），不良贷款在国内生产总值的比重情况。20 年间，不良贷款占 GDP 比重从 0.14% 增长到 21.58%，平均为 18%。特别是 1997 年亚洲金融危机后，国有银行不良贷款问题更是引人注目，其中 1998 年到 2001 年间的不良贷款比重最高，4 年间平均达 33.84%，2000 年更是达到 37.16% 的历史最高值。

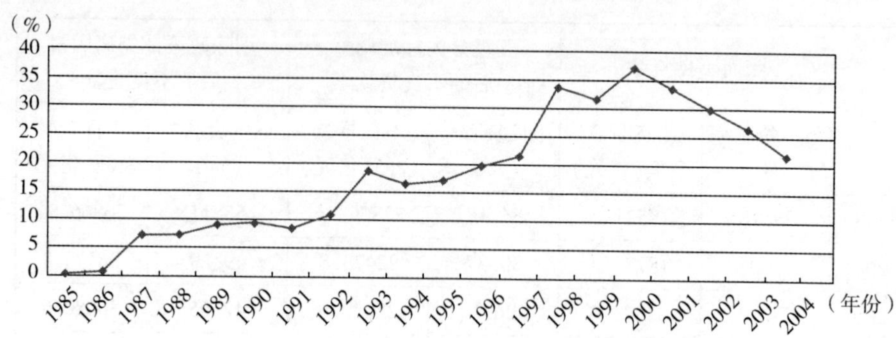

图 5-3 不良贷款占 GDP 比重趋势(1985—2004 年)

资料来源:1985—1993 年数据根据《中国金融统计年鉴》相关资料整理;1994—2004 年数据根据施华强(2005)账面不良贷款数据计算而得。

如果说改革前期这些不良贷款是为了支持渐进式改革需要所付出的代价,那么随着改革的深入,改革后期这些不良贷款激增则表明原有的金融制度安排所产生的效益逐渐减弱,国有银行金融风险的聚集日益成为进一步改革的重要障碍。如第 4 章所分析,随着经济快速增长,就国家效用而言逐渐从租金偏好向效率偏好转移,这其中削减这些曾对中国经济改革具有重大意义的不良资产也自然成为国家效用函数变化中的应有之意。要消除这些不良资产,则需要从其生成逻辑入手,而从上文的分析中可知这又需要对国有银行所承担的财政性替代功能做出调整,以适应经济发展的需要。特别是改革的后期,国有银行的"机会主义"行为加剧了不良贷款形成,这在一定程度上也强化了国家决定扔掉"烫手的芋头"的主观意愿和决心①。

5.1.2.3 国家财政能力增强、地方政府利益介入与国家偏好转移

1994 年财税分权式改革,推动了中国经济的快速增长(Qian & Weingast,1996;林毅夫,2000;周业安、章泉,2008)。随着财税体制调整,征税信息系统改善,经济的高速增长又进一步提高了国家财政收入,国家财政能力得到迅速恢复。首先,中央财政收入占 GDP 比重自 1993 年降到最低点

① 1997 年亚洲金融危机爆发时第一次全国金融工作会议召开可以认为是国家对金融风险意识的高度重视和态度的重要转变点。

2.71%后，随着1994年财税改革所占比重不断上升，至2010年已经上升到10.59%；国家财政收入所占比重也呈逐步上升趋势，从1995年的最低点10.27%上升到20.71%。其次，若从增长率的角度看，以1994年财税改革为分界点，1978—1993年，财政收入的年均增长率为10.87%，而同期GDP增长率达16.33%①，财政收入增长水平明显低于经济的同期增长；1994—2010年，财政收入增长速度明显提升，年均增长率达19.04%，同期的GDP平均增长率为15.59%，财政收入的增速远远超过了前一时期（见图5-4）。由前文的分析可知改革以来国家财政能力在一段时间内呈下降趋势，为弥补财政能力下降，国家通过动员金融资源方式来"替代"因财政下降而造成体制内经济的下滑，那么随着经济快速增长和财税改革所带来的财政能力上升则为国家摆脱对原有金融制度安排的过度依赖提供了意愿的可行性，为国有银行"去财政化"创造了条件。

更进一步而言，1994年财税制度（特别是税收种类的重新调整）改革是对中央与地方在财权和事权结构的重新调整。中央收入占总收入比重1993年下降到最低点22.02%，此后基本上维持在52%左右的水平，地方收入所占比重则由77.98%下降到48%左右；然而从事权的角度则可看出同期中央和地方分权极为不均衡，虽说1994年之前地方财政收入超过中央，那么地方在承担的事务方面也基本如此，地方也承担着更多的事务，如1993年地方收入比重为77.98%，其支出比重也高达71.7%。然而1994年之后，地方收入比重虽然下降，但其所承担的事务却没有下降反而呈上升趋势，如2010年地方收入比重为48.78%，同期的支出比重却达到了82.2%。1994年后，中央财政开始出现剩余，此后不断增加，自2010年时累积财政剩余高达12.9万亿元，而地方从1994年开始出现财政赤字，同期累积财政赤字高达16.5万亿元，如表5-4所示。

表5-4 财税分权改革后的中央与地方财政收支变化（1993—2010年）

年份	中央财政收入/GDP（%）	总财政收入/GDP（%）	中央收入/总收入（%）	地方收入/总收入（%）	中央财政净收入（亿元）	地方财政净收入（亿元）
1993	2.71	12.31	22.02	77.98	-354.55	61.2
1994	6.03	10.83	55.70	44.30	1152.07	-1726.59

① 这里所说的增长率都是名义水平上的比较，1994—2010年的也是指名义水平。

续表

年份	中央财政收入/GDP(%)	总财政收入/GDP(%)	中央收入/总收入(%)	地方收入/总收入(%)	中央财政净收入(亿元)	地方财政净收入(亿元)
1995	5.36	10.27	52.17	47.83	1261.23	-1842.75
1996	5.14	10.41	49.42	50.58	1509.8	-2039.36
1997	5.35	10.95	48.86	51.14	1694.42	-2276.84
1998	5.80	11.70	49.53	50.47	1766.4	-2688.63
1999	6.52	12.76	51.11	48.89	1696.88	-3440.47
2000	7.04	13.50	52.18	47.82	1469.32	-3960.59
2001	7.83	14.94	52.38	47.62	2814.72	-5331.26
2002	8.63	15.71	54.96	45.04	3616.94	-6766.45
2003	8.74	15.99	54.64	45.36	4445.17	-7379.87
2004	9.07	16.51	54.94	45.06	6609.02	-8699.44
2005	8.95	17.11	52.29	47.71	7772.56	-10053.6
2006	9.46	17.92	52.78	47.22	10465.22	-12127.8
2007	10.44	19.31	54.07	45.93	16307.1	-14766.7
2008	10.41	19.53	53.29	46.71	19336.39	-20598.7
2009	10.54	20.10	52.42	47.58	20659.92	-28441.6
2010	10.59	20.71	51.13	48.87	26498.74	-33271.4

资料来源：根据中经数据库整理计算而得。

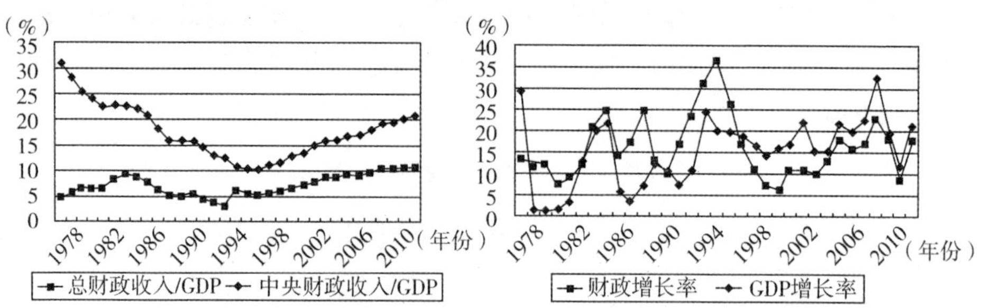

图 5-4　国家财政能力变化趋势(1978—2010 年)

这种财政收支权力结构的矛盾导致了中央与地方对金融资源控制权的冲突，中央与地方政府之间财政权力的博弈是我们理解国有银行制度变迁的重要线索。在 GDP 主导下的官员晋升考核机制致使地方政府高度“关切”经济增长，但由于财政控制权的削弱，地方政府要发展经济，则需更多地依赖于金融资源的支持，此时国有银行下设的分支机构受到地方政府的支配力量会越来越强。也就是说，地方政府在其财政能力下降的情况下，更有意愿控制国有银行地方机构以使其继续发挥着财政替代性功能。这意味着国有银行的效用函数中除了追求自身利益最大化外，还需要同时满足中央与地方的效用函数，这预示着国有银行的行为将反映出国家与地方政府之间的利益冲突(张杰,1996)。地方政府力图通过金融资源上“长板”弥补财政权力上的“短板”行为，时常造成金融信贷上的倒逼效应并加大中央政府调控经济的难度。更严重的是，地方政府之间对金融资源争夺、国有银行的机会主义行为导致的各种金融成本和风险(如前文提到的各种控制成本和各级政府行政干预所导致的不良贷款激增等)最终却需要由国家来买单。在“技术上已经处于破产”的国有银行之所以能够保持“超稳定”状态，关键在于国家能够以其声誉做担保，这强化了储户和市场对国家担保下的国有银行“大而不倒”的信念，造就了中国特有的“软预算约束下的金融稳定模式”(施华强,2010)。但问题是，包含了地方政府效用和国有银行自身机会主义所带来的风险包袱越来越大，并且以这种“身家信誉”为担保的方式越来越偏离国家的效用函数，正是这种中央与地方财政权力冲突而导致在国有银行承担财政性替代功能上成本与收益的不对称性局面，所引起的巨大金融风险加速了国家对国有银行去“财政化”的决心①，特别是 1998 年亚洲金融危机爆发进一步增强了国家对这种模式下金融风险的防范意识。

我们用 Q 代表经济发展阶段或经济规模水平，S 代表国有银行财政替代性功能对国家带来的净收益②，可以得出如下关系：

如图 5-5 所示，当经济规模达到 E 点之前，$\partial S/\partial Q > 0$，并且 $\partial^2 S/\partial^2 Q < 0$，国有银行财政替代性功能对国家带来的正效应不断增强，但随着国家财政能力恢复及中央与地方权力结构调整造成的金融风险等因素，这种正效应在递减，但整体而言在这一时期这种功能下的制度安排仍符合国家的效用函数；在 E 点时，$\partial S/\partial Q = 0$，国有银行财政替代性功能对国家带来的净收

① 自 1998 年以来，国家为防范和化解金融风险，采取了一系列措施加强了对金融资源的控制，如取消中央银行地方分支机构的放款权、上收国有商业银行地方分支机构的信贷审批权，强化信贷人员责任终身制等。

② 这里的净收益是总量概念而不是边际概念。

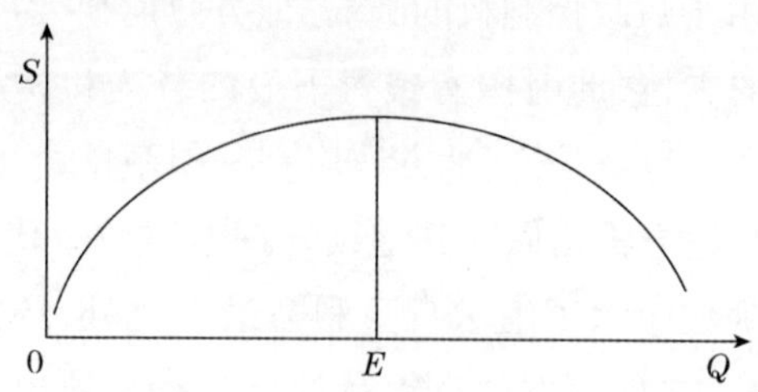

图 5－5 国家效用函数下国有银行财政替代性功能净收益变化

益，此时达到了理论上的国有银行最佳规模水平①。当经济规模超过 E 点即在新的经济发展阶段时，$\partial S/\partial Q < 0$，并且 $\partial^2 S/\partial^2 Q > 0$，国有银行财政替代性功能逐渐“失灵”，净收益日益下降，而且市场规模越大，原有金融制度安排与经济发展的适应性越来越弱。由此可见，随着经济规模日益增大，国家通过控制金融资源以获得“金融租金”方式推动经济发展的成本逐渐上升并且这种控制所带来的风险问题也变得更加突出，这使得国家存在着促使国有银行转变其功能的主观需要。另外，随着经济长期增长特别是财税分权式改革所带来的国家财政能力提升为国家弱化国有银行财政替代功能提供了这种改变意愿上的可行性安排，尤其是当政府之间结构权力（中央与地方政府）的调整与冲突所带来的金融风险与收益的不对称性使得国有银行的行为更加偏离了国家效用函数。不同经济规模和市场交易水平下，国有银行承担“第二财政”功能所带来的成本与收益变化及对金融风险意识的转变导致国家有意愿也有能力推动国有银行功能的转变。

5.2 市场力量成长下的银行金融功能内生性

上节中仅从制度结构中的政府力量角度分析了在新的制度环境下，国有银行财政替代功能对国家而言，原先的控制成本不断增大，同时这种制度安排下导致的金融风险放大效应促使国家效用偏好逐渐向效率方向转移。但正如银行适应性理论中所提到的，国有银行功能演进是政府与市场力量

① 当然这里的 E 点并不是一个确定值，而是一个区间范围值（就国有银行而言该时间点在 1996 年前后），这种转变与国家效用函数变化密切关联，也与后文将分析到的市场力量发展关系密切，这里暂先仅从国家效用予以考虑。

对比博弈的过程,同时期,市场力量的成长要求国有银行提供更多的“市场因素”金融服务,这进一步诱致国有银行向金融服务功能转变。就市场力量而言,下文将通过国有银行资产负债表中的负债结构(国有银行资金的提供者)、经济结构(国有银行资金的需求者)以及银行结构和金融结构(国有银行信贷的竞争者)三个角度刻画市场力量的成长,正是这两种力量变化共同构成了国有银行功能由财政性替代功能向金融服务功能转变的内在演进逻辑。

5.2.1　负债结构变化:金融资源禀赋调整与金融利益诉求

银行负债是银行资金来源的重要渠道,是金融机构动员金融资源能力的重要体现。负债结构变迁是金融资源禀赋调整的过程,意味着不同利益主体间的博弈,更重要的是它反映出不同经济主体之间的利益诉求。因而国有银行中的企业存款、居民储蓄存款、财政存款和机关团体存款[①],实际上所代表的是不同的利益主体,它们对资金回报的方式也不尽相同。相对而言,居民储蓄和企业存款作为市场因素的代表,体现的是市场中私人部分的利益,更关注的是其所提供的资金能够带来经济收益回报,也是银行提供金融服务功能的需求者;财政和机关团体存款可以看成国家力量的代表,它们是国有银行履行财政替代性功能的重要支持体[②]。对此,在存款结构中根据存款主体的市场化程度,我们把居民储蓄存款和企业存款理解为市场力量的代表,它们诉求的是银行金融服务功能,财政存款和机关团体存款看成政府力量的代表,它们是银行财政性替代功能的支持体。两种存款类型比重变化反映出金融资源禀赋结构调整,双方力量对比实际上是不同的金融利益诉求较量。

1978 年市场化改革之初,金融机构的各项存款中,财政存款和机关团体存款比重高达 23.97%,居民和企业存款大约为 45%,特别是代表着私人利益的居民储蓄存款仅为 13.41%。但经济的快速发展,金融机构存款结构上出现了明显变化。从表 5 - 5 可以看出,1978—2010 年整体上看居民存款和

---

① 当然除此之外还有农业存款、委托信托存款及其他存款等,本书的分析中都归为其他存款。

② 需要强调的是这里只是做个人粗略划分,企业存款中也有国有企业存款,只是相对而言,其与财政存款性质相比更具有市场性。

企业存款比重不断上升，而财政存款和机关团体存款比重呈下降趋势。

具体而言，若以1994年为分界点，1978—1993年，财政和机关团体存款比重平均为12.18%，居民和企业存款平均为63.42%；1994—2010年，在所有存款中，居民储蓄和企业存款比重进一步上升，平均为85.42%，财政和机关团体存款比重则进一步下降到5.52%，这其中特别是代表私人利益的居民储蓄存款比重大幅度上升，所占比重已经超过一半。尽管在国家担保下国有银行可以尽情承担着私人贷方与国有借方之间沟通的重要媒介，但随着收入水平上升，以储户为代表的市场力量主体越来越强大，日益表现出对国有银行有意或无意"忽视"其金融利益诉求的"不满"。即使国家继续以其信誉做担保，力图维持银行财政替代功能，这种担保的成本和风险也日益增大，而且效果越来越不明显，不同时期居民存款"搬家"特别是通胀压力下的存款"流失"正是这种不满情绪的重要表现。居民储蓄存款金融意识的"觉醒"要求国有银行为其提供更多的金融服务和更丰富的金融工具。因此，从银行负债角度看，存款结构调整实际上是对金融服务功能的诉求，是市场力量成长方面的一个重要体现。

表5-5　金融机构存款结构变化(1978—2010年)　　单位:%

存款类型	1978—1993年	1994—2010年
居民储蓄存款(1)	30.93	51.04
企业存款(2)	32.49	34.38
(1)+(2)	63.42	85.42
财政存款(3)	6.37	2.65
机关团体存款(4)	5.81	2.87
(3)+(4)	12.18	5.52
其他存款	24.4	9.06

资料来源:根据中经统计数据库和Wind数据库整理计算而得。

5.2.2　经济结构调整:资金借方的市场因素

为了实行赶超战略，国家通过将私人企业"改造"成国有企业以最大限度地获取经济剩余的支配权，并使之用于国家意图的发展战略目标(林毅夫,1994)[①]。但在改革开放市场化的进程中,以国有银行为主导的金融体系在支持体制内经济平稳发展的同时,非国有经济部门得到了快速发展,为中国经济的平稳发展提供了相应的支持。30 年来中国经济结构发生了显著变化,其中一个重要表现就是国有经济在经济中所占的比重逐渐下降。在经济结构变化中,我们选取自 1994 年财政分权改革以来工业经济中国有经济部分的比重变化作为代表予以分析,并从工业总产值、企业总资产合计、企业利润、吸纳的就业人数以及所缴纳的税收(以销售税和增值税为代表)等多方面进行综合性衡量(如表 5 - 6 所示)。

从表 5 - 6 可以看出国有经济总资产和对国家财政税收贡献比重已下降到不足 50% ,特别是企业所创造的利润比重由 1995 年的 40.71% 下降到了 27.78% ,所吸收的就业人数比重由 66.52% 下降到了 19.24% 。若从每一年的工业增加值来看,国有及国有控制企业所占的比重也由 1996 年的48.01% 下降至 2002 年的 34.15% 。即使是从企业的微观效益上看,以总资产贡献率的综合性指标来看,虽然从 1998 年到 2010 年我国工业企业总资产贡献率呈现上升趋势,但其中国有企业也仍旧低于总体工业水平,这期间工业企业总资产贡献率平均为 11.2% ,而国有企业平均为 10.46% ,并且国有企业总资产贡献率与工业总水平相比,占比由 1998 年的 91.43% 下降到了 86.93% 。

表 5 - 6 国有及国有控股企业占工业企业比重变化(1995—2010 年) 单位:%

年份	企业单位数	工业总产值	企业总资产合计	企业利润总额	从业人数	销售税及附加、应交增值税
1995	19.93	56.82	59.91	40.71	66.52	65.17
1996	19.67	57.66	58.61	27.69	66.33	63.56
1997	18.45	52.62	57.16	25.12	65.00	61.42
1998	39.22	49.63	68.84	36.02	60.49	70.03
1999	37.83	48.92	68.80	43.61	58.48	69.81

① 如 1952 年的工业总产值中,国有企业仅占 41.5% ,私营和个体经济所占比重高达 51.2% ,但通过此后的国有化运动,到了 1956 年工业总产值中国有部分占到 67.5% ,公私合营占 32.5% ,原先的私有经济形式企业基本消失。

续表

年份	企业单位数	工业总产值	企业总资产合计	企业利润总额	从业人数	销售税及附加、应交增值税
2000	32.84	47.34	66.57	54.82	53.88	67.79
2001	27.31	44.43	64.92	50.46	49.16	65.67
2002	22.65	40.78	60.93	45.52	43.90	63.84
2003	17.47	37.54	55.99	46.01	37.62	61.24
2004	12.88	34.81	50.94	45.71	29.80	57.05
2005	10.11	33.28	48.05	44.04	27.19	54.00
2006	8.27	31.24	46.41	43.51	24.52	52.19
2007	6.14	29.54	44.81	39.75	22.13	49.90
2008	5.00	28.38	43.78	29.66	20.30	44.44
2009	4.72	26.74	43.70	26.89	20.42	47.98
2010	4.47	26.61	41.79	27.78	19.24	48.66

资料来源：根据中经数据库、历年中国统计年鉴计算而得。

尽管为保持经济平稳发展，国有经济曾经做出了巨大贡献，客观上也为市场化改革创造了良好的经济环境，这种渐进式逻辑也正是中国经济改革过程中与中东欧国家激进式改革而引起的经济动荡之区别所在。但就整体而言，毋庸置疑，国有经济在国民经济中的重要性在下降，市场化改革中非国有经济的重要性正在逐步提升。更为重要的是，这种简单的结构变化意味着以国有银行为代表的中国银行业资产结构中所服务的对象已经发生了重大变迁，即由原先的以国有经济为主导的经济结构转变为以非国有经济为主导的新的经济结构。非国有经济作为市场经济中新生的力量，所代表的是市场主导行为，本质上要求资本“逐利”性。也就是说，针对国有企业改革中“抓大放小、靓女先嫁”等一系列措施，国有经济在总体经济中的份额逐渐下降，在新的经济结构中特别是非国有经济快速成长，其作为资金的需求者借方，要求银行体系中国有银行积极发挥出资金配置效率，而不应再是简单的财政替代性功能。正如林毅夫等(2005,2006)所言，随着经济发展水平的不同，要素禀赋的结构也会随之改变，这种改变又决定了经济结构的变化，而在不同的经济结构中，经济主体生产活动的风险特性也将不同，进而对资金需求的规模也会有所差异。因而,市场力量成长中的另一个重要表现是资金借方中市场因素的成长,对资金需求的性质已经发生差异,客观上要求银行体系能够提供金融服务功能,以适应这种新的金融需求。

5.2.3 银行市场结构调整:竞争的“鲶鱼效应”

如前所述,改革开放以来非国有经济得到快速发展,且在国民经济中的地位越来越突出,这种市场因素的成长同样也需要更具有市场因素的金融制度安排来为其发展提供相应的金融支持。只要这种体制外经济发展不断地内生出对体制外金融制度的需求,即使是在金融约束或抑制的情况下,与此相应的体制外金融也会产生并发展下去(张杰,1998)。只不过,从既有的金融改革历程看,我国的非国有金融制度安排是以原先的由地方政府支持下的区域性商业银行或合作银行的特殊方式进入金融市场①。经过30年的发展,银行业自身的结构也在伴随着经济结构的调整发生巨大变化,从原来的处于完全垄断的一家银行即中国人民银行,发展成为由大型国有商业银行、政策性银行、股份制商业银行、城市商业银行、农村金融机构等组成的多层次、全覆盖的金融体系②。所以,尽管国有银行主导着中国金融体系,但不可否认这种地位正在受到以股份制银行等为代表的非国有银行金融机构挑战,这意味着国有银行需要面临着日益激烈的市场竞争。也正是这些以非国有的金融产权方式进入金融市场使得国有银行面临着或多或少的“紧迫感”,不同产权方式竞争的压力也为提高整体金融体系资金配置效率起到了积极的促进作用。当然,若从股权的角度来看,中国的银行业机构中除了民生、浙商等极少数银行为非政府所有银行外,大部分股份制银行实际上也都为地方政

① 随着四大国有银行股改上市,现在中国的主要商业银行也都以股份制形式存在,只是存在国有股份制银行和非国有股份制银行的区别。但本书这里仍沿用的是原来的称谓,即工农中建四大行统称为四大国有商业银行,而包括交行(2005年股改时已将其变为国有控股)、招商、中信、浦发、兴业等13家商业银行仍统称为股份制银行。

② 据中国银监会2010年年报统计,截至2010年底,我国银行业金融机构除了5家国家商业银行(包括交行)外,还包括12家股份制商业银行,147家城市商业银行,85家农村商业银行,223家农村合作银行,2646家农村信用社,1家邮政储蓄银行,4家金融资产管理公司,40家外资法人金融机构,63家信托公司,107家企业集团财务公司,17家金融租赁公司,4家货币经纪公司,13家汽车金融公司,4家消费金融公司,349家村镇银行,9家贷款公司以及37家农村资金互助社。我国共有银行业金融法人机构3769家,营业网点196万个,整体从业人员达299.1万人。

府所有。但我们认为虽然同样是政府所有者，在中国中央与地方政府之间的效用函数还是存在着明显差异，而且在各种激励下地方政府之间也存在着激烈的竞争，这样的竞争与中央政府相比有其特殊性，在既有的约束条件下，这种奇特的竞争格局客观上也造就了中国银行体系中的“中国式的市场经济因素”，这些也有助于金融制度中市场力量的发展。

本书从银行业集中度方面来分析中国银行业结构的变迁。通常而言，衡量市场集中度高低有两种方法，即绝对法和相对法。其中前者主要包括行业集中度指数法（CR_n）和赫芬达尔—赫希曼指数法（HHI）等方法；后者主要包括基尼系数法（Gini Coefficient）、洛伦茨曲线法（Lorenz Curve）等方法。两者相比，绝对法主要衡量的是领先企业的集中程度，而相对法则主要衡量的是该市场企业规模的差异程度。由于所获得的银行财务指标限制以及本书研究的需要，我们对中国银行业进行集中度的分析时主要采用 CR_n 和 HHI 两个指标进行衡量。

（1）CR_n的测定

CR_n是指某行业中前几家最大企业的相关数值所占行业的比重。CR_n 反映了相应指标中排名前 n 家企业在企业个数为 N 的市场中所占的市场份额。一般而言，该指标数值越大，表明该行业市场集中度越高，也越具有垄断性，其综合反映出企业个数和规模分布这两个决定市场结构的重要方面，因而具有较强的说服力。根据需要测定 CR_n中所选用的 n 值会有所差异，一般的研究中取最大的 4 家或 8 家企业数进行测量，即取 CR_4 和 CR_8 指数值（见表 5－7）。以 J. S. 贝恩为代表的产业组织学者在相应的实证研究中根据数值大小将不同的垄断和竞争的市场结构做出了进一步的具体划分方法。

表 5－7　市场结构划分的贝恩标准①

n 值	市场结构（%）					
	寡占型Ⅰ	寡占型Ⅱ	寡占型Ⅲ	寡占型Ⅳ	寡占型Ⅴ	竞争型
CR_4	$75 \leq CR_4$	$65 \leq CR_4 < 75$	$50 \leq CR_4 < 65$	$35 \leq CR_4 < 50$	$30 \leq CR_4 < 35$	$CR_4 < 30$
CR_8	—	$85 \leq CR_8$	$75 \leq CR_8 < 85$	$45 \leq CR_8 < 75$	$40 \leq CR_8 < 45$	$CR_8 < 40$

① 本表来源于 J. S. 贝恩《产业组织》，1981 年版，第 141－148 页，转引自齐美东：《中国银行业市场结构研究》，第 17 页，经济科学出版社，2008 年版。

由于本书主要分析非国有银行业的发展状况,所以将中国银行业分成国有银行与非国有银行两大类,取 n 值为 4,即中国银行业前 4 家最大的商业银行(工商银行、农业银行、中国银行、建设银行四大国有银行)在相应项目中所占的市场份额之和。具体公式表示为

$$CR_n = \left[\sum_{i=1}^{n} x_i / \sum_{i=1}^{N} x_i\right] \times 100\%$$

其中,n 表示所取银行的数量,N 表示银行的总数量,x_i 表示所取相关指标的具体数值。

(2)*HHI* 指数的测定

CR_n 主要是考虑了前 n 家企业的规模分布,但并未考虑全部企业的规模分布情况。*HHI* 指数法(H)较好地克服了 CR_n 在这方面的不足,综合考虑了该行业中所有企业的总数和规模分布状况,它等于某行业中所有企业的市场份额的平方之后再进行加总。具体计算公式为

$$H = \sum_{i=1}^{N} S_i^2 = 100\% \times \sum_{i=1}^{N}\left(\frac{x_i}{X}\right)^2 \tag{5-1}$$

其中,i 表示选取银行的个数,N 表示所有银行的数量,x_i 表示所取相应指标的具体数值,X 表示总市场份额。若将该公式进行变形可表示为①

$$H = \sum_{i=1}^{N}\left(\frac{x_i}{X}\right)^2 = \frac{u^2+1}{N} \tag{5-2}$$

其中,u 表示银行规模变动系数(即标准差系数)。

从公式(5-1)可以看出当市场中只有 1 家银行时,该指数等于 1;当所有银行个数趋于无穷多时,该指数则趋近于 0,也就是说 H 值介于 0 和 1 之间。数值越大,表明市场集中度越高。同时公式(5-2)进一步表明当市场出现银行兼并时,该指数值就会增大;当市场出现银行分解时,该指数值就会减少。所以该数值的大小也反映了银行规模分布中不均匀程度的高低,较好地衡量了因银行个数的变化而带来的行业集中变化情况。同样我们取

---

① 具体的变换为 $H = \sum_{i=1}^{N}(X_i/X)^2 = (\sum_{i=1}^{N} X_i^2)/N\overline{X}^2 = (\sum_{i=1}^{n} X_i^2)/N - \overline{X}^2 + \overline{X}/N\overline{X}^2 = (Z^2 + \overline{X}^2)/N\overline{X}^2 = (Z^2/\overline{X}^2 + 1)/N = u^2/1/N$,其中 $\overline{X}$ 表示平均值,Z 表示标准差,u 表示变动系数。该公式也表明当所有企业规模都一致时(即 $u=0$),H 值就等于企业数量的倒数。因而它既反映了绝对集中度,也反映了相对集中度。

工商银行、农业银行、中国银行、建设银行四大国有银行的相关数据测算 H 值。CR_4 和 H 值的具体测算结果如表 5－8 所示。

表 5－8　中国银行业市场集中度测算(1996—2010 年)

划分标准	CR_4 指数值(%)			HHI 指数值		
年份	资产 CR_4	存款 CR_4	贷款 CR_4	资产 HHI	存款 HHI	贷款 HHI
1996	74.71	61.86	61.04	0.1742	0.1152	0.1136
1997	74.34	63.45	60.94	0.1437	0.1215	0.1123
1998	74.13	64.35	62.84	0.1364	0.1240	0.1164
1999	70.23	63.73	60.20	0.1283	0.1184	0.1065
2000	68.65	63.68	60.26	0.1245	0.1186	0.1053
2001	68.35	60.93	57.57	0.1236	0.1047	0.0951
2002	62.93	59.61	56.44	0.1040	0.0991	0.0891
2003	58.03	58.22	55.74	0.0813	0.0937	0.0858
2004	56.91	56.14	53.16	0.0758	0.0850	0.0778
2005	56.06	54.26	53.38	0.0720	0.0755	0.0747
2006	55.15	51.59	48.66	0.0694	0.0679	0.0607
2007	53.25	54.80	49.00	0.0653	0.0787	0.0623
2008	51.03	53.67	47.79	0.0612	0.0755	0.0591
2009	50.89	51.89	47.17	0.0598	0.0696	0.0567
2010	49.20	49.72	46.03	0.0537	0.0638	0.0540

注：1996—2002 年 CR_4 银行业的总资产由《中国金融年鉴》(1997—2003 年)整理而得，2003—2010 年资料由《银监会 2009 年年报》整理而得。工商银行、农业银行、中国银行、建设银行四大行的资产、存款和贷款来自历年《中国金融年鉴》，金融机构总存款和总贷款来自中经数据库。

从表 5－8 可以看出，中国银行业的集中度呈现下降趋势，银行业结构发生了巨大变化。从 CR_4 指数来看，四大国有银行在 1996 年的资产、存款和贷款值分别高达 74.71%、61.86% 和 61.04%，到了 2010 年这些 CR_4 值下降到不到一半的比重。若以 2003 年为界，1996—2002 年资产、存款和贷款指标平均值为 70.48%、62.52% 和 59.9%；2003—2010 年这些指标平均值分别为 53.81%、53.79% 和 50.12%，前后两个时间段下降趋势明显。同样在

HHI 指数中也反映出银行业集中度的下降，1992—2002 年资产、存款和贷款的 H 指数平均为 0.1335、0.1145 和 0.1055，而 2003—2010 年这些指数平均分别为 0.0673、0.0762 和 0.0664[①]。这两个指标都反映出中国银行业结构日趋多元化，不同产权形式进入银行业，降低了银行业的集中度，增强了银行之间的竞争，迫使银行行为日趋市场化。

当然，正如我们在前文中所指出的，不能简单地套用西方国家的集中程度衡量指标来轻易地判断出我国的银行业是处于垄断还是竞争状态，因为中国银行业的起源、成长与西方国家都有很大的差异，这是我们在对中国银行业集中度与垄断格局的联系上应当特别注意的。即使改革之初，我们测算 1985 年的存贷款 HHI 指数高达 0.2714 和 0.2638，从相应判断标准来看应当属于“寡头垄断”，但这样性质的垄断并没有给国有银行带来巨额利润，反而是亏损，原因就在于行政干预下的国有银行承担着财政替代性功能，其只具有“形式上的垄断”，却难有真正意义上的市场垄断行为。但随着市场化改革，其他形式银行的进入，国有银行即使是垄断也由原先的行政式垄断向市场垄断转变，虽然同为垄断，但已存在本质上的差异，因为这样的垄断已经具有一定的市场因素。以股份制银行为代表的其他形式银行与国有银行相比，具有更强的市场导向性，更加注重金融服务功能的实现以获取经济收益，这样的竞争格局将会激起国有银行的“市场意识”，越来越注重对自身微观绩效的提高。正如 Schwaiger 和 Liebeg(2007)在研究 CEEs 国家中所发现，与发达国家不同，随着竞争的加剧，发展中国家的国有银行会倾向于模仿私人银行行为以提高竞争力。

因此，银行业结构发生变化，集中度下降，不仅仅意味着银行之间竞争程度的增强，而且更重要的是相对于国有银行而言，其他类型银行特别是股份制银行更具有市场因素，它们作为市场力量成长的积极因素特别是微观绩效的差异性使得国有银行“饱受诟病而倍感压力”。如表 5－9 所示，

① 若根据美国政策实践中的标准，如果 HHI 指数大于 1800，该市场被视为高度集中的市场；如果 HHI 指数在 1000～1800，该市场属于适度集中的市场；如果 HHI 指数小于 1000，该市场则被归为集中程度较低的市场。当然，不同国家的标准也有所不同，如欧盟则认为只有当 HHI 指数超过 2000 时，才属于高度集中市场。所以我们在判断中国银行业集中程度时应该谨慎使用发达国家的标准，应立足于自身基本国情和行业属性。但不管怎样，测算的结果都表明市场化改革中银行业结构发生了巨变，集中度在下降，银行之间的竞争日趋激烈。这里的 HHI 值是在计算结果的基础上扩大 10000 倍。

1995—2002 年国有银行与股份制银行在资产利润率上的差异。承担着财政替代功能下的国有银行虽然支持了中国渐进式改革，但在微观效益上却表现得不尽如人意，随着国家从租金偏好向效率偏好的转移，国有银行微观绩效的改善成为国有银行后续改革中的重要任务。但要在微观绩效上扭转，则需要剥离其政策性负担，并在功能上实现彻底转变。也就是说，这种异质性竞争带来的压力，无形之中起到了"鲶鱼效应"，在客观上迫使国有银行在功能上积极"去财政化"，注重自身的微观绩效，逐渐向市场化方向演变①。

表 5-9　中国银行业资产利润率测算（1995—2002 年）　　单位：%

银行名称	1995 年	1996 年	1997 年	1998 年	1999 年	2000 年	2001 年	2002 年
工商银行	0.15	0.16	0.10	0.11	0.12	0.13	0.14	0.13
农业银行	0.35	0.32	0.05	-0.05	-0.02	0.01	0.05	0.10
中国银行	0.52	0.56	0.26	0.14	0.17	0.10	0.37	0.39
建设银行	0.36	0.31	0.07	0.09	0.33	0.34	0.19	0.14
国有银行平均值	0.35	0.34	0.12	0.07	0.15	0.15	0.19	0.19
交通银行	1.69	1.45	1.16	0.55	0.50	0.42	0.39	0.21
招商银行	2.70	2.62	2.41	1.45	0.92	0.55	0.77	0.69
光大银行	1.60	1.89	2.66	1.74	0.40	0.18	0.16	0.19
中信银行	1.17	1.46	1.59	1.50	0.72	0.62	0.52	0.67
浦东发展银行	1.61	1.92	1.21	1.23	0.87	0.76	0.83	0.67
深圳发展银行	2.50	3.06	2.04	2.09	0.63	0.83	0.47	0.31
民生银行	0.00	0.14	2.11	0.97	0.67	0.53	0.65	0.50
华夏银行	1.62	1.83	1.32	0.99	0.84	0.79	0.81	0.65
兴业银行	1.09	1.11	1.98	1.55	0.89	0.54	0.58	0.48
广东发展银行	1.15	0.53	0.26	0.25	0.26	0.29	0.22	0.21
股份制银行平均值	1.68	1.60	1.67	1.23	0.67	0.55	0.54	0.46

注：1995—2002 年，这 14 家银行平均占银行业金融机构总资产比重超过 80%，基本可以代表中国银行业这段时间的基本状况。本表根据《中国金融年鉴》（1996—2003 年）的数据资料计算整理而得。

① 若根据《The Banker》同时期公布的全球银行业排名，同样也发现同期的国有银行微观绩效远逊于国际银行业（前 100 家）同期水平；即便是与其他发展中国家（亚洲和转轨的中欧国家）相比，四大国有银行的相关指标也不尽如人意。特别是加入 WTO 之后，来自国际上的市场竞争压力也使得国有银行要想在国际上谋有一席之地，必须重视微观绩效的改善。

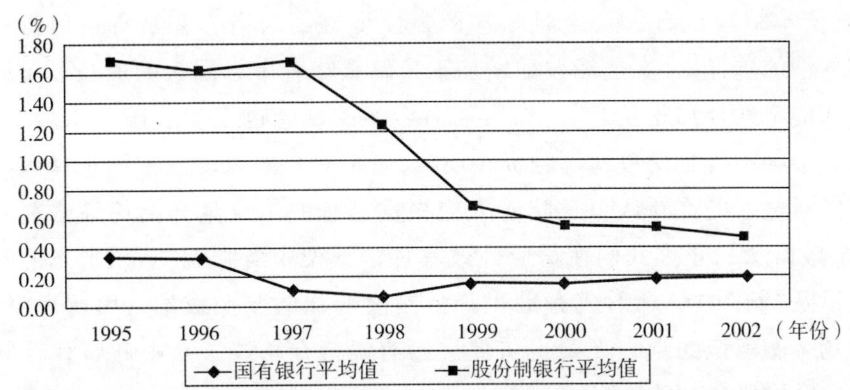

图 5-6　国有银行与股份制银行平均资产收益率(1995—2002 年)

注:根据表 5-9 绘制。

随着市场化改革,经济结构变迁中代表着资金借方的非国有经济部门迅速成长的同时,资金贷方中不仅银行业结构在发生调整,而且整个金融结构也随之发生了变化。尽管我国的资本市场在设立之初也曾是为了解决国有企业的困境,但是若与国有银行承担财政替代性功能相比,其在功能上应更具有市场约束性,也可以看成市场力量发展的一个重要表现。仅从融资结构的变化就可以看出金融结构的调整趋势。1992 年在整个融资市场中,股票融资额占比为 0.34%,企业发行债券占比为 2.5%,四大国有银行信贷占比高达 76%。此后随着金融结构调整,资本市场中的融资份额逐步上升,至 2010 年整个金融系统融资结构中,股票筹资额占比为 2.36%,企业发行债券融资占比为 3.05%,而四大国有银行信贷占比已经下降至 40.23%①。

金融结构的调整,一方面意味着资金的供给方——储户持有国有银行的储蓄存单不再是唯一选择,而且使得储蓄存在着机会成本。股票和债券等金融市场的发展赋予了人们金融资产选择的多样性,金融市场越发达,随着人们收入水平上升,人们支付这种机会成本的可能性就会越大,也就会具有更加强烈的资产选择愿望。同时在另一方面,金融结构的调整也使得资金的需求方——企业不再仅仅依赖国有银行而筹得资金,而是可以在银行信贷、债券和股票之间进行选择,寻求最佳的融资结

① 根据中经数据库和《中国统计年鉴》计算而得。

构(资本结构)。因而,金融结构调整使得资金的借方和贷方可以进行多样性的选择,金融选择权的增加本身就意味着市场因素的成长。不同形式的金融合约相互竞争下,人们对金融的观念也发生着改变,逐步意识到金融不再是简单的筹融资转换器,而是对金融风险的不同选择和配置。对金融的重新认识意味着人们根据已有的信息量开始逐渐修复其“金融信念”,正如我们在适应性效率理论框架中所强调,意识形态的转变以及“新”的观念形成有助于降低制度变迁的摩擦成本。由此可见,市场金融意识的觉醒无疑也将促进国有银行在功能上从财政替代性功能向金融服务功能转变。

5.3 适应性效率与国有银行制度调整

5.3.1 国有银行功能“去财政化”的正式制度安排

我们曾在适应性效率的框架下分析了国有银行财政性替代功能下具有动员金融资源的优势,并在稳定体制内经济平稳发展、支持渐进式改革和促进经济增长中做出的贡献,应当说国有银行的这种制度功能安排与其所处的制度环境相互契合,满足了社会经济发展的需要,表现出了适应性效率特征。但尽管一项制度安排在其创立的早期有比较优势,表现出了收益递增特征,然而随着信息发展、外在冲击以及制度安排之间的耦合性等变化,这种优势也会逐渐地退却,即同一条轨迹上制度变迁的边际收益呈现出先增后减的倒U型曲线(黄少安,2000)。

随着渐进式改革的推进,国有银行的制度功能与其新的制度环境越来越表现出非适应性。上述正是从制度结构中的政府和市场两个角度论证了国有银行进行功能调整的必要性与紧迫性。事实上在这两种力量冲击下国有银行也在努力进行调整以适应这种新的发展需要,政府对国有银行的各项改革措施也正是为了能够使得国有银行表现出制度上的适应性。表5-10反映了由国有专业银行向国有商业银行转变的漫长之路。

表5-10　政府控制国有银行及其功能"去财政化"的努力(1979—2002年)　单位:%

年份	国有银行功能转变的一系列正式制度安排
1979—1984	1979年邓小平同志提出"要把银行办成真正的银行"后,在政府的推动下,按照计划经济的行业管理思路相继成立工、农、中、建四大专业银行,分别为工商企业流动资金、农村、外汇和基本建设四大领域服务
1985	第六届全国人民代表大会第二次会议,改革信贷资金管理体制,即由1980年实行的"统一计划、分级管理、存贷挂钩、差额控制"管理体制,转变为"统一计划、划分资金、实贷实存、相互融通"信贷体制。同年通过"七五"计划提出的"专业银行应坚持企业化改革方向"
1993	国务院颁布《关于金融体制改革的决定》,提出"要把国家专业银行办成真正的国有商业银行"目标
1994	全国人大批准《预算法》,禁止政府直接从中央银行借款;并相继成立三家政策性银行,试图将国有商业银行中的商业性业务与政策性业务进行分离
1995	通过《商业银行法》,以法律形式确立四大国家专业银行的地位及商业银行性质
1997	亚洲金融危机爆发,该年11月召开了银行业改革以来第一次全国金融工作会议,重点解决国有银行所隐藏的金融风险,强调加快建立现代金融体系和金融制度
1998	中国人民银行取消对国有银行贷款额度控制,实行"计划指导、自求平衡、比例管理、间接调控"的新管理体制;同年财政部增发2700亿元特别国债,补充国有商业银行资本金,提高国有商业银行资产充足率以满足巴塞尔协议中8%的资本充足率要求;成立金融工委,提出"党管金融",建立国有商业银行监事会制度
1999	相继成立四大资产管理公司,接收并处置四大国有银行的不良资产
2001	颁布《金融机构撤销条例》,进一步完善金融机构市场退出机制
2002	全面推行贷款质量五级分类管理;召开第二次全国金融工作会议,要求改进金融服务、改善经营绩效,增强金融业竞争力

资料来源:根据李利明、曾人雄《1979—2006中国金融大变革》(2007年上海人民出版社)整理而得。

5.3.2 国有银行功能调整与组织收缩

从理论上而言，金融组织的产生和发展关键在于其能否节约交易费用，金融组织结构的复杂性及其演进实际上遵循的是分工演进和交易效率提高的过程(郭梅亮、徐璋勇，2010)。因而金融组织的空间分布状况应取决于在某一空间内的经济发展水平，也就是说，金融组织规模大小应当是经济发展规模的函数，一个地方的经济发展水平越高，那么金融组织的密度就会越大。

对此，本书参照周小全(2003)的研究方法[①]，选取了面积大致相当但经济发展水平不同的6个省份，即东部的江苏、山东，中部的湖南、湖北和西部的陕西、云南作为样本对国有银行的组织分布予以分析。我们以地区生产总值每亿元所拥有的国有银行组织机构数表示组织密度[②]，研究发现1994—2001年，若以1997年为分界线，进行组织规模调整前的1994—1997年，江苏、山东的平均组织密度分别为1.42、1.67，湖南、湖北的平均组织密度分别为2.39、3.22，陕西、云南的平均组织密度分别为3.34、2.56；组织规模调整后的1998—2001年，江苏、山东的平均组织密度分别为0.81、0.94，湖南、湖北的平均组织密度分别为1.35、1.71，陕西、云南的平均组织密度分别为1.92、1.44。即使是就单个年份而言，东部地区的江苏和山东组织密度也始终低于中部的湖南、湖北和西部的陕西、云南地区。可见国有商业银行组织分布确实是不符合所谓的“诺思分布线”情况[③]。事实上，为了支持中国的渐进式改革，广泛动员金融资源，国有银行组织分布具有其特殊性，在中国的改革过程中，每个行政级别都存在着规模相似和结构趋同的国有银行组织群。可见，国有银行组织规模扩展不是依照新古典中边际成本等于边际收益的约束，而是遵循着相应的行政科层结构路

---

① 周小全(2003)的研究中缺乏1997年数据，并且一些省份GDP数据与年鉴存在出入，笔者做了相应更正和重新计算。

② 这里的国有银行组织密度＝国有银行机构数/该地区当年GDP(单位：个/亿元)。其中工商银行缺少1997年机构地区分布的数据，由笔者根据1995年、1996年和1998年平均计算得出。地区GDP数据来自中经数据库，国有银行机构数根据历年《中国金融年鉴》的相关资料整理计算而得。

③ 贾春新等(2008)用1992—2001年的数据，对中国国有商业银行分支机构数量变化实证研究，也发现在东部地区，银行分支机构对经济起着显著的正面影响，而在中西部地区，银行分支机构与经济的正相关却不显著。

径而展开，国有银行组织密度与经济发展水平并不存在明显的正相关关系（张杰，1998）[①]，并且改革开放以来，在地方官员晋升锦标赛的模式下（周黎安，2004，2007），地方官员的晋升竞争主要表现为以GDP为代表的经济增长竞争，而在中国经济增长模式下又主要通过投资驱动来实现，因而又表现为投资的竞争。在中国，投资的竞争则主要表现为金融资源的竞争，而金融资源的竞争最终又通过金融组织机构的争夺而表现（周立、胡鞍钢，2002）。显然，在这种模式下，金融机构的多少和增减取决于中央政府与地方政府以及地方政府之间力量的博弈，金融组织规模大小在竞争中容易被异化为权力的象征，这往往导致金融组织规模过度膨胀的局面。

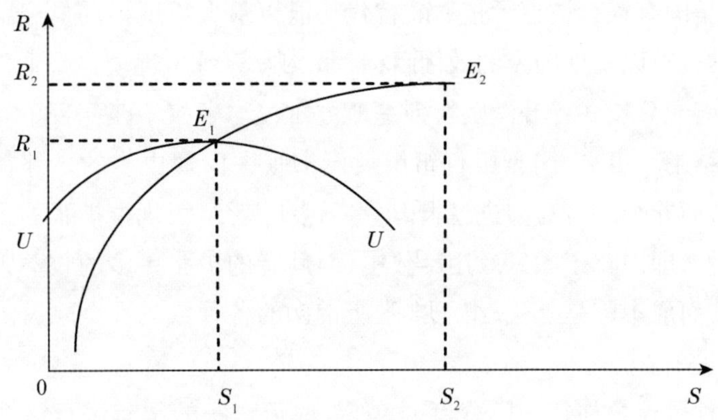

图5－7　国有银行组织规模过度扩张

为了更直观地理解，借用张杰（1998）金融组织拥挤模型图进一步说明（如图5－7所示）。纵坐标 R 表示组织规模扩张带来的收益，横坐标 S 表示金融组织规模扩张。国有银行组织规模与国家效用之间呈现倒 U 型关系，即在 E_1 点时，国家实现效用最大化，获得的净收益达到最大为 R_1，此时对国家而言国有银行的最佳组织规模为 S_1。但随着分权式改革，地方官员为了晋升，为争夺金融资源，会竞相在其所管辖的区域内尽可能地增设金融组

① 当然，张杰（1998）曾提出的中国金融组织的空间分布均齐假说在我们的样本中也没有得到印证，而且笔者查各省地区和县级数量时，也发现机构数量与此也不成正比。机构数量的多少以及后来的增减一个原因应当是与初始分布情况相关，另一个原因如周小全（2003）所言，应当与各个地方政府和中央政府之间的讨价还价能力正相关。

织。金融机构数量增减在地方与国家之间却有着不同的成本收益函数，这种不对称线意味着地方政府的效用与国家存在差异。所以即使在 E_1 点，国家效用已经最大化，但对地方政府而言增设组织机构对其仍具有规模经济，特别是在金融组织相对稀缺的地方更是如此。对于地方政府而言，到 E_2 点时，才实现其效用最大化，此时获得的净收益为 R_2。此时在地方政府相互竞争的效应下，国有银行组织规模扩大到 S_2 点，这里的 $S_2 - S_1$ 可以用来衡量国有银行组织规模的过度拥挤程度。

当国有银行组织规模超过国家效用函数最大值时，规模越是扩张，那么国家支配的意愿和效用就会越低，新增的金融资源支配权受地方乃至国有银行组织自身的影响就会越大。如果说，从 0 到 S_1 点国有银行组织规模扩张反映的是国有银行被迫承担财政替代功能以最大限度地动员金融资源来支持经济增长，以实现国家的效用目标；那么从 S_1 到 S_2 规模扩张则可以看成是地方政府在分权式晋升激励特别是地方财权与事权不匹配下争夺金融资源的必然结果。可见，国有银行组织规模扩张中体现更多的是外在财政干预的逻辑，而非金融自身演进逻辑。只不过，前者组织规模扩张的成本收益具有一致性，即内化于国家效用函数中，而后者的扩张更多的收益则归地方政府所有，而成本却是外化，组织扩张所带来的各种成本和金融风险最终需要国家来买单。

当各种风险叠加到一定程度时，削减过于膨胀的国有银行组织规模就成为国有银行制度调整的重要体现。特别是亚洲金融危机的爆发，金融风险意识得到了进一步加强。从 1998 年开始，四大行开始削减过于烦冗的组织机构和人员，当年合并分支机构 100 多家，并对业务量少或长期经营亏损的 9000 多个营业网点进行了撤销。到 2000 年末，四大行各级分支机构与 1997 年末相比减少了 3.4 万家，机构下降比例高达 22.6%。这其中，工商银行机构减少 9952 家，下降比例达 24.2%；农业银行机构减少 15371 家，下降比例更是高达 24.6%；中国银行机构减少 2284 家，下降 14.9%；建设银行机构减少 6440 家，下降比例 20.5%[①]；2001 年四大行营业机构数比上年减少 1.1 万个，2002 年又比 2001 年减少 10324 个（李利明、曾人雄，2007）。也就

① 同期，工商银行裁减冗员 7.1 万人，农业银行裁减 2.7 万人，中国银行裁减 0.8 万人，建设银行裁减 2.1 万人。

是说，四大行组织机构从1997年的15.37万个下降到2002年的9.9万个，四大行组织机构减少35.6%，同期人员也减少23.68万人，同比下降18%[①]。关于更长期的国有银行组织机构和人员扩张与收缩变迁如图5－8所示，组织结构数量与就业人员在1995—1997年达到峰值，此后开始下降，特别是对机构的裁减更为明显，从1997年的15.4万个减为2008年的6.5万个。

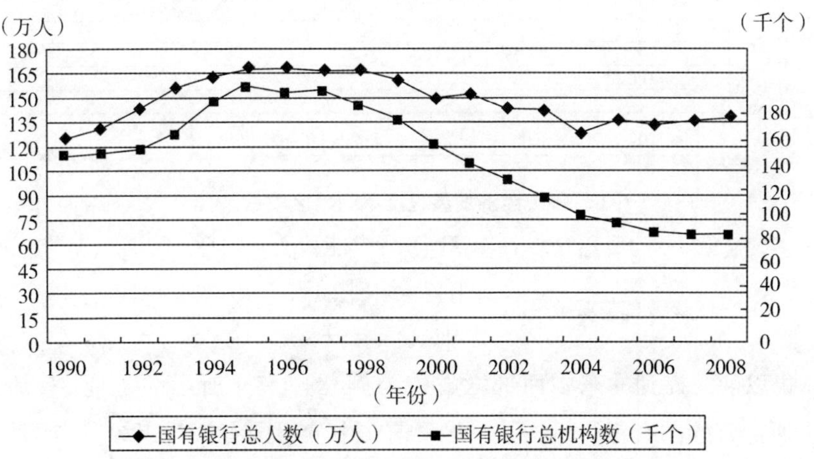

图5－8　国有银行组织与人员扩张收缩(1990—2008年)

资料来源：根据《中国金融年鉴》(1991—2009)整理计算而得。

如果说国有银行组织规模扩张是支持中国渐进式改革而承担财政性替代功能下的必然结果，即其所遵循的是国家和地方政府介入下的效用函数，那么从1997年末开始精简繁冗机构和裁减富余人员的“战略性撤退”则是国有银行按照微观的成本收益比较后做出的选择。与前期的被动扩张相比，这时的收缩更具有主动性，遵循的是市场逻辑，表现出国有银行“真实的市场金融因素”。对金融风险的意识和防范意味着国有银行在由原先的财政替代功能向金融服务功能转变。被撤并的机构基本上是无法满足新古典的成本收益均衡点要求的盈利能力差或亏损性分支机构，这种对组织机构的主动收缩和调整改变了国有银行的资产结构与业务结构，优化了组织分布，实现了减员增效，进而得以控制金融风险，提高资金配置效率。这种主动性和对资源配置效率的重视可以从不同地区撤并机构前后的组织密度中得以体现。

① 根据《中国金融年鉴》计算得出。

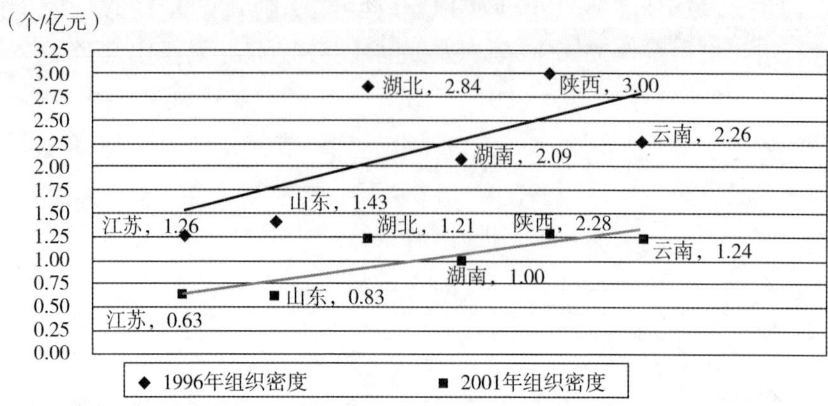

图 5－9　经济发展程度不同地区收缩差异

注:组织密度＝地区国有银行机构数/地区 GDP,根据《中国金融年鉴》(1997 年、2002 年)和中经数据库整理而得①。

仍以前文提到的东中西部六省份为例,图 5－9 所示的是地区每亿元 GDP 所拥有的国有银行机构数。尽管前文中分析国有银行组织分布不是按照经济发展水平而呈现"诺思分布"状况,但是通过 1996 年和 2001 年撤并前后对比至少发现国有银行组织缩减呈现出的是这样的趋势。经济发达地区的江苏和山东组织密度下降分别是 0.63 和 0.83,然而中西部的省份下降趋势更为明显,特别是西部的陕西组织密度下降 1.72。原因就在于相对落后的地区其经济发展程度上无力承担如此众多的金融组织,从概率上说这些地区的国有银行机构处于亏损状态的分布更大,因而从银行微观绩效的角度上撤并这些原本因为政府介入而过度膨胀的机构遵循的是经济原则。这种收缩正是对原先组织规模过度扩张而导致规模不经济的金融因素调整。当渐进式改革对动员金融资源规模的要求下降而对金融资源配置效率上升时,国有银行所配置的金融资源规模做出相应的削减,这本身也是对总体金融资源配置效率的贡献(张杰,1998)。从适应性效率的角度考虑,表面上看是从注重动员金融资源规模到提升金融资源配置效率的转变,但其本

① 原本考虑用撤并前的 1997 年数据,但该年缺少工行地区分布数据,根据笔者的推算,该年这六省份组织密度排名并没有差异,故用 1996 年分布情况进行说明。同样需要指出的是从 2003 年开始,《中国金融年鉴》中无法获得公开的国有银行在各个地区的机构数和人员数。

质上更在于国有银行功能的“金融因素”逐渐取代“财政因素”，这样的调整本身就是国有银行适应性能力的一种体现。

 本章小结

随着渐进式改革的不断推进，国有银行原先的制度功能与其所处的新的制度环境越来越表现出非适应性，本章从影响国有银行制度变迁的制度结构调整，即政府和市场力量对比变化两个角度分析国有银行功能调整的必要性与紧迫性。就政府力量而言，从国家效用函数出发，国有银行财政替代功能而形成的控制成本急升、各种机会主义所引起不良贷款剧增下的金融风险隐患以及国家财政能力恢复（各级政府之间的博弈）等因素导致了国家效用函数偏好变化，这为国有银行功能转型提供了政府视角的分析。同时就市场力量而言，从国有银行负债结构（国有银行资金的提供者）、经济结构（国有银行资金的需求者）以及银行结构和金融结构（国有银行信贷的竞争者）三个角度刻画了市场力量的成长，市场力量的成长又将在外部条件上诱致国有银行的功能进一步向金融服务功能转变。

这两种力量共同作用形成了国有银行功能由财政性替代功能向金融服务功能转变的内在演进逻辑。从不同角度对国有银行组织规模扩展与收缩的调整进行了刻画说明后，本章认为与前期在财政替代功能下的被动扩张相比，国有银行规模的收缩更具有主动性，遵循的是市场逻辑，表现出国有银行“市场金融因素”。对金融风险的意识和防范在本质上体现出国有银行功能上的“金融因素”逐渐取代“财政因素”，这样的调整本身就是国有银行适应性能力的一种体现。

第 6 章 适应性效率视角下的国有银行市场化改革分析

前文中分析,国有银行为适应新的制度结构需求,按照效益原则对其极为庞大的组织规模进行了缩减。但除了外在的组织规模和组织结构调整外,还需对其内部治理结构进行重新调整。特别是 2001 年中国加入 WTO 后,面对外部竞争压力的挑战,对国有银行的改革显得更加紧迫。我们曾在第 2 章改革的纷争中讨论了当时学界关于改革路线上的市场结构与产权结构之争,从已有的改革历程看,最后选择的是产权结构调整,将国有独资商业银行按照现代企业制度改组为国有股份制商业银行,这就是所谓的“先内部改革重组,后改制上市;先试点,后推广;先法人持股,后社会公众持股”。针对国有银行软预算约束问题,首当其冲的措施就是对国有银行进行注资,对其资本结构进行改革,我们将其称为资本市场化改革①。

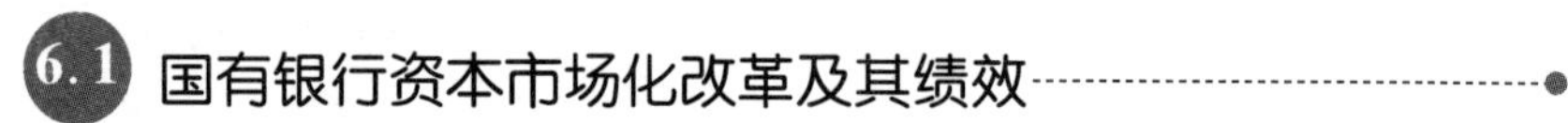

6.1 国有银行资本市场化改革及其绩效

6.1.1 声誉成本、资本替换与注资行为

若按照标准的商业银行来看待,20 世纪 90 年代后期的中国国有银行早已经是“技术性破产”,其之所以能够继续保持超稳定状态,关键就在于国家

① 当然除了剥离不良资产,注资外还进行了其他配套性措施改革,如设立“新三会”(股东大会、董事会和监事会)及加强信息披露等,但在这些措施中首当其冲的还是资本的改革,此后的一系列改革措施都是基于这样的基础,所以这里着重分析资本市场化改革。

以其声誉做担保。但问题是随着地方政府介入国有银行的负外部性以及国有银行自身机会主义行为所产生的风险包袱越来越大，而且这种以“身家信誉”为担保的方式越来越偏离国家的效用函数，特别是1998年亚洲金融危机爆发进一步增强了国家对这种担保模式下金融风险的意识。

同时，财政分权式改革后，经济快速增长下国家财政能力恢复特别是中央财政能力的迅速提升使得国家越来越关注各种金融风险，因为国家收入上升后将有能力而且也将更注重“自身声誉”。这里先从“声誉成本”入手予以分析①，声誉成本是指国家利用自身信誉对金融组织的风险（不良资产）进行担保时产生的精神上的付出或损失。国家作为“理性人”会根据自身能力（主要是指财政能力）和边际精神损失（声誉成本）的大小来决定是否担保以及担保的边界，并且国家财政能力与声誉成本呈正相关关系，在其他条件不变的情况下，随着经济增长，国家财政能力上升，国家声誉的价值就越大，国家的效用偏好会发生转移，可以理解为国家会更加注重自己的声誉，以声誉作风险担保的成本就会越大。当国家收入水平上升到一定程度时，声誉成本变得更为昂贵，于是国家考虑通过货币支付（注资）方式来替换或赎回精神（声誉）支付。这也就意味着国家在财政能力上升以及效用偏好发生转移的情况下，越发觉得原先以声誉作为风险承诺的代价太大，将寻求一种替代以对声誉成本的赎买，即通过注资用有形资本来“替换”无形资本。如图6－1所示。

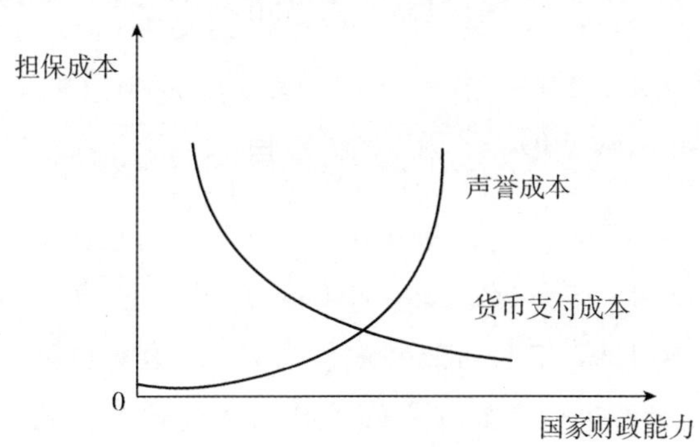

图6－1　国家财政能力、声誉成本与资本替换

① 该概念借鉴了张杰（2003）提出的“面子成本”概念，面子成本是指个人或家庭实施某种金融行为（比如借贷）时的精神付出或损失。一般而言，任何一个当事人都会根据边际精神损失（面子成本）的大小来选择金融工具与行为，并且收入水平的高低与面子成本呈正向的变化关系。

正是长期以来在软预算约束下所形成的不良资产而导致的金融风险逐渐纳入国家效用函数与财政能力上升条件下对国家声誉的重视，促使国家用货币资本剥离不良贷款并替换声誉资本。当然长期以来，中国国有银行的资本金存在着长期亏欠，国有银行资本充足率在2004年之前都低于巴塞尔协议所要求的8%水平，如图6-2所示。国有银行资本充足率从1989年的6.34%一直下降到1995年的最低点3.01%，1998年财政部发行特别国债注资后达到最高点7.34%，但遗憾的是，这次注资只是简单的引资，而不是引制，事实表明只具有短期效应，随后又一度下降到2001年的低点5.03%，这次注资行动并没有起到预想的效果。

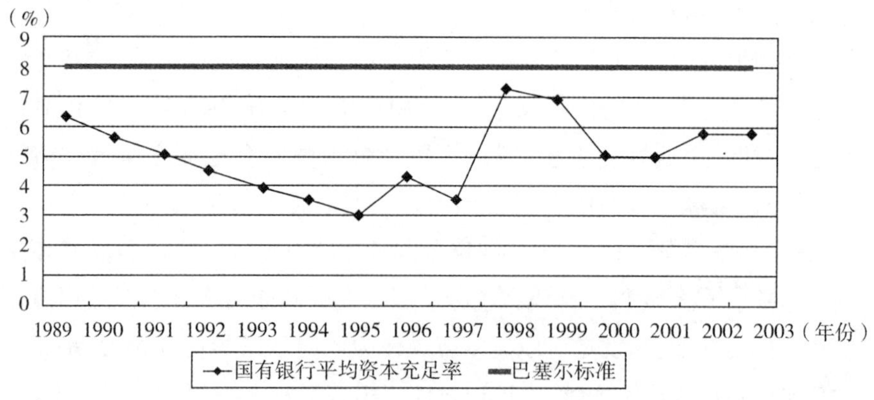

图6-2　国有银行资本充足率(1989—2003年)

注：其中1989—1994年数据来自世界银行(1996)，引自张杰(1998)。1995—2003年数据来源于陈华：《转轨时期国有银行脆弱性的理论分析与实证研究》，经济科学出版社2006年版，转引自施华强(2010)。

据张杰(1998)年估算，从1990年到1996年国家应对国有银行注资规模累计达5652.42亿元，仅1996年国家应注入的真实资本就需高达2314.83亿元。从1997年亚洲金融危机爆发后，国家更是“史无前例”地对国有银行不良资产进行剥离并实施了几次大规模的注资行动。1998年财政部发行特别国债2700亿元以补充四大国有银行资本金；1999年成立四大资产管理公司收购四大国有银行不良资产13939亿元，此后中央银行又多次向四大资产管理公司再贷款以帮助其处理国有银行不良贷款。特别是2003年对国有银行资本市场化改革以来，剥离不良资产和注资举措更加频繁且规模更大,这种资本市场化改革措施具体见表6-1,并且每一次注资后,政府都"一再强调"此次注资将是最后一次,如1998年国家开始对国有银行实施第一次大规模注资行动时,财政部就称其为"最后的晚餐",2001年时任央行行长戴相龙在"2001不良资产处置国际论坛"上曾明确表示,为防止道德风险,今后将不再对国有独资银行剥离不良贷款。2004年央行行长周小川也在不同场合多次表态,商业银行不良资产将不太可能再进行剥离,今后央行将不会再提供任何额外的金融援助来减轻国有银行坏账负担。

然而这种不再救助的承诺却是不可置信的,国家以为只要用真实的货币资本投入进去就可以置换出那些早已沉淀在商业银行和存户意识中的无形资本。但遗憾的是,是否为最后的一次并不仅仅取决于政府的态度,而是取决于注资自身的性质(张杰,2005)。更重要的是,国家似乎没有意识到国家声誉作为一种无形资本难以像有形资本那样可以"精确切割",一旦注入银行体系就会"缠住"而无法脱身,沉淀在银行体系之中。

随着国有银行股改上市"三步走"战略实施,2004年、2005年和2009年国家先后对建设银行和中国银行注资共计450亿美元,对工商银行和农业银行各注资150亿美元①,这些更大规模的救助措施无疑宣告国家原先承诺的"破灭",进一步强化了公众对国有银行软预算约束预期。

表6-1 国家对国有银行不良资产剥离及注资的历次行为

年份	具体事件描述
1998	财政部发行特别国债补充四大国有银行资本金2700亿元
1999	四大资产管理公司收购四大国有银行不良资产13939亿元
2003	专门成立中央汇金公司代表国家行使出资人权利,同年汇金公司以450亿美元外汇注资中国银行、建设银行,约合3725亿元人民币,以补充资本金
2004	中国银行、建设银行分别核销资产损失1795亿元、1075.5亿元;信达资产管理公司购买中国银行、建设银行、交通银行不良资产1659亿元

① 在2007年12月7日结束的"2007年农村金融论坛"上,银监会副主席蒋定之也强调:"对农信社,这是最后一次免费输血,对于今后新发生和产生的风险,将依靠市场手段自行解决,国家不再进行输血。"

续表

年份	具体事件描述
2005	汇金公司以150亿元外汇注资工行,财政部以等值人民币注入,共折合人民币约2484亿元;2460亿元损失类贷款进入汇金和财政部“共管账户”,通过各种方式予以核销;央行购买工行可疑类贷款3213亿元,工行向华融资产管理公司剥离不良贷款2460亿元;建行抵免税收216亿元,国家对建行累计投入超过4600亿元
2006	中国银行资产净增值200亿元,工商银行免税200亿元
2008	汇金公司注资农业银行190亿美元,约合1300亿元,与财政部并列为农业银行第一大股东

资料来源:根据历年各行网站公告和《1979—2006中国金融大变革》(李利明、曾人雄,2007)相关资料整理而得。

6.1.2 资本市场化改革下的微观绩效考察

始于2003年的这次股份制改革可以称得上是自1979年我国市场经济改革以来国家在金融领域方面推行的历史上“最昂贵”的一次注资行动。经过一系列“波澜壮阔”的注资,财务重组,成立股份制公司、引进战略投资者以及上市等措施,四大国有银行财务数据都达到了史上最佳水平,如表6-2所示。从表6-2可以看出经过此次财务重组后,四大国有银行的微观绩效得到显著提高,特别是一直关注的资本充足率等各项财务指标基本上达到了国际监管的要求,而且基本接近国际上一些业绩优良的大银行水平①。

表6-2　四大国有银行财务重组后的基本指标　单位:%

具体指标	中国银行(2004年)	建设银行(2004年)	工商银行(2005年)	农业银行(2008年)
总资产回报率	0.61	1.31	0.66	0.84
权益回报率	10.92	22.99	14.56	17.22
成本收入比率	40.02	40.17	37.7	44.71
不良贷款率	5.12	3.92	4.69	4.32
资本充足率	10.04	11.32	9.89	9.41

资料来源:各行相关年份年报。

① 如在资产回报率和权益回报率方面,2006年美国银行、花旗银行和汇丰银行资产回报率分别为1.45%、1.14%和0.85%;权益回报率方面分别为16.3%、18.8%和15.7%。

问题是这样的绩效是否具有持续性，若从目前已有的短暂财务指标角度而言，这次行动“斩获颇丰”，似乎达到了预期的效果。从2003年到2010年，且不论如国有银行的资产规模、所有者权益和税后净利润这些绝对指标的急速膨胀，即使从业绩相对指标来看，同样可以说是取得了重大“成就”。这期间，国有银行总资产回报率从0.37%提高到1.1%，权益回报率从9.19%上升到18%，人均净利润从4.07万元增加到33.34万元，净利润年均增长37.34%，人均净利润增长37.63%，这样的增速远远超过了以往任何时期。在各种措施下，长期以来社会普遍关注的不良贷款率也显著下降，从2003年的18.85%下降到2010年的1.3%，特别是2008年以来不良贷款率不超过3%，创历史最低水平；资本充足率从2004年到2010年平均达12.53%①。可见就纵向比较而言，国有银行成绩显著，这些在以往的改革中是很难想象的，具体如表6-3所示。

表6-3　国有银行股份制改革以来的微观绩效变化（2003—2010年）

年份	总资产（亿元）	所有者权益（亿元）	税后净利润（亿元）	总资产回报率（%）	权益回报率（%）	人均净利润（万元）	不良贷款率（%）	净利润增长率（%）	人均净利润增长率（%）	资产增长率（%）
2003	160512	6509	598.01	0.37	9.19	4.07	18.85	—	—	—
2004	179817	7637	1035.68	0.58	13.56	8.07	15.57	73.19	98.36	12.03
2005	210050	9579	1222.80	0.58	12.77	9.39	10.49	18.07	16.40	16.81
2006	242364	13540	1615.79	0.67	11.93	11.00	9.22	32.14	17.12	15.38
2007	285000	15824	2466.00	0.87	15.58	16.53	8.00	52.62	50.30	17.59
2008	325751	19608	3542.20	1.09	18.07	23.88	2.80	43.64	44.50	14.30
2009	407998	21962	4001.20	0.98	18.22	26.56	1.80	12.96	11.22	25.25
2010	468943	28611	5151.20	1.10	18.00	33.34	1.30	28.74	25.52	14.94

注：这里的国有银行是指包括交通银行在内的工商银行、农业银行、中国银行、建设银行、交通银行五个大型国有银行。2003—2006年的税后净利润取自《中国金融年鉴》（2004—2007年）中相关银行的年报；由于资料限制2003年不良贷款率中不包括交通银行。其余数据均根据《银监会年报》（2006—2010年）进行整理计算而得。

① 资本充足率水平由四大国有银行年报而得，该值为工商银行、建设银行和中国银行的平均值，这期间工行平均资本充足率为13.22%，建设银行为12.08%，中国银行为12.3%。农业银行从2008年开始披露其资本充足率，若从2008年算起，四大行平均资本充足率也在11.91%，都远远超过了巴塞尔8%的资本充足率要求。

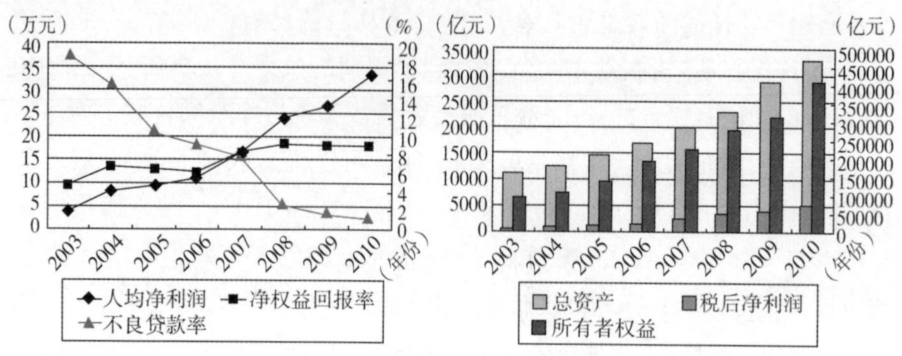

图 6-3 国有银行股份制改革以来的微观绩效变化

注：根据表 6-3 绘制。

前面仅是对国有银行自身微观绩效进行时间序列的比较，这只是纵向上的对比分析，那么与同时期的其他类型银行相比如何？因此再换一个角度从横向上进行比较，这样我们对这次“注资”改革所带来的成效将会有更为全面的了解。由于数据资料限制，本书对 2004—2010 年具有不同产权性质的国有银行、股份制银行和外资银行进行对比统计，主要从人均利润率、权益回报率、总资产回报率和不良贷款率等方面进行比较。如表 6-4 所示，已有的数据反映了这一时期中国的银行业总体质量都有了很大的提高，到 2010 年中国银行业的人均利润、权益回报率、总资产回报率分别达 30.06 万元、15.42%、0.94%，都远远超过了 2004 年的水平。

从三种类型银行看，在人均利润方面，股份制银行的人均创利能力最强，提升水平最快，平均达 37.94 万元，外资银行次之，但下降明显，而国有银行的人均创利能力平均而言表现一般，但创利能力提升迅速，已经超过行业平均水平。在权益回报率方面，也表现出了同样的特征，各种银行表现都比较平稳。不过值得关注的是国有银行从 2004 年到 2007 年表现出下降的趋势，但 2008 年对农行注资都才又开始上升，这反映出注资行为对银行绩效提高是否具有可持续性还需要以后更长时间的验证。在资产回报率方面，从 2003 年以来国有银行在这方面一直保持着领先地位。但在不良贷款率方面，外资银行基本保持在 1% 以下的水平，还是突出了它们对贷款质量控制和管理上的先进性；国有银行不良贷款率显著下降也是 2008 年对农行注资以后才逐渐表现出来的，这种下降是否具有长期性现在下结论还为时过早。

至于原先一直关注的资本充足率方面从2009年开始所有银行已经达到了监管要求，可见在资本市场化改革下，各个银行普遍提高了对资本的意识和管理。因此从表6-4可以得出，就当前而言，国有银行绩效提升十分显著①。

整体上自2003年这一轮改革以来，国内银行业总体水平普遍提高，特别是股份制银行的绩效最为突出，起到了良好的示范效应，这正如我们在前文中提到的，这种异质性竞争可以带来“鲶鱼效应”，在外在的竞争压力下，国有银行也难以“懈怠”，这也成为国有银行改革的一个重要市场因素。同样值得注意的是，国有银行绩效基本上是在2008年国家完成对农行的注资后才显著提高，在这之前一些指标甚至还有所恶化，因此就短期而言国有银行绩效显著，这从实证上可以得出结论。利用DEA和SFA等非参数和参数各种效率检验方法，国内的学者对国有银行股份制改革以来展开了广泛的实证研究，这些研究也肯定了所有制结构变革和公司治理改革所产生的积极作用（徐传谌、齐树天，2007；黄宪等，2008）。张建华、王鹏（2010）的研究认为金融体制变革对中国银行业生产率的增长起到了重要的促进作用，特别是随着国有银行相继上市后，制度变革对银行全要素生产率（广义Malmquist）的促进作用在2006年以来表现得更为明显。

但我们更关心的是这样的绩效是否具有长期性，也就是说对国有银行的资本化改革效应是否具有长期性，国有银行是否已经适应经济发展的需要，与外部制度环境形成“耦合性”；另一个值得注意的是，在这三种类型银行中，就理论而言，外资银行作为私人银行有着更“先进”的产权制度，应当有着更显著的绩效，但事实上在中国外资银行的“优越性”并没有得到彰显，除了在不良资产控制上有所优势外（这与其规模、信贷结构及地理布局有密切关联），并没有表现出明显的优势，似乎说明了在银行业中产权并不是唯一有效的，这也在另一个层面上意味着我们前文所提到的国有银行资本市

① 即使是从国际上进行比较，国有银行也同样是“风光无限”，《The Banker》2010年全球千家大银行排名中，共有84家中资银行上榜，高于2009年的52家，工商银行、农业银行、中国银行、建设银行四大国有银行已跻身全球银行总市值前10位。入围的中资银行一级资本占千家大银行总额的8.9%，特别是税前利润占比高达25%。在一级资本排名上，工商银行、中国银行、建设银行和农业银行分别排在第7、第14、第15、第28名；在总资产排名上，工商银行、建设银行、农业银行和中国银行分别排在第11、第18、第20、第22名；在税前利润排名25强的银行中，工商银行、建设银行、中国银行和农业银行分别排在第1、第2、第7和第14名。可见就微观绩效而言，目前的国有银行基本达到了国际银行业的领先水平。

场化改革是否具有长期效应仍值得怀疑。中央政府以为只要通过产权制度调整后就能使国有银行功能市场化,问题是国有银行功能的调整仅通过产权变迁就能实现吗？在没有其他相应的制度安排下产权改革的效应会大打折扣,特别是在中国,我们已经分析国有银行具备怎样的功能并不是由资本归谁所有决定,而是政府与市场力量相互博弈的结果。

表6-4 三种类型银行微观绩效对比(2004—2010年)

指标	银行类型	2004年	2005年	2006年	2007年	2008年	2009年	2010年	均值
人均利润(万元)	银行业金融机构	8.84	10.90	12.37	16.57	21.46	23.50	30.06	17.67
	大型国有银行	11.48	11.98	13.44	16.53	23.88	26.56	33.34	19.60
	股份制商业银行	13.54	20.75	36.79	40.33	50.13	46.80	57.26	37.94
	外资银行	30.99	37.08	34.50	19.40	42.86	19.84	21.60	29.47
权益回报率(%)	银行业金融机构	15.92	15.23	15.09	14.70	15.39	15.04	15.42	15.25
	大型国有银行	19.31	16.29	14.59	15.58	18.07	18.22	18.00	17.15
	股份制商业银行	15.39	21.65	22.80	16.64	19.06	16.40	16.63	18.37
	外资银行	4.76	5.86	7.72	5.19	8.39	3.85	4.20	5.71
总资产回报率(%)	银行业金融机构	0.64	0.68	0.77	0.84	0.92	0.84	0.94	0.81
	大型国有银行	0.82	0.74	0.81	0.87	1.09	0.98	1.10	0.92
	股份制商业银行	0.48	0.65	0.80	0.78	0.95	0.78	0.91	0.76
	外资银行	0.40	0.51	0.62	0.49	0.89	0.48	0.45	0.55
不良贷款率(%)	主要商业银行	13.20	8.90	7.50	6.70	2.40	1.60	1.15	5.92
	大型国有银行	15.57	10.49	9.22	8.00	2.80	1.80	1.30	7.03
	股份制商业银行	4.94	4.22	2.81	2.10	1.30	1.00	0.70	2.44
	外资银行	—	1.05	0.80	0.50	0.80	0.90	0.50	0.76
资本充足率达标银行数(家)		30	53	100	161	204	239	281	—
资本充足率达标资产占比(%)		47.5	75.1	77.4	79.0	99.9	100.0	100.0	—

注:本表数据根据《中国银监会年报》(2006—2010年)整理而得。由于外资银行数据限制,2004—2006年本表利润是指税前利润,2007—2010年利润是指税后利润,尽管这会带来一定的差异性,但这里主要是横向之间的比较,因此并不会影响基本判断。其中2004年该年报银行业金融机构和国有银行利润数据与前后年份差异明显,笔者根据《中国金融年鉴》(2005)进行了相应调整。本表中大型国有银行包括工、农、中、建、交五大行;股份制商业银行是指包括招商银行在内的12家银行;主要商业银行是指大型国有银行和股份制商业银行。

6.2 国有银行微观绩效提高的另一面:资本市场化是唯一重要的吗

6.2.1　国有银行存差持续扩大

毋庸置疑,资本市场化改革显著地提高了国有银行微观绩效,但是这种短期微观绩效的提升并不能证明国有银行的行为就一定是市场化的,国有银行功能就一定由原先的财政替代性功能转变为金融服务功能。也就是说,以资本市场化为核心的银行市场化改革对国有银行微观绩效改善有一定效果,但并不必然意味着国有银行就已经具备适应性效率,能够与外部制度环境有效结合以适应经济的发展。对此,我们将先从国有银行的资产负债表中存差现象予以分析。

就理论上经典意义的银行而言,银行存款行为和规模应当取决于边际成本与边际收益相等的那一均衡点,作为真正市场化的商业银行就不会有过量的存差,因为这些存差剩余毕竟是要支付成本的(Freixas & Rochet,1997)。改革开放以来在曾经很长的一段时间中我国国有银行一直保持着贷差①,从1985年到1994年累计贷差达29168亿元,然而就在1994年财政分权式改革这一年,对银行信贷制度也做出了根本性调整,即从1994年开始实行资产负债比例管理,其中就规定银行的贷存比不得超过75%。贷差局面得到了根本性扭转,随之而来的是存差出现,但问题是这样的存差犹如滚雪球一样越来越大。对于存差的性质,学界的一个主流视角是从信贷约束的角度予以分析,由于国家信贷政策调整,信贷风险意识的加强,造成各种"惜贷"现象,进而导致信贷萎缩(钱小安,2000)。信贷约束确实是对存差的产生造成了很大的影响,但总体而言,这些研究更多的是基于政策层面的分析,缺乏对其内在的演进逻辑进行分析。国有银行存差问题并不是简单的微观现象,正如江其务(2003)所指出的那样,对于银行存差,实际上具有不同的微观和宏观经济效应,应该跳出单个银行的微观视角,考虑存差所

① 银行的存款减去贷款,当小于零时称为贷差,当大于零时即是存差。

隐含的宏观效应。相比而言，张杰(2003)对国有银行存差演进逻辑分析中提出了一个令人更加信服的观点，即信贷约束实际上只是银行存差存在的实现条件，而国有银行的特殊资本金结构则是必要条件，正是“国家声誉与居民存款巧妙结合下的特殊资本结构决定了国有银行对存款的过量需求”。因而存差是对包含着更多的社会义务和政治意愿的信贷扩张所带来风险的担保，同时还承担着维护国家声誉的责任。也就是说，在国家声誉介入下，存款实际上具有资本金功能，国家存差在一定意义上是国家、国有银行和储户等利益相关者博弈的结果，是国有银行承担财政性替代功能下对金融风险实施国家担保的外在表现。

我们在此思路下做进一步的分析，随着2003年对国有银行实施资本的市场化改革，国家花费巨资力图从国有银行中赎回无形资本，让国有银行“自主经营，自行承担风险”。那么已经“商业化”了的国有银行就应该如新古典经济学那样，作为一个理性的经济人，追求边际存款所带来的最佳收益。若是如此，承担着维护国家声誉的存差规模就应该逐步减少或者至少不应该再有所增大。但遗憾的是，国有银行资本结构市场化改革以来这样的局面并没有出现，出乎意料的是不论是绝对量还是相对量，从2003年到2010年短短8年间，国有银行存差就已累积60多万亿元；国有银行贷存比从1994年超过100%后一路下降，2008年降到历史最低点57.97%，此后虽然有所回升，但到2010年该比例也只有61.76%，即使是就国家规定的75%界限，也相去甚远。也就是说，国有银行每吸收的一笔存款中，只有60%多放贷出去。若做一个相对比较，从存差与GDP之比的角度进行衡量，同样让人吃惊的是存差与GDP的比重从1995年的3.12%一直上升，2010年高达34.03%；而存差与贷款总量相比，尽管从2008年开始有所回落，但比重仍超过了60%。若与同期的股份制银行横向比较①，这种现象表现更加明显，从1996年到2010年，主要股份制银行存差累积为12.76万亿元，但存贷比有所上升，1996年为71.76%，2010年达到73.13%；存差与贷款总量之比也基

① 需要说明的是，《中国金融年鉴》(1995—2011年)中的股份制银行存贷款数据并不完整，特别是早期数据更难以获取，故只能选取1996—2010年的数据，其中1996—1999年主要股份制银行包括招商银行、兴业银行、浦发银行、广发银行和平安银行(深发展)；2000—2010年则覆盖了招商银行、兴业银行、浦发银行、广发银行、平安银行(深发展)、中信银行、民生银行、光大银行和华夏银行9家主要股份制银行。尽管早期资料受限，但我们认为这并不会影响分析的基本结论。

本保持平稳,2010 年为 36.73%(如表 6-5、图 6-4、图6-5 所示)。

表 6-5　国有银行存差描述(1994—2010 年)

年份	1994	1995	1996	1997	1998	1999	2000	2001	2002
存差(亿元)	-108.15	1951.1	5098.88	6620.81	7211.18	12898.74	18960.33	22847.47	27783.31
年份	2003	2004	2005	2006	2007	2008	2009	2010	—
存差(亿元)	32513.14	40804.5	51894.12	63426.27	85157.38	105169.7	121627	136548.16	—

资料来源:根据《中国金融年鉴》(1995—2011 年)中的四大国有银行年报整理计算而得。

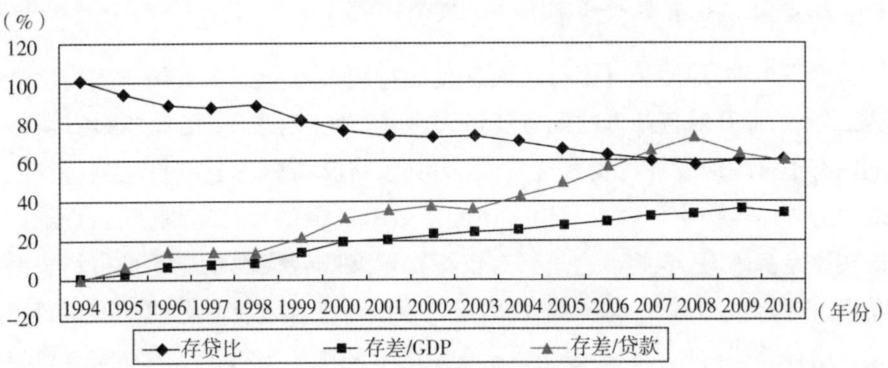

图 6-4　国有银行存差趋势

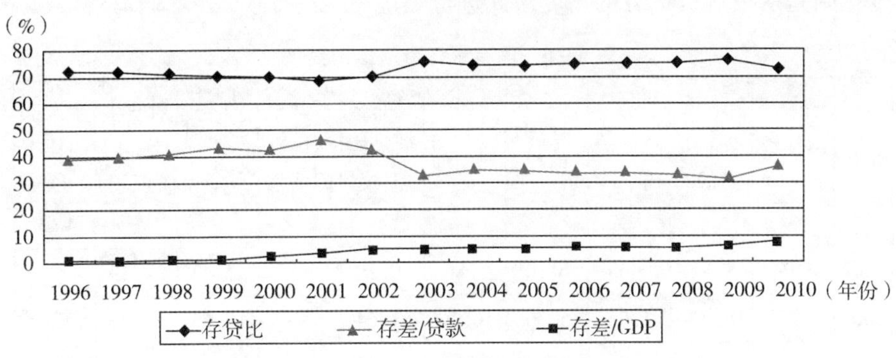

图 6-5　股份制银行存差趋势

资料来源:存贷款数据来源与表 6-5 相同,GDP 数据来源于中经统计数据库。

存差现象作为国家控制金融的一种副产品,它实际上包含准确评判国有银行市场化改革进行的某些重要信息(张杰,2003)。存差现象作为国有银行视为财政性替代功能的表现,存差的继续扩大,从某个层面上说明了对国有银行市场化改革并没有如国家所愿。注入了国家声誉的无形资本在国有银行资本金结构中事实证明即使可以做到“分割”，但却无法实现真正“分离”，用资本替换的方式虽然可以带来国有银行短期绩效的改善，但这种交易并没有带来风险的有效置换。虽然国有银行的资本已经市场化，但从其负债方的存差现象继续扩大似乎表明国有银行市场化行为并不是由其资本所能决定的，单方面的资本重组只是市场化的“表象”，并不能真正实现国有银行功能的市场化。

6.2.2 国有银行债权结构“失衡”

退一步讲，即使国有银行巨大存差的持续并不能意味着国有银行功能依旧如故，那其对资产方的配置就让人感到“匪夷所思”。已经“市场化”了的国有银行理应发挥出资源配置效率功能，将其有限的贷款投入到会产生效益的实体经济中。暂且不论实体经济效率高低的部门区别，至少贷款应向实体经济倾斜，毕竟不论是国有银行履行财政替代性功能还是市场金融功能，作为金融的载体，其根本目的还在于服务实体经济。若说国有银行负债方中存差持续扩大只是表明资本重组之下的国有银行仍受着国家金融控制，其行为和功能的市场化仍与现实有较大差距，那么国有银行债权结构的变化则是从银行资产方的角度对此进行了进一步的证明。

表6－6 国有银行资产结构变化 单位：%

年份	国外资产(1)	储备资产(2)	央行债券(3)	对政府债权(4)	对金融部门债权(5)	对非金融机构债权(6)	对其他居民部门债权(7)	对公权部门债权(8)＝(2)＋(3)＋(4)	对非生产部门债权(5)＋(8)	生产部门债权(6)＋(7)
2002	7.08	8.81	0.43	6.18	8.86	60.19	—	15.43	24.29	60.19
2003	5.36	8.64	1.63	5.76	10.70	61.64	—	16.03	26.73	61.64
2004	6.21	8.77	3.91	6.55	7.92	59.97	—	19.23	27.15	59.97
2005	6.92	8.19	6.45	5.70	9.90	51.68	—	20.34	30.24	51.68
2006	6.95	9.62	5.55	10.68	11.86	43.05	7.23	25.85	37.71	50.28
2007	5.24	12.27	6.36	10.37	10.82	40.24	9.32	29.00	39.82	49.55
2008	4.05	14.88	5.55	10.30	11.81	37.41	8.92	30.73	42.54	46.33

续表

年份	国外资产(1)	储备资产(2)	央行债券(3)	对政府债权(4)	对金融部门债权(5)	对非金融机构债权(6)	对其他居民部门债权(7)	对公权部门债权(8)=(2)+(3)+(4)	对非生产部门债权(5)+(8)	生产部门债权(6)+(7)
2009	2.03	13.24	5.65	12.02	10.65	39.22	10.46	30.90	41.55	49.68

资料来源:根据国研数据库整理计算而得,本表没有将资产结构中的其他资产项目比重列出,所以各项部门加总之和并不等于100%。

如表6-6所示,对政府部门债权比重由2002年的6.18%上升到2009年的12.02%,对金融部门债权由8.86%提高到10.65%,我们将对储备资产、央行债券和对政府债权理解为公权部门,那其债权占到了国有银行的30.9%。将公权部门和金融部门看成非生产性部门,那其比例由24.29%增加到41.55%。在这期间,国有银行对非金融机构债权由原来的60%下降到39.22%,即使加上2006年开始计算的其他居民部门债权,整个生产部门债权比重也只占到49.68%。在同时期的股份制银行资产结构中,除了对金融部门债权比重明显上升外,对政府部门债权比重则由7.69%下降至4.17%,对公权部门债权整体比重基本平稳,2009年为19.66%,远低于同期的国有银行比重;对非生产性部门债权比重上升幅度也低于国有银行。特别是对生产部门债权比重也基本保持稳定,2009年为56.65%,而同期国有银行该比重却呈下降趋势①(如表6-7所示)。

表6-7 股份制银行资产结构变化

单位:%

年份	国外资产(1)	储备资产(2)	央行债券(3)	对政府债权(4)	对金融部门债权(5)	对非金融机构债权(6)	对其他居民部门债权(7)	对公权部门债权(8)=(2)+(3)+(4)	对非生产部门债权(5)+(8)	对生产部门债权(6)+(7)
2002	5.74	12.78	0.68	7.69	5.40	57.16	—	21.15	26.55	57.16

① 2010年中资大型银行资产结构中,对公权部门、非生产部门和生产部门债权比重分别为26.30%、39.41%和52.61%,而股份制中资中型银行资产结构中,这三个比重分别为16.87%、35.37%和60.55%。但由于2010年开始按照资产规模划分为中资大型银行(以传统意义上的国有银行为主)和中资中型银行(以传统意义上的股份制银行为主),统计口径有所变化,故表中不再列出。即使如此,两种类型银行这种差异性的趋势也仍较为明显。

续表

年份	国外资产(1)	储备资产(2)	央行债券(3)	对政府债权(4)	对金融部门债权(5)	对非金融机构债权(6)	对其他居民部门债权(7)	对公权部门债权(8)=(2)+(3)+(4)	对非生产部门债权(5)+(8)	对生产部门债权(6)+(7)
2003	3.73	12.26	0.75	7.20	5.93	61.68	—	20.20	26.13	61.68
2004	3.51	12.13	3.35	6.36	5.53	60.77	—	21.85	27.37	60.77
2005	3.29	9.88	2.78	5.93	7.03	59.87	—	18.59	25.62	59.87
2006	2.67	12.54	4.18	5.32	12.32	51.47	6.96	22.05	34.37	58.42
2007	1.86	12.42	6.74	4.92	15.21	43.28	9.83	24.08	39.29	53.11
2008	1.81	13.32	4.82	4.36	16.71	44.19	9.40	22.50	39.21	53.59
2009	1.30	11.89	3.60	4.17	16.52	46.00	10.64	19.66	36.18	56.65

资料来源：根据《中国金融年鉴》和国研数据库整理计算而得，本表没有将资产结构中的其他资产项目比重列出，所以各项部门加总之和并不等于100%。

因此从债权结构上看，国有银行功能“市场化”表现出了非均衡状态，金融系统与实体经济相脱节现象表现得越来越明显，金融服务于实体经济的投资功能逐渐减弱。国有银行不仅通过负债方的存差的形式继续将金融风险与国家信誉牢牢拴住，还同样想尽办法将其资产与政府保持着千丝万缕的联系。这意味着国有银行市场化改革的推进过程中，国有银行与国有经济部门或公权部门之间的金融联系非但没有松弛，反而呈现出联系得更加紧密的趋势。这样格局的出现要么表明在经济发展的新阶段，国有银行投资功能衰退，对其吸收的剩余存款缺乏足够的市场支配能力，无法在市场中甄别筛选出有投资价值的项目，或者说是已经作为“理性人”的国有银行发现对公权部门和非生产部门投资带来的收益远远超过了对生产性部门投资的价值，要么就是市场化改革下，在相关利益集团左右下达成的一种妥协与“共识”。

2003年对国有银行资本结构重组实质上是对风险和资本的一次性对敲交易，尽管换得了银行业短期绩效的迅速增长，但我们更关注的是资本市场化之后其机制与行为是否同样市场化。从国有银行存差和债权结构变化中可以发现，这次交易之后，国有银行的“市场人”意识被唤醒，国家的无形资本仍留在国有银行中，但每次“市场行动”后的风险却还是抛给了国家，只是这次的行动已与前期有着本质的区别。若与前文第4章的内容相比,股份制改革之前的国有银行与国有(公有部门)部门发生联系,其主要是在国家意志下的被动行为,取决于国家的战略发展需要。国有银行作为一种财政替代的制度安排,在国家声誉担保下显示出了强大的储蓄动员能力,有力地保持了体制内经济的平稳发展,进而支持经济增长,可以概括为"金融支持"。但2003年之后的表现却是国有银行的主动行为,而国家则越来越表现出一种被动性,由原来的"引导"市场化改革逐步变得被市场化改革"拖着走"。已经市场化的国有银行仍想尽办法与国家声誉保持着密切联系,这对于国有银行而言自是无可厚非,但对于正面临着经济转型的中国而言,这种功能的"滞后性"显然增加了经济转型的成本,这是基础制度已经发生改变的条件下,没有实现功能有效转型的国有银行适应性效率降低的一种表现。因此若从此角度看,单一对资本的市场化改革并不必然带来国有银行功能的真正转型。

6.3 国有银行功能转型:资本市场化还是资产市场化

通常而言,银行呆账是其资源配置低效率的一种表现,但国有银行的呆账却与经典意义上的银行有着本质的差异。它是国有银行支持渐进式改革的外在表现(张杰,1998),在国家担保下的银行坏账甚至可以看成是具有"准国债"的性质(樊纲,1999)。在支持经济体制改革的特殊背景下,它是国有银行制度对中国经济市场化改革成本的一种分担方式(王曙光,2003),因而在国有银行面临软预算约束下国有银行不良贷款有着其存在的必然性和内在逻辑(施华强,2004、2005、2010)。国有银行不良资产的多少与性质在一定程度上取决于国有银行所承担的制度功能,最根本的还在于国有银行功能制度的转型。

由于国有银行不良资产激增及其造成的金融风险对国家信誉担保的压力,目前政府的主流做法是通过国家对国有银行进行注资,并注销存量中的不良贷款,在此基础上通过建立现代公司治理结构,并通过上市等方式试图将不良贷款控制在标准范围内。也就是说,主要是通过资本的市场化约束来强化对不良贷款的控制,应当承认这样的做法取得了一定成效。但要强化对国有银行预算约束,实现其功能的转型并不仅仅取决于资本结构的市场化，更重要的在于其资产结构的市场化是否能够实现。若是没有其他相应的配套改革措施，即使已经注入的资本也将极有可能被银行代理人轻率的金融行为迅速挥霍掉（Clarke & Cull，1999；World Bank，2001）。事实上，资本充足率要求不仅不能很好地反映银行面临的全部风险，而且还可能并未显著降低风险，甚至会增加风险，干预信贷的有效配置，从而影响银行行为（Stiglitz & Greenwald，2002）。国内学者对于这种单方面的注资行为效果也提出了质疑，以改制上市为手段的国有银行综合改革对其不良贷款的持续下降并没有直接和必然的联系。若没有其他配套措施，改制上市可能会进一步强化软预算约束预期，那么国有银行不良贷款内生性问题并不能得到真正解决（施华强，2004）。林毅夫（2005）也认为只有首先实现对国有银行的“政策性负担”剥离之后，不让国有银行对其经营亏损有推卸责任的理由，这样才有可能从根本上解决国有银行的内部治理问题，国有银行的改革才能获得成功。在已有的讨论中张杰在其一系列的研究中就对注资能否真正改善国有银行资本结构提出了质疑，认为在国家作为最后风险承担者的情况下，单方面通过注资追求资本充足率没有任何意义（张杰，2003、2004、2008）。在中国特殊的改革背景下，国家声誉与居民存款的巧妙组合构成了国有银行独特的资本金结构，张杰（2003）给出了一个简单但意味深长的等式：

$$E = r \cdot D$$

其中，E 表示国有银行资本金，r 表示国家声誉系数，D 表示居民储蓄存款。

当 $r=1$ 时，即在国家声誉担保下可以将居民存款视为资本金；倘若失去国家声誉，即 $r=0$ 时，存款将不能再充当准备金。国家声誉具有不可切割性，因此即使是资本结构重组，只要是国家控股，那么国家声誉 r 仍等于1。这种存款与资本金共谋的“国有银行特殊资本结构”假说在伍志文（2004）的实证研究中得到了一定的验证。国家试图通过以真实资本来“赎回”声誉的方式，与国有银行彻底清算风险的做法实际上是不可置信的承诺（张杰，2008；施华强，2010）。说到底，金融业区别其他企业的特殊之处就在于它是一个信息与信任的合约安排，只要有国家担保，哪怕是“技术上”早应关门破产，但只要居民对国家信誉和能力的信任，那么金融机构照样可以稳定地持续下去；若是失去了信任，引起市场的恐慌，

Diamond 和Dybvig(1983)所提到的居民储户挤兑行为照样可以挤垮资本充足率“完全达标”的标准现代银行①。因此在“国家声誉”和“核心存款”可以作为核心资本的情况下,核心存款无形资产与国家声誉互为表里,共同构成了国有银行的特殊资本结构。

对国有银行资本结构的重组实质上是国家与国有银行之间进行资本与风险互换的一种“交易”,但这种交易之后,由于国家信誉无法切割,所以不存在理想状态下的“切点解”,而只能是0或1的“角点解”。所以两种互换之后,国家声誉资本仍然留在国有银行,而市场化行为所产生的各种风险却还是得由国家来担保。因而单一的注资行为只能导致国有银行对原有制度结构的重复与放大,通过增大其“市场行为”的外部性而不断“内生”出国家对金融控制的需要(张杰,2008)。通过资本市场化改革,难以克服国有银行的软预算约束道德风险,特别是解决由于不良贷款的激增而引发的金融风险问题。

对此,我们提出一个命题,即国有银行的风险不在于其有多少资本,而在于其所拥有的资产结构与质量。我们用 R 表示银行风险,用 E 表示真实资本金,其增长率为 g_e;用 D 表示存款,增长率为 g_d,用 r 表示国家声誉系数;用 L 表示不良贷款,不良贷款增长率为 g_l,其中对国有企业单笔贷款的不良贷款增长率为 g_{ls},对非国有企业单笔贷款的不良贷款增长率为 g_{lp},w 表示对国有企业贷款比重。由于对国有企业贷款中考虑各种政策性因素较多,而且一些贷款项目考虑的是社会效益而非经济效益,在政府介入下银行考虑更多的是信贷多少而非信贷质量,失去了对贷款的监督激励,因此我们认为单笔贷款中投放到国有企业不良率增长更快,即 $g_{ls} > g_{lp}$。银行风险 R 与不良贷款 L 成正比,与资本金 C 成反比,因此在其他条件不变的情况下,则有

$$R = \frac{L(1 + g_l)}{E(1 + g_e) + rD(1 + g_d)} = \frac{L[1 + (1 - w)g_{lp} + wg_{ls}]}{E(1 + g_e) + rD(1 + g_d)} \quad (6-1)$$

① 如21世纪初始于西方发达国家金融危机就有明证,2007年的北岩银行(Northern Rock)就遭遇了英国银行业150年来第一次因挤兑而破产。在其倒闭之前,北岩银行的总资本充足率达11.6%,核心资本充足率也有8.5%,远远超过了巴塞尔协议规定的总资本充足率8%、核心资本充足率4%的要求,但在公众对其失去信心和信任的“危机”下仍难逃破产的厄运(陆静:《巴塞尔Ⅲ及其对中国银行业的影响》,《财经理论与实践》,2011年第5期)。

经过整理可得

$$R=\frac{L[1+g_{lp}+w(g_{ls}-g_{lp})]}{E(1+g_e)+rD(1+g_d)} \tag{6-2}$$

我们分两种情况进行讨论：

第一种情况，当经过资本结构市场化改革后的国有银行作为新古典意义上的商业银行存在时，银行没有国家声誉做担保，存款与资本金没有关联，即声誉系数 $r=0$，于是 $R=\frac{L[1+g_{lp}+w(g_{ls}-g_{lp})]}{E(1+g_e)}$。

此时作为经济理性的银行，可以想象其资本金越高，意味着经营成本越大，所以只要其满足监管要求，就不会再增加。

也就是说，在这种情况下，真实资本金 E 的增长速度 g_e 会比较低，我们假设为不变水平 $\bar{g}_c$，这样 $R=\frac{1}{E(1+\bar{g}_e)}\cdot L[1+g_{lp}+w(g_{ls}-g_{lp})]$，把 $\frac{1}{E(1+\bar{g}_e)}\cdot L$ 记为 S。

于是 $R=S[1+g_{lp}+w(g_{ls}-g_{lp})]$，因为 $g_{ls}>g_{lp}$，在 g_{ls} 与 g_{lp} 都保持一定水平的情况下，银行风险 R 与对国有企业贷款比重 w 密切相关，对国有企业贷款比重越高，那么银行在经济意义上的风险将越大。

第二种情况，只要国家以其声誉作为担保，而国家声誉又为存单持有者所信任，那么银行的存款就可以近似于银行的资本金，即 $E=r\cdot D$，那么与国家声誉下的银行存款相比，真实资本金 E 就显得“无足轻重”。

这样，公式(6-2)就可改写成

$$R=\frac{L[1+g_{lp}+w(g_{ls}-g_{lp})]}{rD(1+g_d)} \tag{6-3}$$

把 $\frac{L}{D}$ 记为 K，那么公式(6-3)可以写成 $R=K\cdot\frac{[1+g_{lp}+w(g_{ls}-g_{lp})]}{r(1+g_d)}$，同理 $g_{ls}>g_{lp}$，在 g_{ls} 与 g_{lp} 都保持一定水平情况下，国有银行风险主要与国有银行贷款权重 w 成正比，与国家声誉系数 r、存款增长率 g_d 成反比。这说明从动态意义上而言，银行风险不在于其资本，更多的是与其资产结构关联密切。就中国的国有银行而言，其风险与信贷资产在不同性质企业配比相关，对国有企业贷款越多，那么其经济意义上的风险越大，因此国有银行应当逐渐控制对国有企业贷款规模[①]。同时，国有银行风险与国家声誉成反比，国家声誉关系着国有银行风险，只要存款者对国家充分信任，即当 $r=1$ ，

这样公式(6－3)可以进一步写成

$$R=K\cdot\frac{[1+g_{lp}+w(g_{ls}-g_{lp})]}{(1+g_d)} \tag{6-4}$$

公式(6－4)说明国有银行风险与存款规模成反比，存款规模越大，国有银行与国家的关联就越密切，国有银行倒闭对社会负外部性就越大，国家就越可能以其声誉为国有银行担保，这种情况下，“理性”的国有银行将继续不计“成本”地吸收存款以降低其风险。前文中所阐述的关于国有银行资产负债表结构中存差规模的持续扩大现象正为本模型提供了经验上的证据。

可见，即使仅仅是从对国有银行金融风险分散化的角度而言，资本的改革只是对金融风险存量上的一种短期上的缓解或控制。原因在于在国家声誉无法实现“切割”的条件下，对国有银行资本进行市场化改革，但在实际中国家声誉仍无法做到有效赎回，这样国家仍将继续承担着国有银行不良贷款最终买单者的角色。可见仅对国有银行资本结构调整，并不是解决因国有银行不良贷款激增而可能导致金融风险问题的有效途径。若要从动态或长期上分散其风险则更需要对国有银行的资产结构进行相应的调整，使其资产行为市场化，即从增量上控制其风险。

依据银行适应性效率理论，从功能观的角度出发，衡量银行制度市场化是否成功，并不仅仅在于其资本市场化，更重要的是资产市场化。从根本而言，资产的角度是基于金融功能观的视角，它更能反映出国有银行的真实行为，更具有增量上的意义，体现出长期和动态性，更能刻画出国有银行制度市场化的本质内涵。经过资产市场化后国有银行微观绩效改善才具有宏观上社会资源配置效率整体增进的意义。只有当银行资产行为市场化后，才

---

① 需要特别注意的是，这里是就软预算约束角度而言，考虑由于各种政策干预而追加对一些本应该破产或低效益的国有企业继续实施信贷支持，行政干预下必然会造成对国有企业放贷的不良资产率更高，那么经济理性的国有银行就应该寻找对那些没有政策干预的非国有企业项目(并不等同于中小企业)进行信贷支持。对于没有政策干预的国有企业项目若确实是好项目，那么 $g_{ls}<g_{lsg}$ ，作为经济理性的国有银行当然也应该对国有企业项目授予更多的信贷。不论怎样，这还是支持了本书关于国有银行绩效或风险更多的是与其资产结构以及分布密切相关的论点。当然，我们在下文中还将考虑政治银行家个人效用下，国有银行的“政治理性”行为下会增加对国有企业贷款，这已经不是从纯粹意义上的经济风险角度考虑，这是需要在阅读本部分时加以区分的，否则容易引起混淆。

意味着国有银行将按市场所需的资源配置效率原则，努力提高资产结构的异质性，在信贷增量上控制不良贷款增加，降低金融风险。也就是说，对国有银行功能演进的考察，资本市场化的改革更多地表现为短期或当下意义；而从长期来看，国有银行功能成功转型，保持本书所提倡的适应性效率，更需要依靠其资产行为的市场化来实现。在下文更进一步的讨论中将表明，其资产的市场化，在一定程度上又需要着眼于国有银行市场化的外部条件改善，而不仅仅在于其自身资本结构的简单调整，这也正是本书在银行适应性效率框架中所提出的银行适应性效率内生于其所处的制度结构即政府与市场力量博弈过程中。

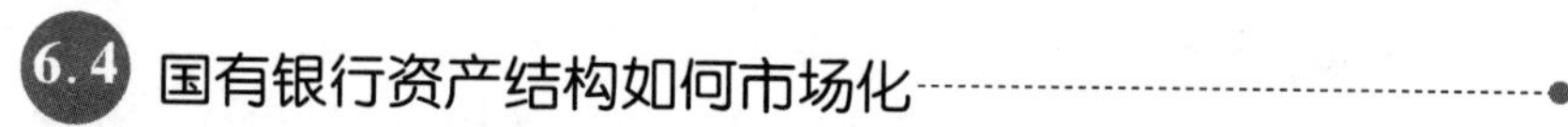

6.4 国有银行资产结构如何市场化

6.4.1 “双重理性人”约束下的国有银行信贷行为分析

当政府与市场力量逐步发生变化而需要国有银行对其功能做出相应调整以适应这种变化时，从银行适应性效率来看，对国有银行功能转型的实现可以通过两种方式：资本结构的市场化方式和资产结构的市场化方式。正如前文指出通过资本的市场化改革来促进国有银行功能转型，仅依此并不足以让国有银行功能动态调整以具备适应性效率，更重要的是在于通过资产结构的市场化来促使国有银行功能转型，进而适应外部制度条件变化，这更具有长期和动态意义。

问题在于如何使具有市场力量的非国有经济部门成长起来？要促使这种外部条件的变化，目前的研究认为主要通过两种方式：第一是通过进一步的市场化改革降低国有经济成分；第二是削减国有银行对国有经济的信贷比例，鼓励国有贷方与私人借方之间发生联系，当国有银行与更多的具有竞争性的非国有企业建立普遍的金融交易时就可重建其资产结构（张杰，2003）。减少国有经济成分自然是中国市场经济改革的必然选择，如1994年对国有银行商业化改革时，就做出了明确的规定要求国有银行按照市场原则进行放贷，但是那次决定只是“雷声大雨点小”，因为70%的银行资金是用于支持国有企业生存，只要国有企业生存问题解决不了，那么就必须依靠银行贷款来维持，各种“吃饺子”贷款、“安定团结”贷款等，这实际上让国有银行承担了社会稳定的“政策性负担”。所以在一定程度上,国有银行的问题其实是国有企业的问题(林毅夫,2003)。Peroui and Carare(1997)在对罗马尼亚金融改革的研究中就发现,国有企业改革的滞后会进一步导致银行不良贷款的恶化。但不得不承认渐进式改革至今,剩下的国有企业大多是“巨无霸”式特大型企业,而且随着时间推移逐渐形成了一个强大的利益集团以阻挠对其改革,改革的动力正在逐渐递减,因此对其进一步改革或让其自行退出变得愈加困难①。除非出现一个强有力的政府能不被其所左右,打破利益集团的约束,否则经济平稳发展下形成的如此庞大利益集团将作为“分利集团”不断“缠蚀”着已有的改革成果。与此同时,让国有银行主动与民营经济或中小企业建立联系,以促进非国有经济部门的成长也只能是具有良好的“愿望与诉求”,因为中国的现实经济中也难以支持这样的路径。

对此我们将从非国有经济部门在国民经济中的重要程度和非国有经济部门从国有银行获得的金融支持程度进行分析。表6-8显示了从1999年到2010年国有经济与私营经济在工业中的比重变化趋势。整体而言,在总产值、增加值、利润总额等各项指标中,国有经济所占比重越来越低,而同期私营经济所占比重显著提高②。特别是从2005年开始统计的综合衡量指标总资产贡献率中,私营部门的贡献远远超过了国有部门。当然如前所述,最近一两年来这种趋势有所减缓,甚至出现了局部反弹。

表6-8 国有与私营经济部门占工业中的比重变化 单位:%

年份	国有总产值	私营总产值	私营工业增加值	国有工业增加值	私营利润总额	国有利润总额	私营总资产贡献率	国有及国有控股总资产贡献率	工业企业总资产贡献率
1999	48.92	4.46	3.74	56.26	5.31	43.61	—	—	—
2000	47.34	6.09	5.19	54.25	4.32	54.82	—	—	—
2001	44.43	9.18	7.68	51.72	6.60	50.46	—	—	—

① 最近几年,我们可以看到各级国有企业“攻城略地”迅速扩张,重新进入了各种竞争性行业,这明显违背了1998年对国有企业改革中提出的从一般竞争性行业中退出的初衷。市场经济的改革时有反复,在一些领域甚至出现“国进民退”现象。

② 这里的私营企业指由自然人投资设立或由自然人控股,以雇用劳动为基础的营利性经济组织。包括按照《公司法》《合伙企业法》《私营企业暂行条例》规定登记注册的私营有限责任公司、私营股份有限公司、私营合伙企业和私营独资企业。

续表

年份	国有总产值	私营总产值	私营工业增加值	国有工业增加值	私营利润总额	国有利润总额	私营总资产贡献率	国有及国有控股总资产贡献率	工业企业总资产贡献率
2002	40.78	11.69	9.87	48.30	8.47	45.52	—	—	—
2003	37.54	14.75	12.81	44.86	10.31	46.01	—	—	—
2004	34.81	17.42	15.13	42.36	11.99	45.71	—	—	—
2005	33.28	18.99	17.81	37.65	14.33	44.04	13.85	11.87	11.82
2006	31.24	21.24	20.57	35.78	16.36	43.51	14.95	12.92	12.74
2007	29.54	23.21	22.54	34.15	18.61	39.75	17.18	13.79	14.09
2008	28.38	26.88	—	—	27.16	29.66	19.67	11.77	13.96
2009	26.74	29.55	—	—	28.02	26.89	18.33	11.29	13.44
2010	26.61	30.54	—	—	28.47	27.78	20.82	13.63	15.68

注：本表根据国研网数据库计算整理而得，并对个别数据在中经统计数据库和《中国统计年鉴》(2000—2010 年)进行相互验证。其中国研网只提供了 2004 年的工业企业总资产贡献率 9.19%，没有提供相应的国营和私营经济部门的数据，故没有列出；从 2008 年开始统计年鉴不再提供工业增加值数据。总资产贡献率 = 利润总额 + 税金总额 + 利息支出/总资产。

通过表 6 - 8 可看出，工业中的国有经济与私营经济比重变化基本反映出市场化改革以来两种经济部门在国民中的总体变化趋势。张军(2006)实证研究曾表明，非国有企业获得的信贷支持与该地区的经济增长和生产率提高显著的正相关。但是令人感到意外的是，尽管私营经济在国民经济中的重要性越来越突出，所占的比重也越来越大，私营经济部门所获得的贷款并没有相应增加，相反却出现下降趋势。

由于官方没有正式公布银行对私有经济部门的贷款规模，目前难以获得正式统一的数据，一些学者曾用“残差结构一阶自相关(ARI)”的固定效应面板数据方法，通过估计各省市银行贷款总量中对国有企业部分，进而获得对非国有企业贷款(张军、金煜，2005)①。北大中国经济研究中心

① 卢锋、姚洋(2004)也曾有关于银行对私人部门贷款指标，但遗憾的是文章中仅说明与 King 和 Levine(1993)的定义一致，并没有说明数据来源。

(CCER,2000)曾对金融机构贷款中的短期贷款进行划分,将其中的乡镇企业贷款、私营及个体企业贷款和三资企业贷款归为对非国有经济部门贷款,结果发现1994—1996年金融机构对国有独资企业的短期贷款超过75%。鉴于数据资料限制,本书将采用后一种方式估算1995—2009年国有银行对非国有经济部门的贷款数额。如图6-6所示,就国有银行短期资产结构而言,这期间在国有银行短期贷款中,私营部门获得贷款平均为13.67%,但私营部门的贷款比例基本呈下降趋势,若以2003年国有银行资本结构市场化改革为界,发现1995—2002年私营部门获得的贷款平均为14.68%;2003—2009年私营部门获得的平均贷款下降到12.51%,同样以私营部门占总贷款比例进行衡量也表现出一致性趋势。我们的计算结论与张杰(1998)曾对1985—1996年那段时间的研究一致,即尽管非国有经济对经济增长的贡献上升,但是并没有从国有银行获得与其相对应的金融支持。相反,作为理性的国有银行在2003年之后进一步削减了对非国有经济部门的贷款规模。

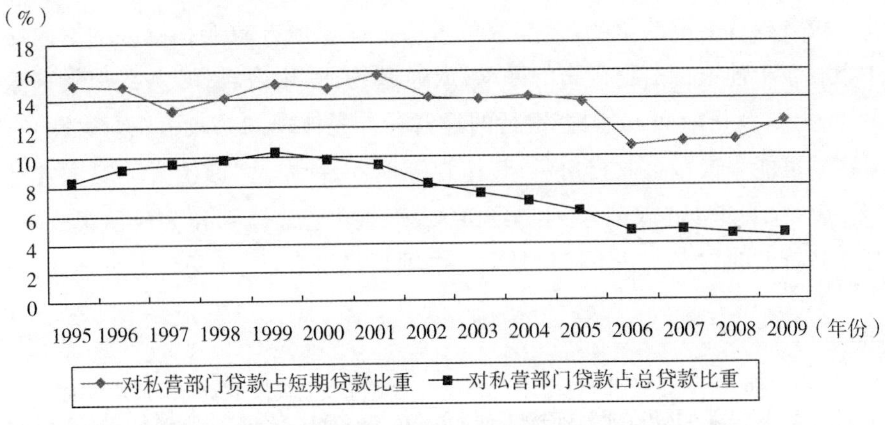

图6-6 国有银行对私营部门贷款比重(1995—2009年)

注:本表数据根据国研网数据库计算整理而得。私营部门贷款是指短期贷款中乡镇企业贷款、私营及个体企业贷款和三资企业贷款之和。

那为何会出现这种“背离”现象,这至少基于以下两个主要方面因素:

一是基于自身的经济效益因素,是国有银行“经济人理性”的表现。金融中介交易本质上是一种“熟人关系”的交易，银行放贷与否主要在于获取项目效益的信息成本和甄别项目的信息能力。非国有经济部门经营历史往往较短，其与银行也没有长期的交易关系，这导致了银行获取该企业资质和项目的信息成本比较昂贵；而国有企业经营的时间较长，且与银行保持着较长的交易记录，因此对于国有企业项目处理的信息成本更低（Loren 等，2003）。并且由于单位贷款处理的成本会随着贷款规模上升而下降，在这种规模效应下，国有银行也更愿意与大型国有企业发生交易，而忽视中小企业或非国有经济的贷款需求，很难与其建立起稳定的长期合作关系。所以源于信贷的信息管理成本差异，大型金融机构倾向对国有企业或大型企业部门提供贷款，而较少地为中小企业或非国有经济部门融资（Berger & Udell，1998；林毅夫，2001、2009）。

二是资本市场化后的国有银行政策性负担依然存在，也就是说国家仍具有要求其承担着繁重的社会责任功能需求，这也是决定着国有银行在未来一段时间内将继续以某种形式提供政策性金融支持。更重要的是承担各种政策性任务对于国有银行的经营者而言却是“理性的选择”，特别是 1994 年财税分权式改革的影响，这次改革事实上造成地方政府在巨大的财政压力下有着干预银行信贷行为的冲动，或通过各种“银政合作”方式以转移这种压力①。就目前而言，国有银行的经营者首先体现的是政治银行家角色，其次才可能是银行企业家角色，其作为管理者，首先是“政治人”，其次才是“经济人”，即兼具“政治人”和“经济人”双重角色。既然作为政治银行家，那么其贷款的初衷就并不仅仅是单一的项目经济效益，而是具有复杂性，包

---

① 如 2006 年，为支持东北等老工业基地振兴、中部崛起和西部大开发战略，银监会要求商业银行高度重视对西部地区国债配套贷款项目的评估工作，提高贷款审核效率。2006 年 4 月，工行、中行、交行和建行分别新增授信 1000 亿元、1000 亿元、800 亿元和 700 亿元以支持湖北“在中部崛起中发挥更大作用”；同时期，建行与广东省签署银政合作协议 1800 亿元，其中 1300 亿元投向广东省交通、城建、电力等项目。引自李军杰：《抑制地方政府投资冲动》，《中国证券报》，2006 年 6 月 2 日。此外，中国人民银行（2010）的专项调查统计表明，2010 年末人民币贷款余额为 47.92 万亿元，其中平台贷款占比不超过 30%。若以 30% 这一比例计算，2010 年末平台贷款的上限是 14 万亿元；即使以 20% 的比例计算，平台贷款规模也接近 10 万亿元。其中，国有商业银行和政策性银行充当了平台贷款的供给主力，而且贷款投向主要是公路及市政基础设施等具有一定财政性质的项目。不论平台贷款的最终效果如何，是否会导致金融危机，这种具有社会效应的信贷行为实际上是在我国财政功能结构失衡下，地方政府对信用制度的一种透支方式，这将倒逼信贷规模高速扩张。实际上也是迫使国有银行继续发挥财政替代功能的一种新表现形式。

括货币收益与诸如权力、职位升迁、政治地位、社会名望等各种非货币收入[①]。于是在银行制度变迁和权力结构的重新调整中，政治银行家所追求的目标都是以自身效用和利益（货币收益和非货币收益）的最大化（胡汝银，1992）。由于政治银行家的绩效是由上级政府部门评价，因而不论是出于主观还是客观原因他们首先会选择迎合上级领导的政治需要，于是一些短平快的“轰炸式”改革方案往往能够得到他们的有力支持。若改革成功则可以归为自身高水平的努力；若不幸失败，则归咎于体制上的原因，当作“必要的学费”，由社会来承担成本。然而不论结果怎样，通过过程中的“改革的新闻效应”，就足以赢得上级的注意甚至是认可[②]。

这样在“经济人理性”和“政治人理性”的双重身份下，国有银行客观上没有必然优势、主观上也不愿意对非国有经济部门或中小企业放贷予以倾斜，相反国有银行会更倾向于选择与国有企业特别是特大型企业建立交易。下文中将通过简单的模型对新古典市场（即没有政府强行介入）中因信息不对称而造成的信贷配给现象和在政府强行介入下的金融中介市场信贷歧视现象进行进一步的刻画和解释。

6.4.1.1 国有银行“经济人理性”下的信贷配给现象

首先假定：

（1）市场中有两类借款者 $t \in \{a, b\}$，其中 a 类型借款者经营的项目风险 θ_a 小于 b 类型借款者 θ_b；并且 a 的潜在收益 R_a 也比 b 潜在收益 R_b 小，即 $\theta_a < \theta_b$；$R_a < R_b$。

（2）两种借款者均没有初始资本，并假设他们项目所需的资本都为单位 L。

（3）贷款者只知道存在两类借款者 t_a 和 t_b，以及它们所占的比重 δ_a 和 δ_b，其中 $\delta_a + \delta_b = 1$，但无法对这两类借款者进行具体的区分。

（4）所有借款者都努力地经营该项目，经营的结果要么成功，要么失败。

---

① 如对目前的大型国有银行经营管理者给予“副部级待遇”级别，一些股份制银行经营管理者同样享受着“厅级待遇”级别，而且在监管者与被监管者之间可以相互频繁调动，这充分说明这些机构管理者的政治银行家色彩，离真正的银行企业家经理人市场还有相当长的距离。

② 注资改革下往往也存在着国有银行将商业性贷款损失归咎为政策性贷款损失的道德风险，国有银行将其利润减少说成是政府指定的政策性贷款太多导致的，国有银行商业性不良呆账是国家对其进行市场化改革中所付出的不必要代价（张杰，2003）。

经营成功时借款者的单位资本收益为 $R_t > 1, t \in \{a, b\}$；经营失败时他们的收益都为0。同时假定成功的概率为 $P(t)$，则有 $P_a > P_b$。

(5)两类借款者对他们所经营的项目有着相同的期望收益，即 $E(R_a) = P_a \cdot R_a = E(R_b) = P_b \cdot R_b = \bar{R}$。

(6)同时考虑到放贷者每单位资本贷款的机会成本为ρ，贷款资金为L，所以其机会成本为 $\rho \cdot L$。

(7)借款者在不需要借款的条件下从事其他经营活动的平均收益为W。

(8)假设贷款者与借款者均为风险中性者，即双方为了获取一定的收益都愿意承担相应的风险。

由于信息不对称等因素，贷款者难以具体区分低风险借款者和高风险借款者。在这种情况下，对所有借款者实行相同的放贷利率 r，这样贷款者的预期收益可表示为

$$\begin{aligned}\prod(\mathrm{r}, t, L) &= P_t \cdot r \cdot L \\ &= P_{\mathrm{a}} \cdot r \cdot L \cdot \delta_a + P_{\mathrm{b}} \cdot r \cdot L \cdot \delta_b \\ &= [(P_a - P_b) \cdot \delta + P_b \cdot \delta_b]\mathrm{r} \cdot L\end{aligned}$$

同时由于放贷者的机会成本为 $\rho \cdot L$，考虑到机会成本，放贷者放贷则必须满足

$$\prod(\mathrm{r}, t, L) = P_t \cdot r \cdot L \geqslant \rho \cdot L$$

$$r \geqslant \frac{\rho}{P_t} P_b \cdot r \cdot L$$

进一步分析如图6－7所示：

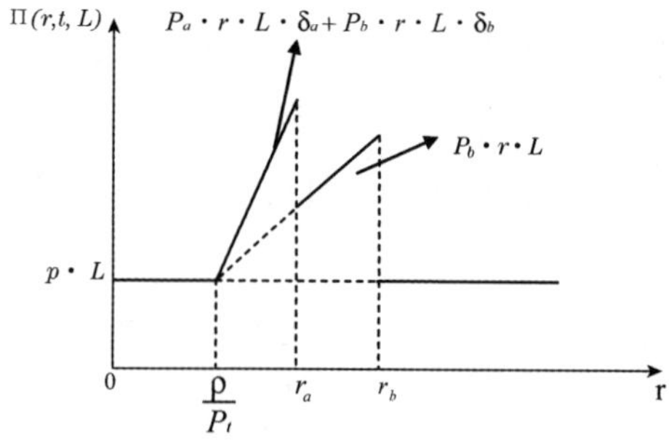

图6－7　放贷者预期收益与利率的关系

这里要证明图6-7中曲线 $P_t \cdot r \cdot L$ 比曲线 $P_b \cdot r \cdot L$ 更陡,只需证明 $P_t > P_b > 0$ 即可。因为 $P_t \cdot r \cdot L - P_b \cdot r \cdot L = (P_a\delta_a + P_b\delta_b - P_b) \cdot r \cdot L$,其中 $\delta_a + \delta_b = 1$。

经进一步整理可得 $P_t \cdot r \cdot L - P_b \cdot r \cdot L = (P_a - P_b) \cdot \delta_a \cdot r \cdot L$,由于 $\delta_a > 0$, $r > 0$, $L > 0$,并且 $P_a > P_b$,所以 $P_t \cdot r \cdot L - P_b \cdot r \cdot L > 0$,即 $P_t > P_b > 0$,由此证明 $P_t \cdot r \cdot L$ 的斜线更陡。从该图形中可以推出如下几种情况的信贷关系:

(1)当 $0 < r < \frac{\rho}{P_t}$ 时,银行将不愿意放贷,交易无法实现,放贷者的收益为其无风险受益 $\rho \cdot L$;借款者的收益为平均收益 w。

(2)当 $\frac{\rho}{P_t} \leqslant \mathrm{r} \leqslant r_a$($r_a = \frac{\bar{R} \cdot L - W}{P_a \cdot L} - 1$)时,随着利率r的提高,放贷者预期收益也将上升,对于放贷者而言,其收益为 $\prod(r,\ t,L) = P_{\mathrm{a}} \cdot r \cdot L \cdot \delta_a + P_{\mathrm{b}} \cdot r \cdot L \cdot \delta_b$;对于借款者而言,由于相同情况下 a 类借款者的预期收益低于 b 类借款者,并且 a 所能承受的最高利率低于 b,所以随着 r 的上升,低风险的 a 将逐渐退出借贷市场而转向其他融资,这样银行贷款资产组合的质量将逐渐下降,增加了贷款风险。

(3)当 $r_a < r \leqslant r_b$($r_b = \frac{\bar{R} \cdot L - W}{Pa \cdot L} - 1$)时,放贷的利率已经超过了 a 类借款者的利率承受能力,它们将完全退出信贷市场,于是市场上只存在b。对于放贷者而言其收益为 $\prod(r,b,L) = P_b \cdot r \cdot L$;对于 b 而言,随着 r 的继续上升其收益也将下降,也将逐步退出借贷市场。

(4)当 $r > r_b$ 时,该利率已超过所有借款者的最高承受能力,借款者将不愿意向银行借款,市场上交易无法完成。放贷者的收益又回到无风险收益 $\rho \cdot L$。

因此即使是在新古典的金融市场上,也会出现信息不对称而出现的逆向选择和道德风险问题(Stiglitz & Weiss,1981)。因此大银行更愿意对具有信息优势或能够提供“硬信息”的大企业放贷,而较少地接受“陌生者”贷款需求,若选择对没有充分信息的中小企业放贷,会要求更多的抵押担保或更高的风险补偿要求,而中小企业往往缺乏可以证明自己的“硬信息”,只好通过如非正规金融市场等其他渠道进行筹资。

6.4.1.2 国有银行“政治人理性”下的信贷歧视现象

由于信息不对称所导致的经济利益是国有银行不愿意对中小企业贷款的客观因素，但以上并没有考虑政府干预银行信贷的情形，在此基础上，我们再考虑造成这一现象的主观政治利益。也就是说，即使市场上信息是对称的，但国有银行经营者作为政治银行家，还要考虑其政治地位、职位升迁等非经济因素，贷款给谁很大程度上将取决于政府的偏好，同样会造成信贷歧视现象。我们做出以下基本假设：

(1)信贷市场上有 S 、P 两类借款者，其中 S 代表国有企业，作为政府的“熟人”，与政府关系密切，暂称为 S 部门；同时我们将政府 G_1 和国有银行 G_2 都归为 G 部门，在该结构中 G_1 部门处于主导地位(即为政府主导型结构)。P 为非国有经济部门，记为 P 部门。

(2)为了便于分析，假定两类借款者都没有自有资金，需从国有银行获得1单位资金。

(3) S 的项目收益率为 R_s ，P 的项目收益率为 R_p ，并且 $R_s > R_p$ ，由此可知 S 的项目成功率 P_s 小于 P 的项目成功率 P_p ，即 $P_s < P_p$ 。

(4)总体上 P 的预期收益与 S 的预期收益关系为 $E_p = P_p \cdot R_p > E_s = R_s \cdot P_s$ ，因而 P 部门愿意支付更高的利息 r_p 获取资金，并假设借贷双方彼此了解。

当国有银行管理者表现出银行企业家角色时，那么 G_2 在 r_p 的条件下贷给 P 部门的预期收益为 $P_p \cdot r_p$ ，而在 r_s 的条件下贷给 S 部门的预期收益为 $P_s \cdot r_s$，显然 $P_p \cdot r_p > P_s \cdot r_s$ ，则 G_2 部门将会选择贷款给 P 部门。但是由于 G_1 部门更加偏好于 S 部门，同时 S 部门将给 G_1 的一笔额外好处C的承诺(C可以是货币、税收、社会稳定，G_1 是子女就业、退休保障或某种承诺等)以说服国有银行给 S 贷款。由于 G_2 部门的管理者职位晋升已纳入政府序列，出于自身政治前途或政治风险等因素考虑，为了将来的“打算”，将“不得不”听从 G_1 部门的安排。这样 G 部门获得的收益将为 $P_s \cdot r_s + C$，可以想象当 C 数额足够大并使得 $P_s \cdot r_s + C > P_p \cdot r_p$ 时，G_1 、G_2 和 S 部门通过利益输送形成共谋，给 S 部门。

这样首先造成的可能后果是无形的社会福利损失 $E_p - E_s$ ；S 部门获得的贷款但其所从事的却是低预期收益的项目，而且为了弥补它所多支付的成本 C ，很可能增加其从事高风险行业的概率，或者将资金挪为他用，这无疑会增加道德风险，增大了违约风险；G_2 预期收益减少了 $P_p \cdot r_p - P_s \cdot r_s$ ，并

且在 G_1 部门的胁持或承诺下有意或无意忽视对贷款的监控，增加了 G_2 出现呆坏账的可能性，降低了 G_2 部门的效率，但是作为政治银行家将首先考虑自身的政治前途，则可能通过这种“市场”交易的方式获得个人的职位升迁。当然软预算约束下 G_2 部门所遭受的呆坏账损失最终仍需由 G_1 部门“兜底”，因为毕竟它关系到在位者的政绩与社会声誉（张杰，2003）。而 P 部门由于无法或者不愿意支付额外的一笔关系费用 C，则只能被迫转向其他融资渠道。国有银行在金融资源配置上的“唯成分论”将使得私营经济无法享受融资便利，而求助于其他金融机构（史晋川，2001）。因此政治银行家模型下，即使市场中信息是对称的，但在政府强行介入下，也会出现政治银行家所主导的一种“变异”的信贷配给。这种新的配给现象产生的基础在于银行管理者是否以政治银行家的身份出现。所以“经济人理性”和“政治人理性”双重因素下，会进一步导致国有银行对民营企业或中小企业信贷萎缩，当然这也为非正规金融发展创造了客观的外部需求空间。

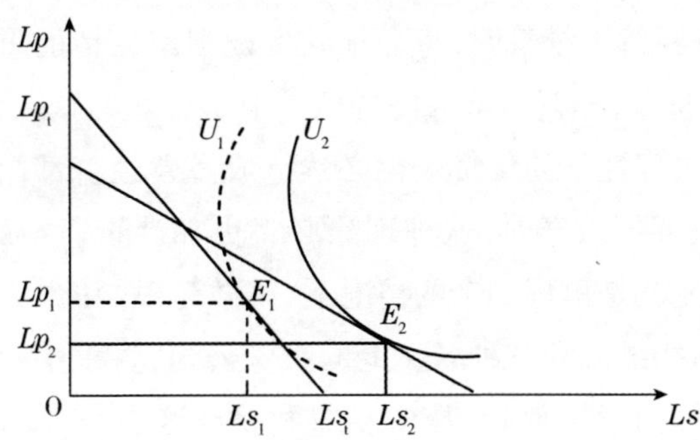

图6-8　双重理性下的信贷歧视

如图6-8所示，纵轴 Lp 表示私营经济部门贷款，所需总贷款量为 Lp_t；横轴 Ls 表示国有经济部门贷款，所需总贷款量为 Ls_t；U 代表国有银行在不同信贷组合上的效用曲线①。在经典意义市场中，由于信息不对称等因素导致信贷配给现象，对于经济理性的国有银行而言，不会满足借方的所有信贷

① 为简化起见，我们不考虑信贷成本等其他因素，但这并不影响分析的基本结论。当然我们在分析该图时，实际上是把国有银行“经济人”和“政治人”双重理性角色分开加以讨论，实际上 E_1 效用点并不存在而是直接在 E_2 效用点上，这里是将信贷组合变化的过程刻画出来，便于更加直观理解。现实中的国有银行所体现的更多应是两者的结合，达成一种“均衡”或有效组合，其行为具有更丰富的内涵，但这种分开说明的方式并不会削弱我们对现实国有银行信贷行为的理解。

需求，在 E_1 点时，国有银行实现效用最大化，此时私营经济部门仅获得贷款量 Lp_1，国有经济部门获得贷款量 Ls_1。但现实中考虑到国有银行政治银行家出于政治前途或政治风险等其他效用因素，特别是国有银行管理者职位晋升已纳入政府官员序列，多给国有企业贷款在政治上也更为“安全”。因此国有银行效用最大化信贷组合点实际上最终是 E_2 点，而不仅仅停留在 E_1 点，国有银行获取的综合效用（经济效用和政治效应）实际上是 U_2，超过只存在经济效用 U_1 水平，此时私营经济部门获得的贷款进一步下降为 Lp_2，而国有经济部门获得的 Ls_2 却超过其实际需要的信贷总量 Ls_t。所以，国有银行“经济人理性”导致的私营经济部门信贷缺口为（$Lp_t - Lp_1$），“政治人理性”导致的缺口为（$Lp_1 - Lp_2$），总缺口为（$Lp_t - Lp_2$），而国有经济部门获得的贷款却超过其实际需求，贷款过剩为（$Ls_2 - Ls_t$）。由此可见，在国有银行双重理性下，更具有市场力量的私营经济部门获得的信贷支持更加萎靡，金融资源市场配置行为被扭曲。

因而，具有双重理性的国有银行将会“争抢”着给国有企业等大客户信贷支持，特别是在经济不景气时，将会优先保证国家支持的重要客户信贷需求，而“理性的掐断”对私营经济部门特别是中小企业的贷款，造成其信贷融资更加困难。双重理性下的信贷歧视必然造成私营经济部门或中小企业融资难，特别是在经济不景气时，这种现象必将更加严重。与此同时，国有企业在其资金充裕尤其是出现剩余的情况下，又做起银行的“买卖”，充当了金融中介的职能，即相继成立各种名义上的投资公司，将手中持有的剩余资金转为对其他经济部门投资放贷，从中获取利差。这也是中国独特的通过资金漏损效应①，将金融资源从国有部门流向私人部门的一种变相方式，但无疑这样的行为加剧了社会寻租现象，进一步增加经济运行中的交易费用。

这种现象表明资本结构市场化改革后的国有银行难以对其手中握有的巨额资金剩余进行优化配置，以满足实体经济发展的需要，仅依赖资本市场化改革并不能引导其摆脱非适应性效率的困境。以上分析也表明了国有银

---

① 资金漏损渠道主要有两种：一种是通过“三角债”方式；另一种是国有企业通过多种方式将其资产和投资转移到私人部门，但这两种方式大多是违法行为。随着中国法律日趋完善，资金漏损渠道的成本将越来越大，意味着私人部门继续依靠这种方式获得资金支持的可能性越来越低。也正是在这个意义上，卢锋、姚洋（2004）对 La Porta 等的法与金融观点提出了质疑，认为在金融压抑的体系中，单纯的改善法治并不能促进金融的全面发展，因此它阻碍了金融资源从无效的国有经济部门流向有效率的私人部门，而这会对私人部门成长起相当大的负面作用。

行功能转型成功需要国有银行经营者由政治银行家角色转向银行企业家角色，即要从制度上隔绝“市场式”的政治利益交易，促使管理者由“政治人”向“经济人”转变。从上述中还可以得出两个延伸性推论①。

推论1：经济发展水平越低的地区，信息更加闭塞，对企业项目资质区分的信息成本越大，并且非国有经济部门可用于抵押“证明”项目的资源更少，国有银行将更倾向于减少对其贷款。

推论2：国有经济部门越强势的地区，其与政府“沟通”能力越强，政府更倾向于强行介入借贷市场，非国有经济部门获得贷款难度将加大。

当两种情况相互叠加时，将加剧非国有经济部门的信贷萎缩，除非更高一级政府介入，或非国有部门也“学会”支付额外费用，但是这将进一步导致更深层次的社会负效应，即产生“全民寻租”现象，市场规则遭到彻底破坏。企业管理者将花费大量的精力用于如何获得以及维护与政府之间的关系，而缺乏提高自身经营能力的激励，同样当信贷资金投放与偿还与否将由政府决定时，银行经营者也将忽视对自身职业谨慎的培养和评估技术、风险控制水平的提高，熊彼特所提倡的企业家精神将难以形成。正如钱颖一（2000）所言，在政府信贷干预下稀缺的资金将被配置到那些受政府庇护的企业，损害了更具有效率但缺乏相应关系的企业，从而降低整个社会对商业精神和经理人职业能力的追求。

一些学者进行的实证研究证明了本书提到的这种现象。如Pistor等（2000）对东欧转型经济的研究发现，国有银行在经济转型过程中仍然倾向于继续为那些低效率的国有企业提供资金支持。林毅夫、章奇、刘明兴（2003）的实证研究表明，与中小银行相比，大银行在向中小企业提供融资上并不具有比较优势。卢锋、姚洋（2004）利用中国1991—2001年的省级面板数据研究发现，私人部门在获得正式信贷方面受到严重歧视，白重恩等（2005）利用2000年第四次私营企业抽样调查的经验研究中也证实了这种观点，方军雄（2007）的实证研究也得出与此一致性的结论。尽管这两年，监管当局一直要求大型国有银行加强对中小企业放贷，并相继出台了多种鼓励措施，但效果并不尽理想。据银监会（2009）统计，截至2008年底，股份

① 为了便于分析，我们把两种情况分开加以说明，可能过于苛刻。现实中的国有银所体现的更多应是两者的结合，达成一种“均衡”或有效组合，其行为具有更丰富的内涵。但这种分开说明的方式并不会削弱我们对现实中国有银行信贷行为的理解。

制银行和城市商业银行对中小企业贷款的不良贷款率分别为2.4%和3.5%，但大型国有银行对中小企业贷款中不良贷款率却明显高出前两者，为5.5%，可见国有银行对中小企业贷款没有优势。因此已有的理论和经验表明非国有经济部门成长，并不必然代表着国有银行就会与其发生交易，也就是说国有银行与非国有经济部门建立联系并没有“内生性”，即使是政府强制推行也不具有可持续性，这并不必然推动国有银行资产结构市场化。事实上，让大型国有银行对中小企业信贷支持本质上对国有银行功能向金融服务方向演进起着逆向性作用，实际上是在政府介入下，国有银行继续承担社会责任的财政替代功能的一种新的“变异式”表现。

6.4.2 异质性竞争与国有银行资产结构市场化

前文中分析，在渐进式改革的逻辑下，国有银行尽管在微观绩效上表现出低效率，但是却利用金融资源动员的优势防止了改革中经济出现急速下降的现象，保障了体制内的平稳，为体制外市场力量的成长争取到时间，创造了稳定的社会条件，为中国经济增长提供了强大的金融支持。也就是说，国有银行的财政性替代功能适应了经济社会发展的需要，表现出了适应性效率。但随着中国经济发展到了新的阶段，未来的中国经济继续快速增长更多地需要由非国有经济部门和中小企业快速成长来实现，这些新兴的市场因素将“内生”出更多的市场金融服务需求，这就要求具有资源配置效率的银行制度与之相适应，需要国有银行对其功能进行适时灵活调整以适应这样的变迁。面对日益积累的金融风险，国家对国有银行资本结构的市场化改革可以说是“态度坚决”，而且在短期内也“斩获颇丰”。经济一番资本市场化修复后的国有银行几乎“一夜之间”焕然一新，原来颇受非议的微观业绩大幅改善，业绩之“好”让全球都为之“惊叹不已”，特别是金融危机以来，几乎成为一道“光彩夺目的风景”。

诚然，资本的重新修复尤其必要性，也是国家对国有银行长期控制甚至是“掏空”的一种补偿，我们不能否定其在当前背景下所具有的特殊意义。但问题是，经过一番资本“改造”后的国有银行保持适应性效率了吗？进一步地，我们需要问以国有银行为主导的中国银行制度是否能适应新时期的经济发展需要？国有银行功能成功转型能否通过资本的重组就得以实现？在业绩爆发的外表下，我们看到国有银行负债表中存差扩大趋势并没有缩减。如果说以前是国家控制金融的被动需要,那么“市场化”后的国有银行依旧如故就很可能是一种主动战略,通过这种方式仍将国家的声誉牢牢捆绑在资本结构之中。同样在其资产结构中,双重理性下的国有银行对非生产部门经济和公权部门的贷款比重逐渐提高①,呈现出与实体经济相脱离的趋势,而且更是依旧“理性”地将有限的贷款向国有企业倾斜。这样看来,一番资本重组对国有银行而言只是“伤其皮毛”,其行为依然如故,这样的效果与社会期望相去甚远,恐怕也是改革者始料未及的,这对于迫切需要资金支持的非国有经济部门而言更是“望洋兴叹”。

已有的分析表明国有银行功能转型并不仅仅在于资本,在政府介入的条件下,资本市场化改革只是对存量金融风险的分割,无法做到实质性的分散,更无法对未来增量上的金融风险做到有效的防范。正如本书在第 3 章中所提到的,虽然国家采取了产权结构调整以对国有银行实施改革,但是对国有银行的存量与增量改革应当是相互联系的,两者是统一而非割裂关系。最优的产权制度安排并不是事先就能确定的,而是需要在市场竞争中不断调整才得以最终实现,因而产权结构安排应与市场竞争环境动态相互适应。从长期角度而言,在下一步应着眼于对银行制度上的增量调整,即对其资产进行市场化改革。但如上文所分析,这种资产的重组不在于让国有银行与非国有经济部门建立起联系,这也只能是一种良好的诉求与愿望。具有“双重理性”的国有银行没有优势,也不愿意与中小企业或非国有经济部门进行交易,除非有新的因素推动,否则将继续倾向于对国有经济部门业建立交易,将大量的信贷配置到生产效率更低的国有企业去。尽管将信贷资金向国有企业倾斜是在既定制度环境下的次优选择(孙铮等,2005),然而正是信贷资金过多地投放于缺乏效率的国有企业导致了国有银行资金配置效率的低下(卢峰、姚洋,2004;张军、金煜,2005)。

可见,一方面国有银行掌握如此规模庞大的金融资源,却难以将这些金融资源有效投入到生产效率高的非国有经济部门,另一方面非国有经济部门却是“嗷嗷待哺”。近年来中小企业贷款难问题日益突出,各种非正规金融市场再度活跃,显然这些“问题”的出现至少可以表明一点,那就是以国有

① 这种信贷分配格局在造就全世界“富有”的政府现象中也起到了重要作用。

银行为代表的银行体系的金融服务功能仍没有得到有效实现，金融风险仍在积聚，这正是其非适应性效率的外在形式。而后渐进式改革需要对前期积累的改革成本特别是金融风险加以分散，金融风险分散资本结构做出必要调整外，更关键在于金融风险取决于国有银行资产结构的异质性程度，这样才能保证金融风险分散而不是分割，这需要通过足够的外部竞争约束来实现。正如诺思(1981)在其国家模型中曾提到，只要本国选民的机会成本或者是竞争国家的相对实力没有变化，停滞国家便可以生存。若邻国更有效率，那么效率较低的所有权便会受到威胁，结果促使其想办法降低交易费用和提高增长率。

显然国有银行金融规模如此庞大甚至是“过剩”，很大程度上在于经济中尚未形成一个相对规模足够大且能提供私人金融产品的商业银行制度，对国有银行产权结构的改造只是改变其内部的激励，但并不能保证就能提高金融资源配置效率，而要改善国有银行的资源配置效率，在目前条件下则需要一个具有竞争性的外部市场环境。若不存在外部竞争条件，仅对国有银行进行单一产权结构调整，则只是把国家控制下的行政垄断逐渐转变为国有银行自身的市场垄断[①]。因此就整个中国银行制度变迁而言，银行制度的适应性效率并不仅取决于国有银行制度的单方面调整，更在于在国有金融产权之外，能否成长起与其具有对等谈判力的新的金融产权力量，从而形成有效的竞争格局。

我们假设市场中只有一家银行，经营者的努力水平为 e ，则其信贷水平 Q 是努力程度的函数 $Q(e)$ ，则价格水平 P 可以表示为 $P=\alpha-\beta Q(e)$ ，设经营成本 C 为努力水平的函数，则有 $C[Q(e)]$ ，则效用最大化水平可表示为

$$\max_q = PQ - C = [\alpha - \beta Q(e)]Q - C[Q(e)] \qquad (6-5)$$

为了分析简便，假设每提高单位信贷的努力成本都一样，则 $C[Q(e)] = cQ(e)$ ，公式(6-5)可对 $Q(e)$ 求最大化极值，经整理可得

$$Q^* = \frac{\alpha - c}{2\beta} \qquad (6-6)$$

当市场中出现第二家异质性的银行时，即我们所强调它们是真实的市场竞争关系。同时两家银行都以利润最大化为目标，则每家银行的价格函

① 不同的是，前者是莱宾斯坦(Leibenstein,1966)所提出的X低效率和资源配置低效率并存，而后者是X有效但配置仍为低效率(张杰,1998)。

数同时得考虑对方的产量水平,它们的信贷水平也是努力 e 的函数(下文中将简略),即 $P_1 = \alpha - \beta(Q_1 + Q_2)$; $P_2 = \alpha - \beta(Q_1 + Q_2)$,假设每提高一单位信贷水平的成本都为 c ,则 $C_1 = cQ_1$; $C_2 = cQ_2$,那么每家银行效用最大化水平为

$$\max_{q_1} = P_1Q_1 - C_1 = [\alpha - \beta(Q_1 + Q_2)]Q_1 - cQ_1 \tag{6-7}$$

$$\max_{q_2} = P_2Q_2 - C_2 = [\alpha - \beta(Q_1 + Q_2)]Q_2 - cQ_2 \tag{6-8}$$

对公式(6-7)的 Q_1 和公式(6-8)的 Q_2 求最大化极值,经整理可得

$$Q^*{}_1 = Q^*{}_2 = \frac{\alpha - c}{3\beta} \tag{6-9}$$

则此时整个社会信贷水平为

$$Q' = Q_1 + Q_2 = \frac{2(\alpha - c)}{3\beta} \tag{6-10}$$

显然可知 $Q' = \frac{2(\alpha - c)}{3\beta} > Q^* = \frac{(\alpha - c)}{2\beta}$ ①,即当市场出现异质性竞争后社会信贷水平上升,可以更好地满足社会对资金的需求。图6-9更好地显示在异质性竞争压力下对银行业的静态效应和动态效应。

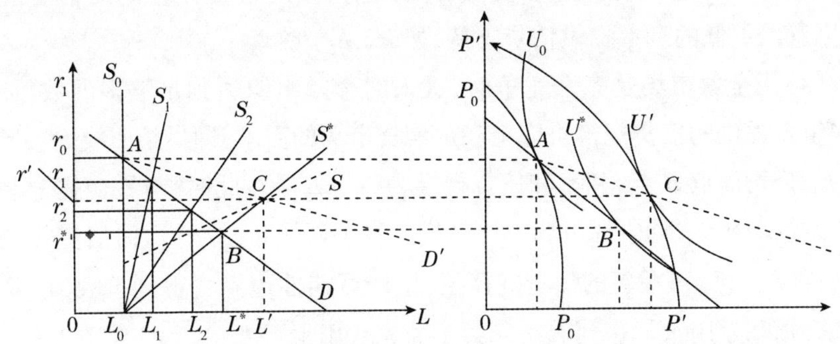

图6-9 异质性竞争下的静态效应和动态效应

首先需要说明的是,在企业竞争理论中,企业被假定为完全相同的生产者,新古典主义中将其视为企业同质性(杨瑞龙、刘刚,2001)。但这里所指的异质性竞争,更多的是指不同产权形式的银行之间所形成的竞争,由于不

① 当然,本书这里只是基于最简单的情形分析,实际情况更为复杂,但我们相信不会改变其所蕴含的基本经济学含义。

同类型的银行所具备的要素禀赋不同，因而在不同范围内各具优势，但就总体而言，异质性竞争将增强信贷市场的竞争性格局。我们将结合图 6 – 9 分析银行异质性竞争所产生的竞争效应。横轴 L 表示信贷规模，纵轴利率 r 表示信贷成本水平，S 表示信贷供给，D 表示信贷需求。

（1）当市场上只有一家金融组织时，整个市场中信贷规模和利率完全由供给决定即为 S_0，表现出无利率弹性，信贷均衡点为 A 点，利率和信贷规模为 (r_0,L_0)，在这一信贷水平上，与之相对应的生产可能性边界为右图的 P_0，全社会福利效用为 U_0，但是整个信贷市场的实际需求水平为 L^*，无法得到有效满足。

（2）当市场中进入新的金融组织时，信贷规模和利率不再由一家金融组织决定，在竞争压力下，信贷供给曲线为 S_1，与 S_0 相比，其向右上方倾斜，即金融市场的供给曲线变得具有一定弹性，市场信贷规模增加到 L_1，但信贷成本利率下降为 r_1，此时的均衡水平为 (r_1,L_1)。

（3）随着信贷市场中进入的金融组织越来越多，信贷供给曲线越来越平坦，如图中的供给曲线 S_2，对利率更加敏感，更富有弹性，即在相同的利率水平上，竞争性的金融组织愿意提供更多的信贷，或者说在相同的信贷规模上，愿意以更低的利率提供信贷支持，如 (r_2,L_2)。

（4）当金融市场是完全竞争时，进入的金融组织达到足够多的数量时，金融组织提供的信贷规模将完全满足信贷市场的需求，即供给曲线 S^*，形成新的信贷均衡点 B 点，利率和信贷规模为 (r^*,L^*)。此时，与最初完全垄断的金融组织相比，竞争性市场中的借贷成本下降了 (r_0-r^*)，而信贷规模却增加了 (L^*-L_0)，在新的信贷规模下，生产可能性边界将得到扩大，在 B 点的社会福利效用水平达到 U^*，超过了原先效用水平 U_0。

因而随着进入信贷市场的金融组织增多，外在的竞争压力将迫使原先的金融组织改变自身信贷行为，以使其更具有竞争性。从完全垄断格局的 A 点到竞争充分的 B 点这一过程，也是生产可能性边界扩大、社会福利效用水平提高的过程。不过，这仅是静态意义上，或者说是理论意义上的均衡点。若是从动态或长期而言，最终市场上的供给曲线是 S'、需求曲线是 D'，原因在于信贷需求也将对利率水平变得更加敏感，与原先的曲线 D 相比将向上移动，变得更加平坦；同理，供给曲线将由 S^* 向 S' 移动，最终形成的均衡点

将是 C 点,形成的利率水平和信贷规模为(r' , L'),信贷规模得到进一步扩大①。最终形成的生产可能性边界将达到 P' ,全社会福利效用水平增加至 U' ,超过了原先的静态竞争均衡点 B 点。

一些学者使用较为复杂的面板计量方法也得出一致性结论。如林毅夫、姜烨(2006)通过 1985—2002 年份省面板数据实证表明,若银行业结构与经济结构相匹配,那么将有利于促进经济增长和发展,否则将起着阻碍的作用,他们认为中小型银行发展能够为中小企业提供更有效的金融功能与服务,进而促进经济发展。贾春新等(2008)选用 1992—2001 年 29 个省份面板数据也得出结论认为银行集中度增加对经济增长有显著负向作用。贺小海、刘修岩(2008)利用 1987—2004 年省级面板数据也得出了类似结论,并且发现这种关系呈现出区域的差异性。这正如林毅夫、孙希芳(2008)所认为的,中国银行业低效率并不仅仅是由国有银行的所有制偏向造成的,还有一个重要原因是银行业不合理的规模结构。王玉茹、苗润雨(2011)在对民国时期 1918—1936 年的研究中也发现,在无政府过度干预的条件下银行集中度会随着经济增长而逐渐降低,在相对自由的市场环境中竞争性银行业结构更适合当时的国民经济发展。

但就目前而言,极少有学者对国有银行绩效与银行业结构之间的关系进行实证检验。由于数据资料等限制,本书对 1991—2010 年两者的关系进行协整检验以分析两者之间是否存在长期稳定关系。其中国有银行绩效用平均资产收益率(ROA)表示,即等于净利润除以银行总资产,银行业结构用第 5 章中提到的 CR_4 计算方法计算得出,即非国有银行金融机构贷款占银行业金融机构总贷款的比例(BF)表示,数据均从《中国金融年鉴》(1992—2011 年)以及工、农、中、建四大行相关的年报中整理计算获得。根据协整理论,做协整检验之前先对 ROA 和 BF 进行平稳性检验,如表 6 - 9 所示,ROA 和 BF 原序列均不平稳,一阶差分后数据平稳,即一阶单整,I(1),两者之间可能存在着协整关系。

---

① 这里要注意的是,经过一番竞争后,一些经营能力较差的金融组织将退出市场,但由于金融业特殊的特许权价值(Franchise Value)存在(Keeley,1990;Konishi & Yasuda,2004),信贷市场上最终形成的利率水平将高于完全竞争性市场水平。也就是说动态 C 点上形成的均衡,意味着现实中银行业的异质性竞争并不必然等同于完全竞争,而是一种有效竞争格局,正如 Stiglitz 和 Greenwald(2002)所强调的由于获得信息存在沉没成本,信贷市场本质上不是完全竞争的。

表 6－9　*ROA* 和 *BF* 平稳性检验

变量	ADF 检验值	1%的临界值	5%的临界值	10%的临界值	P 值	结论
ROA	－0.748196	－3.959148	－3.081002	－2.681330	0.8046	不平稳
D(*ROA*)	－6.181986	－4.616209	－3.710482	－3.297799	0.0006	平稳
BF	－0.831704	－3.959148	－3.081002	－2.681330	0.9908	不平稳
D(*BF*)	－5.575888	－4.728363	－3.759743	－3.324976	0.0025	平稳

进行协整检验时关键要确定滞后阶数。我们通过使用无约束的 VAR 模型(Unrestricted VAR)，根据 AIC 和 SC 值准则可确定 *ROA* 和 *BS* 的最佳滞后期为 1 期，因此选择一阶滞后进行协整检验。我们采用 Johansen 协整检验法，根据 AIC 和 SC 最小准则，在 5 个协整方程形式中，选择第 3 种方程形式，即序列有确定性线性趋势，方程只带截距项，得到协整检验结果如表 6－10 所示。

表 6－10　*ROA* 和 *BF* 协整关系检验结果

原假设：协整个数	特征值	迹统计量	5%的临界值	P 值	最大特征根统计量	5%的临界值	P 值
0 个	0.578560	16.47884	15.49471	0.00355	16.41748	14.26460	0.0225
至多有 1 个	0.003224	0.061353	3.841466	0.8044	0.061353	3.84166	0.8044

注：迹统计量和最大特征根统计量均显示在 0.05 显著性水平上存在一个协整关系方程。

协整检验的结果表明在国有银行绩效与银行业结构之间存在长期稳定的关系，可以得出协整方程

$$ROA = 0.10582BF - 3.805645$$

$$[-4.98303]$$

协整方程表明，国有银行绩效与银行业结构有正相关关系。对其协整后的残差项进行单位根检验，序列的残差项平稳，表明上述协整方程存在，它们之间确实存在协整关系。这表明在 1991—2010 年，银行业结构与国有银行绩效之间确实有着长期稳定的关系，且它们之间存在着正相关关系。我们已经确定 *ROA*、*BF* 变量之间存在长期协整关系，但并不一定表明两者之间就存在因果关系，所以我们进一步采用 Granger 因果关系检验法对它们的因果关系进行检验。根据 Granger 因果关系理论，只有平稳变量或者存在协

整关系的非平稳变量才能进行 Granger 因果关系，并且 Granger 检验中的滞后长度也可由确定 VAR 模型的滞后期确定，所以我们选择滞后期为 1 进行因果关系检验，检验结果如表 6－11 所示。

表 6－11 *ROA* 和 *BF* 的 Granger 因果关系

Null Hypothesis:	Obs	*F*－Statistic	Prob.	结论
BF does not Granger Cause *ROE*	19	15.3155	0.0012	拒绝
ROE does not Granger Cause *DK*		0.62805	0.4397	接受

从表 6－11 可以看出，银行业结构变化是国有银行绩效变化的 Granger 原因，但国有银行绩效不是银行业结构变化的 Granger 原因。我们的实证研究结论表明了在中国也存在 Schwaiger 和 Liebeg（2007）对 CEE 国家中的国有银行研究时所发现的现象，即竞争加剧将使得国有银行倾向于模仿私人银行行为以提高竞争力。国有银行绩效与异质性竞争呈正相关关系，异质性竞争对国有银行绩效提升有显著正效应。不同类型的银行对于不同规模和不同性质企业在提供金融功能时具有各自不同的比较优势，因此双方并不是替代关系而更多的是互补关系，通过竞争与合作反而有利于形成资源的有效配置。异质性银行进入有助于提高国有银行效率，因为国有银行可以通过学习和模仿效应，改善自己的资产分布结构，增进资产质量。不同类型银行之间的相互竞争效应和学习效应，也有助于形成竞争性互补的局面。可见异质性银行的发展，不仅在于对经济增长的贡献方面，而且还将改变国有银行的外部基础性制度结构，一定的竞争压迫感是国有银行保持适应性效率的重要条件。银行信贷实际上是一种"关系"交易，交易过程中信息资本就显得非常重要，根据本书第 3 章适应性效率理论所提到的，异质性竞争和试错性试验可产生竞争效应和学习效应，这有利于信息资本的获取与信念的转变，这也将促进国有银行适应性能力提升。

新型银行的进入，一般是基于一定的特殊地理优势或信息优势，可以满足非国有经济部门及中小企业的融资需求。并且从动态来看，随着中小企业规模扩大，中小银行提供的金融服务将难以满足其需求，这些企业又会与规模更大的银行组织建立交易关系，这相当于为国有银行培育潜在的金融需求主体。但当其与大银行发生联系时，这与原先的大国有企业已经有本质上的差异，国有银行面对的微观基础已经发生巨大变化，这种交易更具有市场的内生性，正是通过这种方式“内生出”更多的金融需求，进而也提升了国有银行资源配置能力。此外异质性银行的竞争能够为居民提供更多的资产选择权，并更好地满足企业融资需求，因而异质性竞争具有金融市场的补缺效应和示范效应，这有助于带动整个银行业资源配置效率的提高。

也就是说，如果更有效率的市场金融力量出现，那么低配置效率的国有银行将受到外部的竞争压力，此时国有银行要么选择退出竞争，要么积极做出自我调整，进而增进金融资源配置效率。特别是当非国有银行的市场份额日益增大时，游戏规则将被改变，在面对竞争性的市场环境下，国有银行的行为也将随之改变（易纲，1996）。因而从这个意义上说，国有银行适应性效率形成速度要害在于外部的市场竞争因素，取决于新的市场金融因素的成长速度与竞争压力程度。

6.4.3 新的银行组织进入：两种方式

对于新的银行组织进入金融市场，至少有两种方式，即对外开放和对内开放两种形式。就对外开放而言，与许多发达国家如美英等国家的金融开放“内生性开放”相比，许多发展中国家的金融开放则更多地属于“外生开放”形式，即所谓的金融自由化，如中东欧转型、拉美国家和东南亚等在金融自由化改革中基本采取了激进式开放，结果使中东欧的匈牙利、波兰等国家的银行业基本被外资银行控制①。应当说中国银行业的对外开放既有中国银行业自身改革的内在需要，但同时更具有迫于国际游戏规则的外在压力和外生因素，在一些利益集团主导下有时候甚至更是表现为一种“外生性开放”特征。

2001 年中国加入 WTO，自 2006 年开始从正式制度意义上外资银行已经在中国获得“国民待遇”，除了特别规定外，其可在中国所有区域经营所有业务。若从银监会统计数据，从 2003 年到 2010 年外资银行的资产规模比重平均为 1.92%，基本上维持在 2% 左右②。但是外资银行进入中国不限于此，

---

① 像拉美的阿根廷在银行业对外全部开放前期，外资银行资产占比为 12%，但至 2001 年时外资银行比重已经增至 67%，其金融业格局基本被外资机构所左右，截至 2001 年底，该国爆发金融危机时，监管当局已无力制止资本大规模外逃现象，这引起了该国几次大的金融动荡。

② 据银监会统计，截至 2010 年底，外资银行在我国 27 个省（区、市）45 个城市设立机构网点，比 2003 年初增加 25 个城市。

还通过参股方式进入中国银行业。Martinez Peria 和 Mody(2004)对20世纪90年代中后期拉美地区研究表明,外资银行主要通过收购而非自己设立新机构的方式进入该地区。也正是因为通过参股尤其是参股大型国有银行的方式,引起了国内巨大争议。特是其近乎苛刻的要求,即进入之前要求对方有一个“干净”的外壳,而且以较低的价格买入,但解禁期后对于丰厚的投资回报,却又立刻以相对“合适”的价格迅速套现。这种行为不得不让人们质疑其“战略投资者”的身份,而似乎更具有“战略投机者”之嫌抑或是“财务投资者”[①]。一些实证研究也表明所谓的外资战略投资者进行参股表现出了较强的“选摘樱桃”效应,即选择那些最具有获利能力的银行进行参股,但从长期动态效应来看,外资参股反而降低了银行的利润效率(姚树洁等,2011)。从某种意义上说,外资银行以这种方式进入是相关利益集团相互博弈与妥协的结果。当然,从整体上而言,外资银行进入仍是中国银行业迈向现代化必不可少的一步。我们也不能否认外资银行良好的经营管理理念、管理方式和风险控制等方面的经验给中资银行[②],特别是国有银行带来了难得的学习机会,也正是这样的学习效应和竞争效应下,国有银行才会感到压力,而尝试着去模仿它们的行为,这在一定程度上也有助于增强国有银行的努力程度,提升国有银行在竞争格局中的适应性能力。

对于新的银行组织进入另一种方式是对内开放。就目前而言,国内各种非国有银行已经初具规模,特别是各级地方政府所拥有的银行体制在新成立的银行中占据着绝大部分。尽管其仍具有种种不足,甚至一些银行受地方政府掣肘,表现出了当年国有银行的一些行政式作风,但不可否认其作为银行组织中一种新兴的力量,相对而言还是更具有市场金融因素,这

---

① 如在建设银行,当年美国银行和淡马锡当年分别斥资25亿美元和14.66亿美元购买其9%和5.1%的股权,每股定价仅为0.94港元;此后的中国银行、工商银行也是如此“低”,高盛、安联及运通在2006年出资37.8亿美元入股工商银行,收购10%左右的股份,收购价格只有1.16元/股。而到了2011年美国银行因为各种因素频频举牌减持建设银行,税后收益达18亿美元。作为工行“战略投资者”的高盛集团于2009年6开始减持工行,至2011年11月9日已第三次减持;淡马锡集团也在2011年频频套现。连2010年刚上市的农行其H股先后遭受德意志银行和摩根大通的减持,2011年10月11日德银以每股平均价2.968元,减持农行2.81亿股,约8.35亿港元;10月20日,摩根大通减持5041.52万股H股,每股平均价2.78元,套现约1.4亿元。在欧美国家“后院起火”之时,中国的银行业几乎成为其“救火”的有效“门阀”。

② Stiglitz 和 Greenwald(2002)甚至认为在信息资本尤为重要的银行业中也没有理由相信外国管理层更加有效。

对促进国有银行功能转型也起到积极作用。但就未来发展而言，我们应当对基于非国有经济基础而产生的内生金融力量或民间金融力量给予更多的关注。因为规模庞大或自身绩效优异的国有垄断金融组织并不见得就会向内生性的金融需求提供足够的资金支持，并且即使是强制性将两者"对接"，双方也未必就能达成真正的市场合意。在这种情况下，让内生于市场的金融组织及时地成长起来弥补双方之间的"裂痕"就显得尤为重要。正式制度不能做适时的调整容易使原有的银行体制变得越来越僵化而逐渐失去适应性，如日本当年的主银行制度就表现出了这样的特征；或者是在长期的制度冲突压力下所积累的强烈制度调整愿望容易导致后期的改革逐渐失去渐进性和协调性，偏向于采取激进式方式，急于将所有问题都"毕其功于一役"而忽视了制度相互之间的互补性，这样所导致的可能后果就是市场化的形式一夜之间就形成，但市场化的实质却离原先预期的更加遥远，如拉美、中东欧等地区就是在这种长期的制度压力下急于市场化的表现。

近年来非正规金融组织的"问题"更加突出，如受到社会普遍关注的浙江"吴英案"①，事实上这并不是中国非正规金融市场的个案，其具有一定的普遍性和长期性，与其说是"人为"因素，倒不如说是这种"体制"的一种必然性。这样的问题频繁出现恰恰反映了目前以国有银行为代表的正规金融制度中的某些"缺陷"，一方面是居民手中持有大量的金融资源，另一方面却是中小企业融资困境，出现所谓的"钱荒"。照理论而言，调剂资金余缺是银行组织最为基本的功能，但是在中国却出现了过早"金融脱媒"现象。遗憾的是与西方国家中金融市场对银行中介之间正常的市场性"替代"有着本质的不同，中国的金融"脱媒现象"却表达出真正的内生于经济中的市场金融力量一种"无奈"的诉求形式，这是中国内生性金融发展中所存在的长期困境。银行适应性效率正是从金融功能主义出发，强调银行制度是否具有适应性能力，不能仅仅局限于银行自身绩效好坏，而更在于其能否与外部的制度条件变化相耦合，符合实体经济发展需求，并能促进实体经济发展，因此这是

① "吴英案"之所以受到如此"重视"，并非其本人没有法律问题，但这其中更重要的意义在于其反映了中国金融市场化改革乃至中国市场化经济改革中所遇到的深层次问题，它也凸显了中国金融制度变迁中的市场化意识的"日益觉醒"，这次事件是解读中国市场金融制度变迁的重要视角，或许将为破解中国长期以来所积压的金融"难题"提供一次难得的"机会"。

一种宏观整体的效率演进思路。内生性金融力量的及时成长,进一步形成有效的异质性竞争格局对解决当前的金融困境有着更为长期的重要意义。

因此包括国有银行在内的中国银行业发展过程是不断改革与开放的历程。就目前中国金融现状而言,我们强调在开放过程中除了对外开放外,更应注重对内的开放,特别是那些基于市场经济自身而成长起来的金融力量。对于这些新兴的金融组织不应简单地“一刀切”,而应当区别对待,应该注重在政策引导以及相关法律制定等方面为其发展提供良好的外部制度环境①。事实上,真正意义上的市场金融组织都是从原来的“草根”中逐渐演化而来的,这些“草根”力量对于异质性竞争中促使国有银行制度以及中国银行制度保持适应性效率有着更为长远的意义。所以,内外开放不能仅仅依赖于某一方,而应当给予开放机会的均等性,通过市场的试错性试验,哪怕是失败的,也将有助于使中国的银行制度保持一种灵活性和协调性并以更加积极的态度应对外部制度结构中的不确定性。

在此特别值得一提的是,理论界对分权与集权式的银行体制优劣仍有争论,Dwatripont 和 Maskin(1995)曾对银行软预算约束进行深入研究后提出分权式的银行结构在控制银行软预算约束方面优于集中型的银行结构。平新乔(1998)也认为在这种分权式的银行结构中由于竞争效应,银行与企业之间的关系会使得一些“慢”项目被淘汰出局,最后剩下快的且是小型的投资项目。但在这种相对分散型的结构中,尽管会出现银行因为贷款损失太多导致破产,但由于其规模不大,其倒闭的负外部性远远低于大银行倒闭造成的负面影响。如 20 世纪 80 年代以来,即使美国每年都有多家中小银行破产,但其整体宏观经济并未受到严重的冲击,与此形成对比的是,日本的主银行制度中,一家较大的银行陷入困境则给整个经济系统造成严重的冲击。Stiglitz 和 Greenwald(2002)进一步强调了保持银行体系的分散化,其意义不仅在于聚集全国资金,而且对于收集全国的投资机会信息也是至关重要的。然而,Dwatripont 和 Maskin(1995)的研究也表明,尽管硬预算约束对激励机制有着正面效果,但它也可能会导致银行与企业的短期行为,在集权化的银行体系中,虽然有坏项目的软预算约束负面影响,但慢的好项目也会得到再

① 如台湾地区根据经济发展的需要,于 1967 年将合会改组为中小企业银行或社区型银行,

融资[①]。Rajan 和 Zlgnales(1999)从关系融资理论的角度出发,对银行业垄断降低融资效率观点也提出了质疑。张杰(2005)研究认为分权银行体制是把“双刃剑”,一些事关一个国家未来经济增长的长期项目也可能在该体制中无法获得融资,但从长期而言,这些项目对于经济增长与社会福利增加有着不可替代的作用。

虽然对于集中或分散型银行体制目前尚存在着争议,但我们认为这两种银行模式的好坏不能做简单的静态比较,而应与经济发展水平及经济增长动力密切联系在一起。当一个国家经济主要依靠模仿而不是技术创新来推动时,此时项目投资的不确定性较低,一些长期项目的投资收益有相应保障而且概率分布比较密集,集权式的银行体制在资金支持规模和长久性方面更具有优势,即使是这些项目不能立刻产生回报,但由于其还具有一定的“公共项目”属性,也可以带来相应的正外部性。如东亚地区的中、日、韩集中型银行体制都为东亚经济体的崛起提供了强有力的金融支持。但问题是当经济规模达到一定边界时,这种“慢”的好项目的概率分布比例将越来越低,而且搜寻该类型项目的成本也会越来越高;同时,由于该国经济已经达到一定水平,再依靠原先的技术模仿来推动经济增长将难以维持,于是有必要转向依靠技术研发和创新来推动经济增长,但技术研发和创新的不确定非常大,巨额性投资一旦失败将可能导致银行重大损失。即使银行选择“软预算约束”继续投资,但这种类型投资与原先的基础设施投资等带有偏向社会效益性质不同,更多的是经济效益性质,也很难“沉淀”出所谓的社会效益。这样通过原先的银行体制将难以继续推动经济的发展,原先的银行体制优势将不再存在。技术研发与创新通常是从小的项目开始,而在分权式的银行体制更能在这种新的经济模式中发挥出灵活性比较优势,一些小的项目投资更容易在这种银行体制中获得信贷支持,一旦小银行投资的小项目技术创新获得成功,自然会吸引大的金融组织随后介入以进一步支持该技术发展。因而分权式的银行模式通过信息传导效应有效地支持技术创新

① 科尔奈(2002、2003)也曾提出疑问,若软预算约束的经济后果总是不好的,那为何软预算约束会长期且普遍存在,这个问题需要从政治、经济甚至社会的角度予以分析(引自施华强,2010)。张杰(2011)通过系统的文献梳理后认为软预算约束不是集权银行制度的特例,而是所有金融体制都可能面临的制度常态,因而不能先验地认为集权与分权体制孰好孰坏。

型经济发展①。正如林毅夫等(2009)所强调的,评价一个国家的金融结构是否有效,其标准不在于该国金融结构是否与发达国家金融体系相一致,而在于是否与本国在当前阶段的要素禀赋结构所决定的实体经济结构相适应。仅仅讨论集中还是分散的银行业结构更有效率,抑或是简单地评价银行型金融体系还是市场型金融体系的优劣,难以形成一致性的结论。因而不存在适用于所有经济体在所有时期的"统一"金融模式,实体经济对于金融服务的需求特性决定着不同发展阶段的金融结构及其动态变化。

异质性银行的竞争除了有助于资源配置效率提高外,更重要的在于通过这种不同的试错性试验,有助于信息的发现与组织,从而加快经济发展(杨小凯,2003)。诺思(2005)在总结西方世界兴起时认为其兴起的关键就在于选择的多样性和不断增加促进经济增长的可能性(与统一政策相比),即使是在这过程中的相对失败者也对欧洲的发展起到了至关重要的作用。当然,这其中异质性竞争的相互协调有着重要意义,只有对通过异质性竞争所产生新的信息加以整合才能起到促进作用,否则恶性竞争将破坏已产生的信息,导致银行特许权价值丧失,造成银行业不稳定。因此,对信息协调的好坏也会左右市场的绩效。对国有银行的产权结构调整有利于产生有效的价格体系,对国有银行资本结构调整是必需的一步。但问题的要害更在于产权形成的具体过程,有效产权的形成是博弈的结果,也就是说最终有效的产权结构将通过市场竞争而形成,不在于突变式调整,而这决定着国有银行制度调整将是一个长期博弈演变的过程。

这正是适应性效率理论中所强调制度变迁不是一项孤立的事情,而是一连串的组合,一个制度安排是制度结构中(政府与市场力量对比)其他制度安排的函数,那么这种制度的变迁也无疑包含在其他制度变迁的函数之中。一项制度变迁内生于其所依赖的制度结构中,是一系列制度共同作用的内生结果,这也决定了通过异质性竞争提高国有银行适应性效率遵循的是渐进演变的过程。正如诺思(2005)所提到的那样,"保持那些允许试错试验发生的制度,这种方法哈耶克曾在多年以前就提出过,这也已经成为美国物质成功的来源。这样的结构不仅需要多样的制度和组织以便于试验不同

① 以技术创新见长的美国常常出现这样的案例,如微软、谷歌、苹果等大公司都是从小且带有不确定性的项目做起,面对这样的项目大的金融组织并没有优势,反而是小的金融组织发挥出比较优势,更容易识别出这种类型的项目。

的政策，而且也需要有效的方法去消除那些不成功的做法。只有在非正式制度演化相对较长的时间后，适应性效率才能逐渐形成。”①如果说中国已有的改革中对非国有经济部门的包容性和开放性有力支持了渐进式改革，那下一个阶段，在银行制度中对新进入的组织保持包容性和开放性将进一步决定着中国未来经济发展的可持续性。

6.5 本章小结

对国有银行资本结构市场化的改革后，其业绩呈爆发式增长，就其短期的微观绩效提高而言效果显著。但正如前文中所提到的，我们更关注的是制度的长期绩效。资本市场化改革以及上市后具有双重理性的国有银行其资产负债表内存差持续扩大，信贷结构也日益与实体经济相脱节，并且仍将国家声誉牢牢捆绑在其资本结构中。这些都表明，对国有银行资本市场化改革以及上市不能作为国有银行功能转型成功的衡量依据，资本市场化改革并不意味着国有银行行为就已真正“市场化”。特别是在当下，一方面国有银行掌握如此规模庞大的金融资源，却难以将其有效投入到未来中国经济实现转型和持续性发展的部门中，另一方面非国有经济部门却又是资金匮乏、“嗷嗷待哺”。这种激烈的冲突反映出了国有银行微观绩效增进并不具备宏观整体效应，增量上的金融风险仍在积聚，这是其非适应性效率的一种表现。

未来中国经济能否成功转型和可持续性发展，并不在于国有经济力量强大与否，而更取决于非国有经济力量能否迅速成长。要适应这种新的经济发展变迁需求，仅对国有银行进行单一产权结构调整，只是由国家控制下的行政垄断改变为国有银行的市场垄断。从银行适应性效率理论而言，国有银行个体微观绩效的提高并不意味着整个国有银行制度就具备了适应性效率，特别是始于2008年的全球性金融危机也从另一层面说明了金融机构中个体微观绩效的加总，并不等同于金融的宏观总体绩效。作为制度效率的一种衡量方式，本书所强调的适应性效率更加注重的是国有银行的整体制度性效率。所以即使经过资本市场化改革后的国有银行微观绩效得到提

① 诺思：《理解经济变迁过程》，第146页，钟正生等译，中国人民大学出版社，2008年版。

高,但若与其所处的制度结构需求相去甚远,那么这种提高只是具有短期意义,也未必就能带来其金融功能的真正改善以及社会资源配置效率的整体增进。可见,银行制度是否有效,不在于单个机构的微观绩效有多好,关键在于该制度整体上能否与不同阶段的实体经济相适应,并满足实体经济发展的需要。

从银行适应性效率视角出发,衡量银行制度市场化是否成功,并不仅仅在于其资本的市场化,更重要的是其资产的市场化。因为从资产角度本质上是金融功能观的视角,它更能反映出增量上的意义,更具有长期和动态性,更能刻画出国有银行制度市场化的本质内涵。因而从长期而言,需要对其资产进行市场化改革,这样国有银行微观绩效改善才会具有宏观上社会资源配置效率整体增进的意义。保持银行适应性效率,其关键在于保持分散化决策机制和试错性试验,未来对于国有银行资产结构的市场化改革重点在于金融体系中新的市场力量顺利进入,通过异质性银行竞争来渐进地“压缩”国有银行无法支配的过剩的金融规模。本章研究表明异质性银行的进入,有助于改善国有银行资产结构,增进资产质量,并且竞争效应和学习效应,也有助于形成竞争性互补的局面。可见异质性银行的发展,不仅在于对经济增长的贡献方面,而且还将改变国有银行的外部基础性制度结构,一定的竞争压迫感是国有银行保持适应性效率的重要条件。通过异质性竞争可加速信息总量的获取和信念的转变,这有助于提升国有银行适应性能力。

因而提升国有银行适应性能力,要害在于外部的市场竞争约束,取决于新的市场金融因素的成长速度与竞争压力程度。就未来整个中国银行制度变迁而言,保持银行制度的适应性效率,不能仅局限于国有银行微观绩效的改善,更在于银行制度的包容性与多样性。在异质性竞争约束方面,我们强调基于非国有经济部门的需求而成长起来的内生性金融需求力量或民间金融力量有着更为重要的意义。对其应当持包容性态度,在一定范围内应允许其进行试错性试验而导致各种失败可能性的存在。就长期而言,在未来国有银行制度变迁中,政府与市场力量的耦合度与协调性、银行制度多样性以及银行企业家成长共同决定了国有银行功能演进中适应性效率的形成。

第7章　基本结论及政策含义

本书以诺思提出的适应性效率理论为基础，尝试着提出银行适应性效率的初步分析框架，即制度结构—银行功能演进—银行长期绩效的理论框架，指出银行制度变迁核心在于功能演进与扩展。国有银行具有财政替代与金融服务双重功能属性，这两种功能的强弱、转换、替代或互补最终取决于其所存在的制度结构，即政府与市场力量的反复博弈、协调甚至是妥协程度。银行适应性效率作为制度效率的一种衡量方式，更加注重银行的整体制度效率增进。因而一种银行制度是否有效，不在于其制度自身有多“先进”，单个组织微观绩效有多“好”，关键在于该制度整体上能否与所处的实体经济发展阶段相适应。长期而言，政府与市场力量的耦合度与协调性、银行制度多样性以及银行企业家成长共同决定了国有银行制度变迁中适应性效率的形成。

正是在这一理论框架下，本书对国有银行制度变迁的种种现象予以了解释和分析，希望能够更加全面深刻地了解中国国有银行制度变迁的内在逻辑。

7.1 基本结论

在银行适应性效率框架下，本书所坚持的是内生、长期和整体演进的视角对国有银行制度变迁的内在逻辑予以刻画和分析，得出以下基本结论。

第一，本书认为，在“机构论”视角下对国有银行绩效测算的种种“实证证据”更多的是短期或当下的意义，并且这样的争论容易让人忽视对国有银行制度性质及演变内在逻辑等更为深层次因素的研究。我们主张应从金融功能视角对国有银行制度及其绩效予以解读。在经济发展不同阶段，会产生不同的银行功能需求，而在不同的银行功能结构下，又将进一步决定银行绩效高低。因此，银行绩效高低并不取决于其外在组织形式，关键是在特定的制度条件下何种形式有助于银行功能实现。故不应“人为割裂”与银行绩效密切相关的制度背景，而应将决定国有银行绩效的功能属性及所处的制度环境同时纳入分析并加以判断，这样得出的结论更符合中国现实。

第二，既然国有银行绩效表现与其所承担的功能密切相关，那就应该对国有银行的功能予以分析，如何理解国有银行功能演进的内在逻辑？我们认为从银行适应性效率角度去分析国有银行功能演进的过程和内在逻辑。本书对诺思（1990）提出“适应性效率”概念进行进一步拓展，构建了符合中国背景的初步理论分析框架，认为国有银行制度变迁核心在于其功能演进与扩展。银行制度的适应性效率最终表现为银行功能适应性。对于国有银行的财政替代功能和金融功能双重属性，不能先验地认为国有银行财政性替代功能下的绩效就一定劣于或者优于市场金融功能下的绩效，而要看其是否能促进经济的长期发展。这两种功能的强弱、转换、替代或互补最终取决于其所存在的制度结构，即政府与市场力量的反复博弈、协调甚至是妥协程度。制度结构中政府与市场力量之间的耦合度和协调性将是解释国有银行制度演变的关键。

在这样的分析框架下，我们认为国有银行制度变迁具有内生性，初始制度条件以及政府与市场因素都在其中扮演着重要角色，这意味着国有银行市场化改革，并不是简单的政府“一退了之”，而是取决于各种制衡力量特别是政府因素和市场力量相互协调与妥协程度，因而国有银行功能演进将是一个复杂的长期过程。在国有银行功能演进中，政府将不再是一个外生角色，而是内生于银行所处的制度结构（政府—市场结构）中。从这个意义上，我们同意市场增进论（Market Enhancing View）中关于政府与市场的互补性关系观点，即“政府政策的职能在于促进或补充民间部门的协调功能，而不是将政府和市场仅仅视为相互排斥的替代物”（青木昌彦，1996）[①]。

① 关于政府因素内生化的问题上，国内也有学者予以高度重视。这其中比较突出的研究者如张杰等（1998、2003、2005）曾在制度有效集合框架中对政府因素和私人因素做出了开拓性分析，但其似乎仍是一种静态分析。更详细的可参见其论著：《二重结构与制度演进》（《社会科学战线》，1998年第6期）、《为什么需要建立解释中国长期经济变迁的经济学》（载《经济变迁中的金融中介与国有银行》中的引论部分）、《究竟是什么决定了一国银行制度的选择》（《金融研究》，2005年第9期）。

第三，在“二重结构”的初始制度条件下，国家能力扩展模型（即包括自身所具有的实力、行为在技术上的可行性、获利程度及外在压力条件等）与传统意识形态的巧妙结合构成了我国强制性金融制度变迁路径的充要条件。就制度结构中的政府力量而言，国家效用函数结构及其变化是理解国有银行承担财政替代性功能及其转变的重要线索，这样的功能尽管从“标准”意义市场经济角度看是外生的，但却内生于其所依赖的制度结构中。并且在中国历史上，用货币或金融制度去补充或替代财政制度是一个长期现象[①]，已有的传统为国有银行财政替代功能制度安排提供了在意识形态上的“法理依据”，极大地降低了该制度的推行成本。传统“大政府小社会”社会格局、长期意识形态熏陶与“弱财政强金融”经济格局是国有银行财政替代功能得以实现的基础。

正是这种正式规则与非正式规则保持内在一致性，使得以财政替代功能为主导的国有银行成为当时一种“有效”的金融制度安排，满足了当时的制度需求，支持了中国的渐进式改革。所以尽管其缺乏经典意义上的商业银行“现代”金融功能属性，但这种看似“落后”的制度安排却与其所处的制度环境相适应，表现出了一种适应性效率，为中国经济高速增长做出了不可替代的贡献。正如张杰（1998）所提到“在国家财政能力下降的情况下，倘若国有银行过早地追求自身的资源配置效率，那么就意味着为保持体制内平稳增长的渐进式改革失去足够的金融支持”。

第四，在渐进式改革逐步推进下，国有银行原先的制度功能与其所处的新制度环境越来越表现出非适应性。正所谓一个曾经具有比较优势的制度安排，随着外部环境变化原来的“优势”将可能转化为“劣势”，即一项制度安排若不能及时调整，其收益将是时间的递减函数。本书从国有银行的制度结构即政府和市场力量两个维度上分析国有银行功能调整的必要性与紧迫性。就政府力量而言，各种因素变化导致了国家效用函数偏好转移，这为国有银行功能转型提供了政府视角的分析。同时就市场力量而言，已有的数据表明市场力量成长又将在外部条件上诱致国有银行向金融服务功能转变。

---

① 这里需要强调的是，关于这个分析是基于制度变迁的“初始制度”对于当代中国金融制度变迁难免会产生不可忽视的影响，只是对历史事实的归纳和推演，在本书中并不涉及其在人们日常观念中的“对错或是非”评判。

如果把国家效用偏好转移理解为“推力”,那么市场因素的渐长就是“拉力”,正是这“推拉”两种力量构成国有银行功能由财政性替代功能向金融服务功能转变的内在演进逻辑。但是与前期在财政替代功能下的被动扩张相比,国有银行规模收缩更具有主动性,遵循的是市场逻辑,体现出国有银行“市场金融因素”。反映了国有银行功能上的“金融因素”逐渐取代“财政因素”,这样的调整本身就是国有银行适应性能力的一种体现。

第五,经过“一番手术”后,国有银行“焕然一新”,就其短期微观绩效提高而言效果显著。但就在其业绩爆发的外表下,研究表明,具有双重理性的国有银行不仅通过负债表中存差的形式将金融风险与国家信誉牢牢拴住,而且国有银行债权结构上也日益失衡,更加与实体经济相脱节。如此宏观格局的出现,表明国有银行对其吸收的过剩存款缺乏足够的市场支配能力,难以甄别筛选出具有市场投资价值的项目,或者是在相关利益集团左右下达成的一种妥协与“共识”。这使国家越来越表现出一种被动性,由原来“引导”市场化改革逐步变得被市场化改革“拖着走”。这些说明,资本市场化改革及上市不能作为国有银行功能转型成功的衡量依据,资本市场化改革并不意味着国有银行行为就已真正“市场化”。特别是在当下,一方面国有银行掌握如此规模庞大的金融资源,却难以将其有效投入未来中国经济实现转型和持续性发展的部门中,而另一方面非国有经济部门特别是中小企业却又是资金匮乏、“嗷嗷待哺”。这种冲突反映出资本市场化改革下的国有银行微观绩效增进并不具备宏观整体效应,增量上的宏观金融风险仍在积聚,这是其非适应性效率的一种表现。

作为对国有银行改革思路争论的回应,本书研究认为仅对国有银行进行单一产权结构调整,只是改变了垄断形式,即由国家控制下的行政垄断转变为国有银行的市场垄断。理论上,尽管产权结构调整有利于形成有效的价格体系,但并不能就此认为这就是国有银行市场化改革的目标。问题的要害更在于产权形成的具体过程,产权确定是利益集团博弈的结果,最终有效的产权结构还需要通过长期的市场竞争而形成。从银行适应性效率理论而言,虽然资本市场化改革后的国有银行微观绩效得到提高,但若与其所处的制度结构需求相去甚远,那么这种提高也只是具有短期意义,未必就能带来其金融功能的真正改善以及社会资源配置效率的整体增进。可见,国有银行自身微观绩效改善并不等同于其宏观整体配置效率的提高或者说整个国有银行制度就具有了适应性效率。

第六，依据银行适应性效率理论，从功能观的角度出发，我们研究认为衡量银行制度市场化是否成功，不能仅局限于资本市场化，更重要的是资产市场化。因为资本市场化的改革更多地表现为短期或当下意义，而从资产的角度本质上是基于金融功能观的视角，它更能反映出增量上的意义，更具有长期和动态性，更能刻画出国有银行制度市场化的本质内涵。因而从长期而言，需要对国有银行资产进行市场化改革，这样其微观绩效改善才会具有宏观上社会资源配置效率整体增进的意义。

对于国有银行资产市场化改革方式，研究表明让国有银行与非国有经济部门建立联系，只是一种良好的诉求与愿望，在相关利益集团约束下具有双重理性的国有银行没有优势，也未必愿意与中小企业或非国有经济部门进行交易；通过对国有银行简单的拆分或重组，这种“突变式”的变革也未必就能形成有效的资产竞争格局。依据银行适应性效率中提到的分散化决策和试错性试验，本书认为未来对于国有银行资产结构市场化改革重点在于金融体系中新的市场力量顺利进入。通过异质性银行竞争渐进的“压缩”国有银行无法支配的过剩金融资源。若其规模得不到“有效收缩”，那么不排除曾对中国经济增长做出巨大贡献的国有银行制度成为未来经济增长的“滞后”因素的可能性。研究表明异质性银行进入，可通过竞争和学习激励，改善国有银行资产结构，增进其资产质量，对国有银行绩效提高具有正面效应，文中实证研究证明了该论点。异质性银行的发展，还将改变国有银行所处的基础制度结构，一定的竞争压迫感是国有银行保持适应性效率的重要条件，而且通过异质性竞争可加速信息总量的获取和信念的转变，这也有助于提升国有银行适应性能力。

因而从这个意义上说，提升国有银行适应性能力，要害在于外部的市场竞争约束，取决于新市场金融因素的成长速度与竞争压力程度。若以此为出发点，就未来整个中国银行制度变迁而言，保持银行制度的适应性效率，不能仅局限于银行微观绩效的改善，更在于银行制度的包容性与多样性。在异质性竞争约束方面，本书提倡内外开放均等性，外资银行先进的经营理念和管理手段固然值得我们去学习，但我们也应重视或至少不排斥基于非国有经济部门的需求而成长起来的内生性金融力量或民间金融力量，对其试错性试验而导致各种可能失败的现象应具有包容性态度。长期而言，政府与市场力量的耦合度与协调性、银行制度多样性以及银行企业家成长共同决定了国有银行制度变迁中适应性效率的形成。

正如适应性效率理论中所强调的那样,制度变迁不是孤立的事情,而是一连串的制度组合,一项制度安排内生于其所依赖的制度结构中,是一系列制度共同作用的内生结果,这也决定了国有银行通过异质性竞争进行制度调整将是一个长期博弈演变的过程。所以国有银行制度演进并非孤立的,国有银行功能演进与其所处的制度环境存在着不可割舍的"血肉联系"。忽视这一点,任何旨在追求短期见效的银行改革方式,最终还是要回过头来到其所处的逻辑链条中寻求解决方案。因此我们坚持从内生、长期和整体演进的视角对国有银行制度变迁特别是其功能演进的内在逻辑进行解读,在这样的基础上再"蓦然回首"观察国有银行的真实绩效才能更加"心平气和"。可见以适应性效率来看待国有银行制度变迁,不仅在于其是一个理论框架,更在于为我们观察和研究国有银行制度提供了一个新的分析思路与视角。

7.2 政策含义

对于国有银行改革而言,从资产、负债和所有者权益三个角度出发,目前已对资本进行市场化改革,应当说短期效果显著,但本书更关注的是整体制度效率的长期增进。若是如此,更具有挑战性和长期效应的在于对其资产市场化改革,但仅就这项改革而言,就需要整体、协调和长期演进的思路。具体而言:

首先,对中国银行业应当在已有对外开放的同时逐步实行对内开放。如果说对外开放是基于外生的压力,那么对内开放则更多的是基于内生的金融市场需求。当前非正规金融"问题"突出,其实质更加凸显了以国有银行为代表的正规银行制度其资产与负债形式中存在"结构性失衡"问题。对此,一方面,应鼓励符合市场需求的金融工具创新和金融产品多样性,以满足居民多样化的金融选择权需求;另一方面,监管当局应当意识到对非正规金融强行压制只能使矛盾越来越突出,应考虑让一些已经相当具备条件且具有合理市场需求的非正规金融"浮出"水面,改"堵"为"疏",尽快出台相应的政策法规引导并规范非正规金融发展。对于中小企业融资难问题,强行让大型国有银行与中小企业建立金融交易，是对银行金融功能的一种新的扭曲，此方式只能是一时之策，更长远的应鼓励发展社区型银行等多种途径来解决。

在未来中国银行业改革中，增量上的改革比存量上的简单调整更为重要。基于市场需求而成长起来的金融组织，应让其在中国金融发展格局中占有一席之地。其与国有银行不是简单的替代关系，而是竞争性互补关系，并且这种金融力量的积极成长对于解决目前金融困境有着更为深远的意义，也有助于提升中国银行业的整体制度活力。

其次，我们同意黄达（1995）所提出的，对财政与金融问题应放到相互联系的总体配置格局背景下进行综合考虑。1994 年以来的财税分权式改革对中央与地方权力重新调整后，中央与地方政府财权与事权不匹配现象越来越严重。在沉重的财政赤字压力下，面临着经济发展重任的地方政府必然会有足够的激励去干预银行信贷行为，使得国有银行尤其是地方政府所拥有的银行仍面临着不小的行政干预压力。对此，应考虑对中央与地方的财权和事权进行重新协调和划分，也就是说国有银行市场化改革需要相应的财税体制改革相配套，应将两者纳入一个统一的框架中综合进行。

出于经济转型的长远考虑，应当切实改变目前这种以 GDP 为主要目标的地方政绩考核形式。因为在这种考核方式的激励下，地方政府倾向于控制金融资源，这极大地提高了金融风险的负外部性，也使得即使是基于市场需求而成长起来的金融组织不得不向各级政府“靠拢”，银行功能财政化问题在所难免。

最后，对中国国有银行的改革问题不在于政府要不要参与，而是它在其中扮演什么角色的问题，尤其是中央政府与地方政府对金融资源控制应当如何与市场配置相互协调一致。对国有银行市场化改革中，应首先考虑提高监管质量而不是盲目市场化，必须建立有效的监督体系并完善金融法律制度基础。缺乏其他配套性制度安排，在其他基础条件没有完成的情况下，就急于对银行实行所谓的“市场化”并不一定能取得改革的预期效果①。

因而在未来一段时间内，对国有银行市场化改革不是简单的私有化、自

---

① Stiglitz 和 Greenwald（2002）也强调，简单化的理论加上可能的既得利益导致了对金融和资本市场放松管制，加剧了经济的脆弱性。这些与信贷机制格格不入的模型，导致了对经济衰退的严重低估，形成使经济衰退更深、持续时间更长的错误处方。

由化，或者政府"一退了之"就能解决。要实现国有银行制度转变或一种有效退出，中央政府还应保持相应的控制能力，以防止改革被已有的强势利益集团所左右。同时应设计符合中国国情的管理考核评价机制，从制度上隔绝"市场式"的政治利益交易，促使国有银行管理者由政治银行家向银行企业家转变。更长远地看，国有银行制度转型有赖于政府转型，即政府应转变对国家力量的认识，应意识到国家力量大小取决于建制性权力（Infrastructural Power）[①]的发展程度。一个明智的政府应敢于进一步削弱过于强大的国有经济力量，促进民间经济力量的成长，为国有银行市场化改革创造良好的微观经济基础。

7.3 尚需进一步研究的问题

目前对于诺思提出的适应性效率理论仍没有形成一个相对完整的理论体系，本书也只是在该理论上的一个初步尝试，许多问题仍有待于做更进一步的研究。

问题一：关于银行功能方面。鉴于中国国有银行的特殊性质，本书将其功能理解为一种结构，即财政替代功能和自身所拥有的金融服务功能。这只是从总体上进行划分，侧重于强调它们各自属性。实际上在财政替代功能和金融功能的内部又可再做进一步的细分，而且在不同阶段的表现也会有所差异，这需要在下一步研究中做更深入的刻画与分析。

问题二：关于利率市场化与国有银行功能转型问题。限于研究重点及篇幅，对该问题研究的较少，但利率市场化是一个涉及面极为宽广而又十分重要的问题。从本质上而言，利率市场化反映出资金定价权的转移，即由政府转向市场，它是一种权力结构的调整，这对于中国整个金融制度都将有着深远影响。结合国际上的经验教训，利率市场化过程中常常伴随着金融动荡甚至是金融危机。因而在国有银行改革中，利率市场化所需具备的制度

---

① 建制性权力，是指一种能增加对社会的渗透力和资源的汲取度并再分配资源到有需求地方的能力，由渗透力量、汲取力量和协商力量三种维度构成，其中协商力量最为重要，形成治理式互赖（Governed Interdependence），而专制性权力（Despotic Power）恰恰是国家力量弱点的来源。详见琳达·维斯、约翰·M. 霍布森：《国家与经济发展——一个比较及历史的分析》，黄兆辉、廖志强译，吉林出版集团，2009年3月。

条件及其对国有银行制度转型中的挑战甚至可能引发的制度冲突予以进一步的研究有着重要的现实意义，这需要在下一步研究中予以重点考虑。

问题三：经过30多年的市场经济改革，虽然国家对国有银行一直坚持的是商业化改革方向，但是在现实条件约束下，我们不能否认国家仍存在着对国有银行的政策性信贷任务和充当宏观经济调控职能的制度需求空间①。既然如此，理论上提出的政策性业务应与商业性业务相分离，在实际中就难以真正实现。若是如此，就会有一定的"套利"机会，在未来某一阶段不良贷款的再次爆发也就存在"合理"的制度条件。对国有银行监管方式上，在被监管者与监管者都存在相应的"政治级别"并且职位可以相互"交流"的现实背景下，仍难以做到有效监管。对于这种监管的双重性，目前本书仍没有形成一个很好的思路来彻底解决这方面的问题，这也需要研究中做更深入的思考。

问题四：在研究中国经济中，不论怎样都不能回避或忽视政府因素问题，特别是对于国有银行制度变迁研究中更是如此。诚如张杰(2005)所言，在主流经济学中政府因素一直未能得到合理内生化，这样的分析框架并不能较好地解释中国的故事，在将来更具有一般解释力的经济学框架中应该是内生化了政府因素的框架。本书提出的银行适应性效率分析思路中也正是试图将政府因素与市场一同纳入制度结构中予以分析，试着处理政府力量的内生化问题。但我们承认这样的分析框架仍只是初步，在研究中不可避免地暂时"抛弃"其他的研究视角。政府内生化问题处理对于研究中国问题有着长远的理论和现实意义，这还有待于今后研究中进行细化。

问题五：本书所关注的是银行制度的长期绩效，即适应性效率，其与青木昌彦(1996)提出的"市场增进论"以及维斯和霍布森(2007)所提倡的"国家建制性权力"建设都有一定的相似之处，需要对此做进一步的梳理。并且国有银行改革与国有企业以及国家财政能力是紧密结合在一起的，最终都涉及国家能力问题。对国家能力认识的转变意味着需要政府的转型，这又牵扯到政府与市场关系这个古老而又充满魅力的研究主题，对该问题的研究需要长期的理论准备、极高的研究素养与丰富的研究阅历才能做出全面和客观的评判。

---

① 如2008年的金融危机中，在政府意志下，国有银行超额信贷就是这种政策性需求和宏观调控职能的再次表现。

参考文献

中文文献

[1]艾伦、盖尔:《比较金融系统》,王晋斌等译,中国人民大学出版社,2002年版。

[2]奥尔森:《国家兴衰探源——经济增长、滞胀与社会僵化的新描述》,吕应中译,商务印书馆,1999年版。

[3]巴曙松、徐滇庆:《民营银行——金融制度的创新》,《财经界》,2001年第4期。

[4]白钦先、谭庆华:《论金融功能演进与金融发展》,《金融研究》,2006年第7期。

[5]白重恩等:《中国私营企业银行贷款的经验研究》,《经济学(季刊)》,2005年第2期。

[6]北京大学中国经济研究中心经济发展战略研究组:《中国金融体制改革的回顾和展望》,工作论NO. C2000005,2000年4月。

[7]伯索尔、福山:《后华盛顿共识:次贷危机之后的发展》,陈雄兵、张甜迪译,《经济社会体制比较》,2011年第4期。

[8]陈国进:《日本金融制度变迁的路径依赖和适应效率》,《金融研究》,2001年第12期。

[9]道格拉斯·C. 诺思:《经济史中的结构与变迁》,陈郁等译,上海三联书店,1994年版。

[10]道格拉斯·C. 诺思:《制度、制度变迁与经济绩效》,杭行译,上海三联书店,2008年版。

[11]道格拉斯·C. 诺思:《新制度经济学及其发展》,何玮译,《经济社会体制比较》,1992年第5期。

[12]道格拉斯·C.诺思:《时间进程中的经济绩效》,王列译,《经济社会体制比较》,1995年第5期。

[13]道格拉斯·C.诺思:《制度变迁理论纲要》,张帆整理,《改革》,1995年第3期。

[14]道格拉斯·C.诺思:《理解经济变迁过程》,胡志敏译,《经济社会体制比较》,2004年第1期。

[15]道格拉斯·C.诺思:《理解经济变迁过程》,钟正生等译,中国人民大学出版社,2008年版。

[16]邓宏图、曾素娴:《历史逻辑起点的政治经济学含义:1979年前后的中国制度变迁》,《开放时代》,2010年第9期。

[17]丁志杰等:《金融体系重组中国有银行产权改革的国际经验》,《国际金融研究》,2002年第4期。

[18]邓智毅:《金融效率制度性分析》,中国金融出版社,2003年版。

[19]杜恂诚:《金融制度变迁史的中外比较》,上海社会科学院出版社,2004年版。

[20]樊纲:《论"国家综合负债"——兼论如何处理银行不良资产》,《经济研究》,1999年第5期。

[21]方春阳等:《国有商业银行的效率测度及其行为特征的实证检验》,《数量经济技术经济研究》,2004年第7期。

[22]方军雄:《所有制、制度环境与信贷资金配置》,《经济研究》,2007年第12期。

[23]甘小丰:《中国商业银行效率的SBM分析——控制宏观和所有权因素》,《金融研究》,2007年第10期。

[24]官兵:《国有银行制度的政府退出行为:一个国家能力视角的分析》,《中央财经大学学报》,2006年第3期。

[25]广东金融学院课题组:《中国国有银行改革的理论与实践问题》,《金融研究》,2006年第9期。

[26]郭竞成:《转轨国家金融转型论纲——比较制度分析》,经济科学出版社,2005年版。

[27]郭竞成、姚先国:《市场结构还是治理结构?——两种银行改革思路之检讨和中国实证》,《国际金融研究》,2004年第2期。

[28]郭梅亮、徐璋勇:《二重结构与中国金融制度变迁的路径选择:一个新制度经济学的视角》,《西北大学学报》,2010年第4期。

[29]郭梅亮、徐璋勇:《分工演进、交易效率与中国农村非正规金融组织变迁》,《制度经济学研究》,2010年第3期。

[30]郭梅亮、徐璋勇:《商业银行净利差决定因素研究的进展与评述》,《国际金融研究》,2012年第2期。

[31]哈维尔·弗雷克斯、让·夏尔·罗歇:《微观银行学》,刘锡良等译,西南财经大学出版社,2000年版。

[32]贺小海、刘修岩:《我国银行业结构与经济增长的因果关系研究——基于分期省级面板数据的实证研究》,《产业经济研究》,2008年第2期。

[33]胡和立:《1988年我国租金价值的估算》,《经济社会体制比较》,1989年第5期。

[34]胡汝银:《中国改革的政治经济学》,《经济发展研究》,1992年第1期。

[35]黄达:《议财政、金融和国有企业资金的宏观配置格局》,《经济研究》,1995年第12期。

[36]黄少安:《制度变迁主体角色转换假说及其对中国制度变革的解释——兼评杨瑞龙的"中间扩散型假说"和"三阶段论"》,《经济研究》,1999年第1期。

[37]黄少安:《关于制度变迁的三个假说及其验证》,《中国社会科学》,2000年第4期。

[38]黄宪、余丹、杨柳:《国有商业银行X效率研究——基于DEA三阶段模型的实证分析》,《数量经济技术经济研究》,2008年第7期。

[39]贾春新、夏武勇、黄张凯:《银行分支机构、国有银行竞争与经济增长》,《管理世界》,2008年第2期。

[40]江其务:《关于中国金融系统"存差"的金融分析》,《财贸经济》,2003年第4期。

[41]江曙霞、罗杰:《国有商业银行改革中的政府效用函数的动态优化——基于租金偏好和效率偏好的选择》,《财经研究》,2004年第11期。

[42]江曙霞等:《中国金融制度供给》,中国金融出版社,2007年版。

[43]姜烨:《中国国有银行体制渐进演进的逻辑》,《金融论坛》,2007 年第 7 期。

[44]科尔奈、马斯金、罗兰:《解读软预算约束》,徐菁译,《比较》,2002 年第 4 期。

[45]郎咸平等:《银行改革与产权无关》,《金融信息参考》,2003 年第 2 期。

[46]李华民:《国有商业银行费用偏好与组织绩效的实证分析》,《金融论坛》,2004 年第 10 期。

[47]李华民:《 国家退出、约束硬化与微观效率增进——中国国有银行改革困境的一种描述与求解》,《广东金融学院学报》,2005 年第 6 期。

[48]李健:《国有商业银行改革:宏观视角分析》,经济科学出版社,2004 年版。

[49]李健:《论国有商业银行的双重功能与不良资产的双重成因》,《财贸经济》,2005 年第 1 期。

[50]李利明、曾人雄:《1979—2006 中国金融大变革》,上海人民出版社,2007 年版。

[51]李志辉:《中国银行业的发展与变迁》,格致出版社/上海人民出版社,2008 年版。

[52]厉以宁:《民间资本进入银行的四大途径》,《经济研究参考》,2002 年第 71 期。

[53]林波:《论中国金融制度变迁中的国家模型与效用函数——以信贷资金管理体制的变迁为例的解释》,《金融研究》,2000 年第 12 期。

[54]林毅夫、蔡昉、李周:《中国的奇迹:发展战略与经济改革》,上海三联书店,2006 年版。

[55]林毅夫、李永军:《中小金融机构发展与中小企业融资》,《经济研究》,2001 年第 1 期。

[56]林毅夫、章奇、刘明兴:《金融结构与经济增长:以制造业为例》,《世界经济》,2003 年第 1 期。

[57]林毅夫:《我国金融体制改革的方向是什么》,《经济前沿》,2004 年第 8 期。

[58]林毅夫、孙希芳:《信息、非正规金融与中小企业融资》,《经济研

究》,2005 年第 7 期。

[59]林毅夫、姜烨:《经济结构、银行业结构与经济发展——基于分省面板数据的实证分析》,《经济研究》,2006 年第 1 期。

[60]林毅夫、孙希芳、姜烨:《经济发展中的最优金融结构理论初探》,《经济研究》,2009 年第 8 期。

[61]琳达·维斯、约翰·M. 霍布森:《国家与经济发展——一个比较及历史的分析》,黄兆辉、廖志强译,吉林出版集团,2009 年版。

[62]刘和旺:《诺思的制度与经济绩效理论研究》,中国经济出版社,2010 年版。

[63]刘芍佳、李骥:《超产权论与企业绩效》,《经济研究》,1998 年第 8 期。

[64]刘伟、黄桂田:《中国银行业改革的侧重点:产权结构还是市场结构》,《经济研究》,2002 年第 8 期。

[65]刘伟、黄桂田:《银行业的集中、竞争与绩效》,《经济研究》,2003 年第 11 期。

[66]卢锋、姚洋:《金融压抑下的法治、金融发展和经济增长》,《中国社会科学》,2004 年第 1 期。

[67]陆磊、李世宏:《中央—地方—国有银行—公众博弈:国有独资商业银行改革的基本逻辑》,《经济研究》,2004 年第 10 期。

[68]罗杰·弗郎茨:《X 效率:理论、证据和应用》,费方域等译,上海译文出版社,1993 年版。

[69]罗金生:《利益集团与制度变迁——渐进转轨中的中小商业银行》,中国金融出版社,2003 年版。

[70]罗得志:《中国银行制度变迁:1949—2002》,《第三届中国金融论坛论文集》,2004 年版。

[71]马德伦、张显球:《中国国有银行制度演进的逻辑及其当代经济学论证》,《金融研究》,2000 年第 6 期。

[72]麦金农:《经济自由化的顺序:向市场经济过渡中的金融控制》,李若谷、吴红卫译,中国金融出版社,1993 年版。

[73]墨顿、博迪:《金融体系的设计:金融功能和制度结构的统一》,余江译,《比较》,2005 年第 17 期。

[74]平新乔:《软预算软约束的新理论及其计量验证》,《经济研究》,1998 年第 10 期。

[75]齐美东:《中国银行业市场结构研究》,经济科学出版社,2008 年版。

[76]钱颖一:《中国的公司治理结构改革与融资改革》,《经济研究》,1995 年第 3 期。

[77]钱颖一:《市场与法治》,《经济社会体制比较》,2000 年第 3 期。

[78]青木昌彦、金滢基、奥野—藤原正宽:《政府在东亚经济发展中的作用》,张春霖等译,中国经济出版社,1998 年版。

[79]青木昌彦:《比较制度分析》,周黎安译,上海远东出版社,2001 年版。

[80]青木昌彦等:《市场的作用　国家的作用》,林家彬等译,中国发展出版社,2002 年版。

[81]邱兆祥、张爱武:《基于 FDH 方法的中国商业银行 X—效率研究》,《金融研究》,2009 年第 11 期。

[82]R. 科斯、A. 阿尔钦、D. 诺思等:《财产权利与制度变迁——产权学派与新制度学派译文集》,刘守英等译,上海三联书店,2005 年版。

[83]施华强,彭兴韵:《商业银行软预算约束与中国银行业改革》,《金融研究》,2003 年第 10 期。

[84]施华强:《中国国有商业银行不良贷款内生性:一个基于双重软预算约束的分析框架》,《金融研究》,2004 年第 6 期。

[85]施华强:《国有商业银行账面不良贷款、调整因素和严重程度:1994—2004》,《金融研究》,2005 年第 12 期。

[86]施华强:《银行重组、金融稳定和软预算约束:中国经济转型时期的国家—银行关系及其政策含义》,《金融评论》,2010 年第 1 期。

[87]石晓军、喻珊:《我国商业银行效率估计不一致检验与实证》,《金融研究》,2007 年第 9 期。

[88]宋士云:《中国银行业市场化改革的历史考察(1979—2006)》,人民出版社,2008 年版。

[89]孙争等:《市场化程度、政府干预与企业债务期限结构——来自我国上市公司的经验证据》,《经济研究》,2005 年第 5 期。

[90]谈儒勇:《中国金融发展和经济增长关系的实证研究》,《经济研究》,1999 年第 10 期。

[91]谭政勋:《中国银行业效率结构与制度研究》,中国金融出版社,2009 年版。

[92]田国强、王一江:《外资银行与中国国有商业银行股份制改革》,《经济学动态》,2004 年第 11 期。

[93]田贤亮:《银行体系效率与中国地区经济增长:基于微观银行效率的实证分析》,《数量经济技术经济研究》,2006 年第 10 期。

[94]万安培:《租金规模的动态考察》,《经济研究》,1995 年第 2 期。

[95]汪丁丁:《产权博弈》,《经济研究》,1996 年第 10 期。

[96]王广谦:《经济发展中金融的贡献与效率》,中国人民大学出版社,1997 年版。

[97]汪立鑫:《意识形态的经济学分析:一个初步的框架》,《世界经济文汇》,2005 年第 4 期。

[98]汪洋、刘林林:《我国国有银行和股份制银行 X 效率比较》,《中央财经大学学报》,2008 年第 6 期。

[99]王聪、邹鹏飞:《基于资本结构和风险考虑的中国商业银行 X—效率研究》,《管理世界》,2006 年第 11 期。

[100]王聪、谭政勋:《我国商业银行效率结构研究》,《经济研究》,2007 年第 7 期。

[101]王家范:《产权改革与中国农村现代化进程》,《探索与争鸣》,1999 年第 6 期。

[102]王平等:《中国银行业的宏观效率研究》,《金融论坛》,2009 年第 6 期。

[103]王曙光:《金融自由化与经济发展》,北京大学出版社,2003 年版。

[104]王玉海:《诺斯"适应性效率"概念的内涵及其对我国制度转型的启示——兼议我国过渡性制度安排依次替代过程中的动态适应性问题》,《制度经济学研究》,2005 年第 1 期。

[105]王玉茹、苗润雨:《经济发展与中国近代银行业结构的演化——基于 1918—1936 年市场集中度的实证分析》,《财经研究》,2011 年第 6 期。

[106]王兆星:《国际银行监管改革对我国银行业的影响》,《国际金融研

究》,2010 年第 3 期。

[107]魏煜、王丽:《中国商业银行效率研究:一种非参数的分析》,《金融研究》,2000 年第 3 期。

[108]吴敬琏:《银行改革:当前中国金融改革的重中之重》,《世界经济文汇》,2002 年第 4 期。

[109]吴军、白云霞:《国银行制度的变迁与国有企业预算约束的硬化——来自 1999—2007 年国有上市公司的证据》,《金融研究》,2009 年第 10 期。

[110]伍志文:《我国银行存差扩大成因的实证分析》,《财经研究》,2004 年第 4 期。

[111]武艳杰:《论国有银行制度变迁中政府效用函数的动态优化》,《暨南学报(哲学社会科学版)》,2009 年第 2 期。

[112]奚君羊、曾振宇:《我国商业银行的效率分析——基于参数估计的经验研究》,《国际金融研究》,2003 年第 3 期。

[113]夏斌等:《中国银行体系贷款供给的决定及其对经济波动的影响》,《金融研究》,2003 年第 8 期。

[114]萧松华、刘明月:《银行产权结构与效率关系理论评析》,《国际金融研究》,2004 年第 5 期。

[115]谢平:《中国金融制度的选择》,上海远东出版社,1996 年版。

[116]谢平、焦瑾璞:《中国商业银行改革》,经济科学出版社,2002 年版。

[117]徐传谌、齐树天:《中国商业银行 X—效率实证研究》,《经济研究》,2007 年第 3 期。

[118]殷小斌:《产权、市场结构与国有银行改革文献综述》,《金融理论与实践》,2008 年第 11 期。

[119]亚历山大 · 格申克龙:《经济落后的历史透视》,张凤林译,商务印书馆,2009 年版。

[120]杨大强、张爱武:《1996—2005 年中国商业银行的效率评价——基于成本效率和利润效率的实证分析》,《金融研究》,2007 年第 12 期。

[121]杨金荣、康瑾娟:《商业银行效率判断的三层次标准及现实选择》,《金融研究》,2008 年第 4 期。

[122]杨瑞龙:《我国制度变迁方式转换的三阶段论——兼论地方政府的制度创新行为》,《经济研究》,1998 年第 1 期。

[123]杨小凯:《新兴古典经济学与超边际分析》,中国人民大学出版社,2000 年版。

[124]杨小凯:《发展经济学——超边际与边际分析》,社会科学文献出版社,2003 年版。

[125]姚树洁、冯根福、姜春霞:《中国银行业效率的实证分析》,《经济研究》,2004 年第 8 期。

[126]姚树洁、姜春霞、冯根福:《中国银行业的改革与效率:1995—2008》,《经济研究》,2011 年第 8 期。

[127]姚洋:《制度与效率:与诺思对话》,四川人民出版社,2002 年版。

[128]易纲:《中国的货币、银行和金融市场:1984—1993》,上海三联书店/上海人民出版社,1996 年版。

[129]易纲、赵先信:《中国银行竞争:机构扩张、工具创新与产权改革》,《经济研究》,2001 年第 8 期。

[130]易纲、郭凯:《中国银行业改革思路》,《经济学季刊》,2002 年第 4 期。

[131]易宪容:《国有商业银行改革的政治经济分析》,《江苏社会科学》,2008 年第 3 期。

[132]于良春、鞠源:《垄断与竞争:中国银行业的改革和发展》,《经济研究》,1999 年第 8 期。

[133]于学军:《从渐进到突变:中国改革开放以来货币和信用周期考察》,中国社会科学出版社,2007 年版。

[134]约瑟夫·斯蒂格利茨、布鲁斯·格林沃尔德:《通往货币经济学的新范式》,陆磊、张怀清译,中信出版社,2005 年版。

[135]张健华:《我国商业银行效率研究的 DEA 方法及 1997—2001 年效率的实证分析》,《金融研究》,2003 年第 3 期。

[136]张健华、王鹏:《中国银行业前沿效率及其影响因素研究——基于随机前沿的距离函数模型》,《金融研究》,2009 年第 12 期。

[137].张健华、王鹏:《中国银行业广义 Malmquist 生产率指数研究》,《经济研究》,2010 年第 8 期。

[138]张杰:《天圆地方的困惑——中国货币历史文化之总考察》,中国金融出版社,1993 年版。

[139]张杰:《中国金融制度的结构与变迁》,山西经济出版社,1998 年版。

[140]张杰:《经济变迁中的金融中介与国有银行》,中国人民大学出版社,2003 年版。

[141]张杰:《注资与国有银行改革:一个金融政治经济学视角》,《经济研究》,2004 年第 6 期。

[142]张杰:《究竟是什么决定一国银行制度的选择?——重读中国国有银行改革的含义》,《金融研究》,2005 年第 9 期。

[143]张杰:《中国金融制度选择的经济学》,中国人民大学出版社,2007 年版。

[144]张杰:《市场化与金融控制的两难困局:解读新一轮国有银行改革的绩效》,《管理世界》,2008 年第 11 期。

[145]张杰、谢晓雪:《政府的市场增进功能与金融发展的“中国模式”》,《金融研究》,2008 年第 11 期。

[146]张杰:《预算约束与金融制度选择的新理论:文献述评》,《经济理论与经济管理》,2011 年第 3 期。

[147]张军:《关于“制度”的闲话》,《读书》,2001 年第 6 期。

[148]张军、金煜:《中国的金融深化和生产率关系的再检测:1987—2001》,《经济研究》,2005 年第 11 期。

[149]张军:《中国的信贷增长为什么对经济增长影响不显著》,《学术月刊》,2006 年第 7 期。

[150]张兴胜:《渐进改革与金融转轨》,中国金融出版社,2007 年版。

[151]张羽:《渐进转轨、国家与银行制度变迁:两个视角》,《财经问题研究》,2007 年第 7 期。

[152]郑录军、曹廷求:《我国商业银行效率及其影响因素的实证分析》,《金融研究》,2005 年第 1 期。

[153]周冰:《市场经济为什么优于计划经济》,《天津社会科学》,1994 年第 1 期。

[154]周逢民等:《基于两阶段关联 DEA 模型的我国商业银行效率评

价》,《金融研究》,2010 年第 11 期。

[155]周黎安:《中国地方官员的晋升锦标赛模式研究》,《经济研究》,2007 年第 7 期。

[156]周立、胡鞍钢:《中国金融发展的地区差距状况分析(1978—1999)》,《清华大学学报(哲学社会科学版)》,2002 年第 2 期。

[157]周立:《改革期间中国国家财政能力和金融能力的变化》,《财贸经济》,2003 年第 4 期。

[158]周小全:《竞争、产权与绩效——中国银行业产业组织问题研究》,经济科学出版社,2003 年版。

[159]周星:《我国上市银行效率——基于因子分析与 DEA 模型的实证研究》,《中国经济问题》,2009 年第 2 期。

[160]周业安:《中国制度变迁的演进论解释》,《经济研究》,2000 年第 5 期。

[161]周业安、章泉:《财政分权、经济增长和波动》,《管理世界》,2008 年第 3 期。

[162]朱南等:《关于我国国有商业银行效率的实证分析与改革策略》,《管理世界》,2004 年第 2 期。

英文文献

[1]A. D. Bain. The Economics of the Financial System. Oxford: Martin Robertson,1981.

[2]Allen F. and Santomero A. M. The Theory of Financial Intermediation. Journal of Banking and Finance,1998:1461 – 1485.

[3]Allen N. Berger and David B. Humphrey. The Dominance of Inefficiencies over Scale and Product Mix Economies in Banking. Journal of Monetary Economics, 1991,28(1):117 – 148.

[4]Allen N. Berger, David B. Humphrey. Bank Scale Economies, Mergers, Concentration and Efficiency: The U. S. Experience. Working Paper,1994: 94 – 25.

[5]Allen N. Berger, David B. Humphrey. Efficiency of Financial Institutions: International Survey and Directions for Future Research. European Journal of Operational Research,1997,(98):175 – 212.

[6] Allen N. Berger. , Loretta J. Mester. Inside the Black Box: What Explains Differences in the Efficiencies of Financial Institutions? Journal of Banking and Finance, Elsevier, 1997,21(7):895 -947.

[7] Altubas Y. , Evans L. and Molyneux P. Bank Ownership and Performance. Journal of Money, Credit, and Banking, 2001,33(4):926 -954.

[8] Asli Demirguc - kunt and Harry Huizinga. Determinants of Commercial Bank Interest Margins and Profitability: Some International Evidence. The World Bank Economic Review, 1999(13): 379 -408.

[9] Berger A. N. , Mester L. J. Inside the Black Box: What Explains Differences in the Efficiencies of Financial Institution? Journal of Banking and Finance, 1997(21):895 -947.

[10] Berger A. N. and G. F. Udell. The Economics of Small Business Finance. Journal o f Banking and Finance,1998(22):613 -673.

[11] Berger, A. N. , Humpry D. B. Efficiency of Financial Institutions: International Survey and Directions for Research European. Journal of Operational Research,1997(98):175 -212.

[12] Berger A. N. , T. Hannan. The Efficiency Cost of Marker Power in the Banking Industry: A Test of Quiet Life and Related Hypotheses. The Review of Economics and Statistics ,1998(80):454 -465.

[13] Berglof E. and Roland G. Soft Budget Constraints and Banking in Transition Economies. Journal of Comparative Economics, 1998, 26 (1): 18 -40.

[14] Bhattacharyya et al. The Impact of Liberalization on the Productive Efficiency of Indian Commercial Banks. European Journal of Operational research, 1997(98):332 -345.

[15] Bolin J. P. , I. Hasan, and P. Wachtel. Bank Performance, Efficiency and Ownership in Transition Countries. Journal of Banking and FINANCEM29, 2005:31 -53.

[16] Boubakri N. et al. Privatization and Bank Performance in Developing Countries. Journal of Banking and Finance,2005(29):2015 -2041.

[17] Brock P. , L. and Suarez L. , R. Understanding the Behavior of Bank

Spreads in Latin America. Journal of Development Economics, 2000 (63): 113 – 134.

[18]Carbo et al. A Note on Technical Change in Banking: The Case of European Savings Banks. Applied Economics,2003,35(6):705 – 719.

[19]Cornett M. M., L. Guo, et al. The Impact of State ownership on Performance Differences in Privately – Owned versus State – Owned Banks: An International Comparison. Journal of Financial Intermediation, Forthcoming.

[20] Cull R., L. C. Xu. Bureaucrats, state banks, and the efficiency of credit allocation: The experience of Chinese state – owned enterprises. Journal of Comparative Economics,2003(28):1 – 31.

[21]Demirgüç – Kunt, A. and Harry Huizinga. Determinants of Commercial Bank Interest Margins and Profitability: Some International Evidence. The World Bank Economic Review,1999,13(2): 379 – 408.

[22]Dewatripont M., and E. Maskin. Credit and Efficiency in Centralized and Decentralized Economies. Review of Econpmic Studies,1995,62(4).

[23]Diamond D. W., and P. H. Dybvig. Bank Runs, Deposit Insurance, and Liquidity. Journal of Political Economy,1983,91(3).

[24]Dietrich A., Wanzenried G. & Rebel A. Cole. Why are net – interest margins across countries so different? Paper presented at the 2010 Annual Meeting of the Midwestern Finance Association held February 25 – 27, in Las Vegas, NV, USA,2010.

[25] Drakos K. Assessing the success of reform in transition banking 10 years later: an interest margin analysis. Journal of Policy Modeling,2003(25): 309 – 317.

[26] E. Boehmer et al. Bank privatization in developing and developed countries: Cross – sectional evidence on the impact of economic and political factors. Journal of Banking and Finance,2005(29):1981 – 2013.

[27]E. F. Fama and M. C. Jensen. Separation of Ownership and Control. Journal of Law and Economics, 1983,26(2):301 – 325.

[28]George R. G. Clarke, Robert Cull, and William Megginson. Special Issue on Bank Privation. Journal of Banking and Finance,2005(29):8/9.

[29] Haber, Stephen H. Political institutions and Banking Systems: Lessons from the Economic Histories of Mexico and the United States: 1790 – 1914. Department of Political Sciences, Stanford University, Stanford, CA. Processed,2001.

[30] Harvey Leibenstein. Allocative Efficiency VS. X – Efficiency. American Economic Review,1966,56(3): 392 –415.

[31] J. P. Bonin et al. Bank Performance, Efficiency and Ownership in Transition Countries. Journal of Banking and Finance,2005(29):31 –53.

[32] J. R. Barth et al. Banking Systems around the Globe: Do Regulation and Ownership Affect Performance and Stability? The World Bank Working Paper,2000(2325).

[33] J. S. Bain. Industrial Organization. New York: Wiley,1959.

[34] Jayati Sarkar, Subrata Sarkar and Sumon K. Bhaumik. Does Ownership always Matter? Evidence from the Indian Banking Industry. Journal of Comparative Economics, 1998,26(2):262 –281.

[35] Keeley M. C. Deposit insurance, Risk, and Market Power in Banking. American Economic Review,1990,80: 1183 –1200.

[36] Konishi Masaru and Yasuda Yukihiro. Factors affecting Banking Risk Taking: Evidence from Japan. Journal of Banking and Finance, 2004,28: 251 –232.

[37] La Porta R., Lopez – de – Silanes F., Shleifer A. Government ownership of banks. Journal of Finance,2002(57):265 –301.

[38] La Porta R., Lopez – de – Silanes F., Shleiger A., Vishny R. W. Investor Protection and Corporate Valuation. Journal of Finance Economics,2000, Vol. 58,1(2): 3 –27.

[39] La Porta, R., Lopez – de – Silanes F., Shleiger A., Vishny R. W. Government Ownership of Banks. Journal of Finance, 2002,57(2):265 –301.

[40] Levine R. Financial Development and Economic Growth: Views and Agernda. Journal of Economic Literature,1997(7): 668 –726.

[41] Levine R. Bank – based or Market – based Financial Systems: Which is better? Journal of Financial Intermediation, 2002,11(10):398 –428.

[42] Loren B. and Hongbin L. Bank Discrimination in Transition Economies: Ideology, Information, or Incentives? Journal of Comparative Economics,

2003,31: 387 -413.

[43]M. Peria and A. Mody. How Foreign Participation and Market Concentration Impact Bank Spreads: Evidence from Latin America. World Bank Policy Research Working Paper,2004:3210.

[44] Markus S. Schwaiger, David Liebeg. Determinants of Bank Interest Margins in Central and Eastern Europe. Financial Stability Report,2007,14(December):68 -84.

[45] Merton R. C., Bodie, Z. Deposit Insurance Reform: A Functional Approach. in A. Meltzer and C. Plosser. eds., Carnegie - Rochester Conference Series on Public Policy, Volume 38(June),1993.

[46]Merton, R. C., Bodie, Z. A Framework of Analyzing the Financial System. in Crane et al. Eds., The Global Financial System: A Functional Perspective. Harvard Business School Press,1995.

[47]O. Havrylyshyn et al. Recovery and Growth in Transition Economics 1990—1997: A Stylized Regression Analysis. IMF Working Paper, 1998:141.

[48]Pagano M., Volpin P. The political economy of finance. Oxford Review,2001: 502 -519.

[49]R. G. Rajan and L. Zingales. The Great Reversals: The Politics of Financial Development in the 20th Century. NBER Working Paper,2001:8178.

[50]Rajan R. G., Zingales, L. The great reversals: the politics of financial development in the 20th century. Journal of Financial Economics,2003:69.

[51]S. Martin and D. Parker. The Impact of Privatization - Ownership and Corporate in the UK. Routledge,1997.

[52]Simeon Djanbov,Edward Glaeser,Rafael La Porta,Florencio Lopez - de - Silanes,Andrei Shleifer. The New Comparative Economics. Journal of Comparative Economics,2003(12).

[53]Stiglitz, J. E., Weiss. A. Credit Rationing in Market with Imperfect Information. the American Economic Review, 1981,71(6):393 -410.

[54] Tittenbrun, Jack. Private versus Public Enterprises. London: Janus Publishing Company,1981: 2 -15.

索　引

致　谢

京城三年光阴，匆匆而过。这一次的毕业宣告着十年大学生涯的正式结束。一转眼，已是而立之年，回想起来，许多往事依然历历在目，总想着回头再来一次，却发现早已物是人非。我相信，若干年后回想起来，将最美好的时光留在象牙塔里是此生最宝贵的财富。

能在京城生活三年，与人大结缘，成为张杰老师的弟子，是我人生中一大幸事！对张老师的膜拜可以追溯到2006年做本科毕业论文的时候，张老师深邃的经济学思想和优美的文笔让我感到在数理工具主义早已泛滥的经济学中似乎还有一片“世外桃源”，读张老师的文章是一种莫大的享受！每次读完之后，总有酣畅淋漓之感。他深邃的思想总能引起我的沉思，产生思想上的冲击，甚至有一股冲动之感！无须隐晦，我是张老师的“粉丝”与追随者。

在张老师的指导下，我的收获不仅是在学术上，更体现在对待事物的态度以及人生观上。在张老师身上，我看到了一名学者严谨而又勤勉的治学态度、淡泊的名利观、对晚辈的提携和对学生的慷慨。他对学术的“纯粹”更是让我折服，在现今浮躁的象牙塔内，像他这样“功成名就”却仍对学问孜孜以求者已不多见！本书的写作，最初选题的酝酿、大纲的拟定与调整、初稿部分观点的推敲与内容修改，乃至其中的一些错别字，都得到了张老师的指点。特别是我每次遇到“纠结”，求助于张老师时，他简洁的语言总能命中要害，让我豁然开朗。“一日为师，终身为父”，此等恩情与关怀，铭记于心！

在此，应特别向在西安求学期间的两位导师——徐璋勇教授与姚慧琴教授献上我最真诚的谢意！在西部中心的日子是我人生中的快乐时光。师生们齐聚一起讨论各种问题，为完成项目课题而日夜奋战，一起爬山积攒

“革命的本钱”，一起包饺子……如此美好生活仿佛就在昨日，却又不可触摸。在京求学期间，两位导师仍一如既往地在生活、学业和精神上关心着我。每次到北京出差，总不忘把我一“看”，开点小灶，给我这个穷困的学生弄点“油水”。此等厚爱实在让我感动！

本书出版，得到了教育部人文社科重点研究基地——西北大学中国西部经济发展研究中心的慷慨资助，在此表示衷心感谢！本书部分章节曾在《金融监管研究》《金融评论》等期刊上发表，对期刊编辑和本书编辑姜静的辛勤工作也一并致谢！

感谢求学期间同窗们、朋友们给予的热情帮助！感谢兰永生、卢爽、李宏瑾、李斌、赵柏功、刘鹏、谢晓雪、范俊士、欧阳珑、李卢霞、张宇、刘莹、谢攀、王雪、江晶晶、邓慧博、周治富、张光利、方刚等同门在求学期间给予的帮助，特别是与张宇、卢爽、李宏瑾和李斌等师兄的多次交谈让我受益匪浅；除了在学业上，张云华博士、倪晋武博士、张守川博士、边卫红博士、何毅博士、陈航博士、彭俊明博士、宋群主任、李世刚博士、汪川博士、苏剑博士、张莲民博士、薛晴博士、贾甫博士等在其他方面上也给予我了诸多帮助。

理想很丰满，现实却很骨感。人的一生就是不断选择和寻找的一生，尽管这一历程充满了困惑甚至是痛苦，但我们仍应不断地权衡与抉择，并为此而前行。心中的最终答案只有经历后才能真正明白！经历种种选择之后，我放弃了北京的工作机会，回到家乡，并有幸成为兴业银行这个大家庭的一员。兴业银行是一个催人奋进、充满朝气的团队，在此，特别感谢我所在单位的各位领导与同事们在工作中、生活中给予的诸多帮助与提携。感谢我的家人！在外漂泊多年，对家里回馈实在太少，谢谢家里人二十多年来对我无私的支持与宽容！我相信还有很多帮助过我的人，请宽恕我没有一一提及，谢谢你们！

一个成功的人不在于他从事何种工作，而在于他是否具备了成功者的基本素质，能否始终保持着“致良知”的人生态度，正所谓“不忘初心，方得始终”。姚老师当年所言，“要做一个有追求的人”，我依然铭记于心。我们正经历着前所未有的急速变革时代，在人生前行的路途中，我们应报以谦卑态度、怀着包容之心，学会感恩与释怀！

“对于未来，我不想再作太多的奢想，我越来越发现很多问题都是‘娜拉走后怎么办’似的问题，或许在人的一生中都难以穷尽这些困惑，诚如顾准所言‘民主不是目的，要的是进步’。我知道自己现在还做不到苏轼‘宠辱不惊，闲看庭前花开花落；去留无意，漫随天外云卷云舒’的那种淡定情怀。但我想在以后的人生道路上，或许这些结果都会在人生经历的过程中实现。”在求学期间所写下的这段话，已经被自己认为是“经典”。

时光已逝，一段人生，一段点滴的记录。我知道本书在内容上还是有很大的提升空间，此书出版，仅当是自己求学十载所留下的人生成长过程中的一段美好回忆。在今后的人生当中，我仍将保持着学习的态度。美国诗人罗伯特·费罗斯特那首诗：“林中两路分，可惜难兼行；我独上歧路，境遇大不同。”至今读起来，依然朗朗上口。每个人选择的道路总会有所差异，未来之事或许早已注定，但未来之事，我无暇多想。只是一段情缘已暂时结束，而结束，则意味着一个新的开始。

郭梅亮

2014 年 1 月于榕城